LA MORALE
EN ACTION,

OU

ÉLITE DE FAITS MÉMORABLES

ET D'ANECDOTES INSTRUCTIVES.

Frontispice.

Clémence d'Auguste.

LA MORALE
EN ACTION,

OU

ÉLITE DE FAITS MÉMORABLES

ET D'ANECDOTES INSTRUCTIVES,

Propres à faire aimer la Sagesse, à former le cœur des Jeunes Gens par l'exemple de toutes les vertus, et à orner leur esprit des souvenirs de l'Histoire.

Ouvrage utile aux Élèves des Écoles Militaires, des Lycées et Maisons d'Éducation de l'un et l'autre sexes.

NOUVELLE ÉDITION.

A PARIS,

Chez BRIAND fils, rue des Poitevins, n° 1.

1813.

RÉFLEXIONS
PRÉLIMINAIRES.

De toutes les connoissances, il n'en est point certainement qui demande de nous plus d'attention et de soin que celles qui regardent les mœurs ; il n'en est point dont souvent on s'instruise avec plus d'indifférence. Il semble que plus elles sont nécessaires, moins on ait intérêt de les approfondir : la chose ne paroîtroit pas même vraisemblable, si une triste expérience ne la mettoit tous les jours sous les yeux. La nécessité d'apprendre, dans certains cas, les règles les plus difficiles des sciences et des arts, ne produit point de tels exemples dans le monde, et c'est dans la religion seule qu'on les trouve.

Les jours de l'homme, quelque longs qu'ils soient, dit un célèbre théologien, ne suffisent pas pour faire un excellent peintre, un bon architecte, un parfait philosophe ; mais ces mêmes jours quelque courts qu'ils soient, suffisent pour faire un vrai chrétien.

Nous ne sommes pas au monde pour amasser des richesses, pour mener une vie de plaisir; nous n'y sommes pas aussi pour remplir notre esprit de sciences curieuses, pour faire des vers, pour tracer des lignes, etc. Notre principale vocation est de travailler à nous rendre dignes de l'héritage céleste par une vie vraiment chrétienne.

Quel usage plus utile pourroit-on faire de ses lumières et de ses talens, que de les employer à perfectionner la partie de l'éducation qui concerne les mœurs ? C'est à quoi tendent mes foibles efforts dans les circonstances présentes. Il est nécessaire, dans toutes les conditions, de connoître à fond ce qui règle nos mœurs, et ce qui nous sert de boussole au milieu des révolutions et des écueils de la vie. La morale, dit un pape d'heureuse mémoire, comme la base de la probité du christianisme, est toujours d'usage; au lieu que les autres sciences ne peuvent servir que dans certains temps. Dieu a mis entre notre esprit, notre cœur, notre ame, nos passions, nos sens, une telle connexion, que tout ce qui est en nous doit concourir à nous mettre bien avec nous-mêmes et avec le prochain.

La morale est une science qui a des ramifications si étendues, et en si grand nombre, que les empires, les cours, les villes, les sociétés, les familles ne se soutiennent que par son heureuse influence, et par la vertu qu'elle a de nous montrer, de la manière la plus claire et la plus précise, ce que nous devons à Dieu, à nous-mêmes, et aux autres. La même main qui traça l'image de sa toute-puissance dans les cieux en caractères de feu, grava dans nos ames nos principaux devoirs. Notre cœur est une table de décalogue, que rien n'a pu briser, mais que nos passions effaceroient, si le cri de la conscience ne nous reprochoit nos écarts.

L'ouvrage que nous offrons au public a un rapport direct avec les mœurs, par les grands exemples dont il est rempli, et par les réflexions qu'on y a semées. Réunissant l'utile à l'agréable, il doit plaire, surtout à la classe des lecteurs que nous avons en vue. C'est un fait, que la plupart des livres d'histoire ennuient les enfans. Nos recueils de poésie leur nuisent, parce qu'ils sont faits par des gens peu difficiles ou peu scrupuleux. Nos fabulistes même ne respectent pas assez ceux à qui les fables s'adressent principalement. Il y a, dans la plupart de leurs recueils, des contes trop libres, des fables indécentes, et quelquefois des ornemens typographiques pires que tout cela. Il est cependant de la plus grande importance pour les mœurs et pour le goût, de n'offrir aux jeunes gens que des ouvrages très-épurés et bien écrits. Le premier mauvais livre qu'ils lisent, les dégoûte ordinairement de tous les bons.

Les gens instruits s'apercevront aisément que nos meilleurs écrivains l'ont enrichi. Il est à desirer que messieurs les professeurs l'adoptent, surtout dans les hautes classes, et le fassent lire journellement. Les enfans exercés à rendre conte de vive voix et sur-le-champ de tel ou tel morceau, contracteront l'habitude de parler purement, et graveront dans leur mémoire des traits de bienfaisance, d'humanité et de générosité, etc., qui éleveront leurs ames aux vertus nobles et touchantes.

Heureux les enfans dont les instituteurs sages et vigilans travaillent de concert avec des parens attentifs et chrétiens, à perfectionner leur ame, et à orner leur esprit par la culture ! Mais en vain donnera-t-on aux enfans des leçons de vertu et de probité ; en vain se fera-t-on honneur de leur débiter les maximes les plus héroïques de la sagesse, si les parens et les maîtres, en les démentant eux-mêmes par des mœurs opposées, affoibissent l'impression qu'elles auroient pu faire. Loin de leur inspirer des sentimens de vertu par ces impressions contredites par l'exemple, on les accoutume à penser de bonne heure que la vertu n'est qu'un nom; que les maximes qu'on leur en débite ne sont qu'un langage qui a passé du père aux enfans, mais que l'usage a toujours contredit, et que ceux qui en ont paru dans tous les temps les plus zélés défenseurs, ont toujours été au fond semblables au reste des hommes.

Un enfant élevé avec les précautious que nous desirons, cherchera bientôt, par une noble émulation, à égaler les modèles que nous lui présentons. Il sentira combien la vertu est aimable, fera le bien sans faste, et trouvera son bonheur le plus pur dans le bonheur d'autrui. Ses heureux penchans à l'honnêteté seront peut-être le fruit de ses premières lectures, et des réflexions qu'un maître zélé lui aura fait faire; et les vertus de sa vie découleront de ses premières habitudes : *Adolescens juxtà viam suam, etiam cùm senuerit, non recedat ab eâ.* (Prov. 22, 6.)

LA MORALE EN ACTION,

OU

CHOIX D'ANECDOTES,

De Traits intéressans, de Contes moraux, de Narrations historiques et d'Apologues.

Clémence, vertus des Grands.

Il n'est pas de satisfaction plus douce que celle de faire des heureux, de régner sur les cœurs, de s'attirer l'innocent tribut de leurs acclamations et leurs actions de graces. La clémence, l'humanité, la générosité, seroient les vertus naturelles des Grands, s'ils se souvenoient qu'ils sont les pères de leurs peuples. La dureté, le dédain, loin d'être les prérogatives de leur rang, en sont l'abus et l'opprobre. Ils ne méritent plus d'être les maîtres de leurs sujets, dès qu'ils oublient qu'ils en sont les pères.

Auguste, ce prince cruel et vindicatif (1), avant l'époque où il se vit le maître du monde, se distingua par sa douceur et par son humanité, lorsqu'il fut parvenu à l'empire. Tandis qu'il séjournoit dans les Gaules, on vint lui donner avis que L. Cinna, personnage de peu de mérite et d'un génie borné, tramoit une conjuration contre lui. On lui dit où, quand, et de quelle manière la chose devoit s'exécuter; c'étoit un des complices qui l'en informoit. Auguste, résolu de se venger du perfide, indiqua pour le lendemain un conseil de ses amis. Il passa une nuit fort agitée et fort inquiète, sachant qu'il s'agissoit de condamner un jeune homme qui d'ailleurs étoit sans reproche, un jeune homme de la plus haute noblesse, et petit fils du grand Pompée. Il ne pouvoit plus se déterminer à ordonner la mort d'un seul homme, lui qui autrefois avoit dicté, en soupant avec Marc-Antoine, l'édit de proscription. Poussant des soupirs, il parloit seul avec lui-même, et exprimoit vivement les différentes pensées qui se combattoient dans son esprit. « Quoi! disoit-il, je » laisserois mon assassin libre et tranquille, et l'in» quiétude sera pour moi! Après que tant de guerres » civiles ont respecté mes jours; après que j'ai » échappé au péril de tant de combats sur terre et » sur mer, un traitre veut m'immoler aux pieds » des autels, et je ne lui ferai pas subir la peine » qu'il mérite! » car il devoit être attaqué pendant qu'il offriroit un sacrifice. Il s'arrêtoit, et après quelques momens de silence, il élevoit de nouveau sa voix pour se faire son procès à lui-même, avec plus de sévérité qu'à Cinna. Il continuoit de s'apos-

---

(1) Tous les historiens s'accordent avec Sénèque sur le double caractère qu'il donne à Auguste, qui s'appeloit Octave, avant que d'être Empereur.

Octave fut cruel, Auguste fut humain.

tropher ainsi : « Si ta mort est l'objet des vœux de » tant de citoyens, es-tu digne de vivre ? quand fini- » ront les supplices ? quand cesseras-tu de verser le » sang ? ta tête est exposée en butte aux coups de la » jeune noblesse, qui compte s'immortaliser en » t'égorgeant. Non, la vie n'est pas d'un assez grand » prix, si pour t'empêcher de périr, il faut que tant » d'autres périssent. » Sa femme Livie, qui entendit tous ces discours, l'interrompit enfin. « Voulez-vous, » lui dit-elle, écouter les conseils d'une femme ? » Imitez les médecins qui, lorsque les remèdes ac- » coutumés ne réussissent point, essaient leurs con- » traires. Jusqu'ici vous n'avez rien gagné par la » sévérité. Lépidus a succédé à Salvidienus, Muréna » à Lépidus ; Cépion à Muréna, Egnatius à Cépion, » pour ne point parler de tant d'autres que vous » avez fait repentir de leur audace ; essayez mainte- » nant de la clémence ; pardonnez à Cinna ; il est » découvert, il ne peut plus vous nuire ; et la grace » que vous lui accorderez, peut vous procurer beau- » coup de gloire. » Auguste, charmé d'avoir trouvé quelqu'un qui approuvoit le parti de la douceur vers lequel il penchoit déjà lui-même, remercia tendrement son épouse, contremanda sur-le-champ ses amis ; et ayant appelé Cinna seul, il fit sortir tout le monde de son appartement, lui ordonna de s'asseoir, et lui parla en ces termes : « J'exige, avant » tout, que vous m'écoutiez sans m'interrompre ; » que vous me laissiez achever ce que j'ai à dire » sans vous récrier : lorque j'aurai fini, vous aurez » toute liberté de répondre. Je vous ai trouvé, Cinna, » dans le camp de mes adversaires ; vous n'étiez pas » seulement devenu mon ennemi, mais vous étiez » né pour l'être. Dans de telles circonstances, je » vous ai accordé la vie, je vous ai rendu tout votre » patrimoine. Vous êtes aujourd'hui si riche, et dans » une situation si florissante, que les vainqueurs » portent envie à la condition du vaincu. Je vous ai » accordé le sacerdoce que vous m'avez demandé,

» en faisant un passe-droit à plusieurs autres, dont » les pères avoient servi dans mon armée. Après » vous avoir comblé de tant de bienfaits, vous avez » formé le projet de m'assassiner! » A ce mot, Cinna s'étant écrié qu'une telle fureur étoit bien loin de sa pensée. : « Vous ne me tenez point parole, reprit » Auguste; nous étions convenus que vous ne m'in- » terrompriez point. Oui, je vous le répète, vous » voulez m'assassiner. » Il lui exposa ensuite toutes les circonstances, toutes les mesures prises; il lui nomma le lieu et les complices, et en particulier celui qui devoit porter le premier coup. En voyant alors que Cinna étoit consterné et gardoit un morne silence, non plus en vertu de la convention, mais par remords de conscience et par terreur, il ajouta: « Par quel motif avez-vous conçu un pareil dessein? » Est-ce pour régner à ma place? Assurément le » peuple romain est bien à plaindre, si je suis le » seul obstacle qui vous empêche de devenir em- » pereur: à peine pouvez-vous gouverner votre mai- » son. Dernièrement, un affranchi vous a écrasé par » son crédit dans une affaire particulière qui vous » intéressoit. Tout vous est difficile, excepté de con- » jurer contre votre prince et votre bienfaiteur. » Voyons, examinons: suis-je le seul qui arrête » l'exécution de vos projets ambitieux? Pensez- » vous réduire à supporter votre domination un » Paulus, un Fabius Maximus, les Cossus et les » Servilius, et tant d'autres nobles qui ne se parent » point d'un vain titre, et qui rendent à leurs an- » cêtres l'honneur qu'ils en reçoivent? » Auguste continua de parler sur ce ton pendant plus de deux heures, alongeant exprès la durée de la seule vengeance qu'il prétendoit exercer sur le coupable. Il finit en lui disant: « Cinna, je vous ai autrefois » donné la vie comme à mon ennemi, je vous la » donne maintenant comme à mon assassin. Com- » mençons d'aujourd'hui à être sincèrement amis; » efforçons-nous de rendre douteux si, en vous par-

» donnant, j'aurai montré plus de générosité, que » vous ne ferez voir de reconnoissance. » Il donna ensuite à Cinna le consulat pour l'année suivante, en se plaignant de ce qu'il n'osoit pas le demander lui-même. Depuis ce temps, Auguste n'eut qu'à se féliciter de sa clémence. Cinna lui fut toujours fort attaché et très-fidèle : il le fit son légataire universel ; et il n'y eut plus dans la suite de conspiration contre Auguste.

Henri IV demanda un jour au jeune duc de Montmorency, quelle étoit la plus grande qualité d'un roi. Le duc répondit, sans hésiter, que c'étoit *la clémence*. Pourquoi *la clémence*, ajouta le roi, plutôt que *le courage*, *la libéralité*, et *tant d'autres vertus qu'un souverain doit posséder?* C'est, répondit le duc, *qu'il n'appartient qu'aux rois de pardonner ou de punir le crime en ce monde*. Ce jeune duc avoit l'idée de la solide gloire. Il rendoit en même-temps justice au caractère de Henri IV, *qui fut de ses sujets le vainqueur et le père.*

Le père de Joinville ayant formé des intelligences secrètes avec les ennemis de Henri IV, fut arrêté. Sa bonté sauva le coupable, et ayant fait venir le duc et la duchesse de Guise : Voilà, leur dit ce bon prince, *le véritable enfant prodigue, qui s'est imaginé de belles folies ;* je lui pardonne pour l'amour de vous, mais c'est à condition que vous le chapitrerez bien.

Le même roi faisoit quelquefois des reproches au duc de Sully, de ce qu'il ne perdoit jamais de vue le bien de l'état, quoique ses intérêts particuliers l'exigeassent souvent. Le ministre se servoit alors de la liberté qu'il avoit auprès de son maître, et l'écoutoit avec indifférence. Henri IV, s'en étant aperçu, lui demanda s'il le croyoit assez lâche pour préférer quelque chose que ce fût au monde, au soulagement de ses peuples, qu'il regardoit comme ses chers enfans.

« Sire (disoit le cardinal de Retz à Louis XIII),
» la clémence est la vertu favorite des grands prin-
» ces; au milieu de leurs plus beaux triomphes, ils
» font gloire de céder à la compassion. Quand vous
» voyagez dans vos provinces, vous devez ressem-
» bler à ces fleuves qui portent par-tout l'abon-
» dance. A Dieu ne plaise que votre passage puisse
» se comparer à celui des torrens, dont les eaux
» impétueuses ravagent et ruinent tout. »

ÉPONINE ET SABINUS.

Anecdote romaine.

Sabinus étoit un Romain qui, durant les guerres civiles, s'engagea dans un parti contraire à celui de Vespasien, et prétendit même à l'Empire. Mais quand la puissance de Vespasien fut bien établie, Sabinus ne s'occupa que des moyens qui pouvoient le soustraire aux persécutions, et en imagina un aussi bizarre que nouveau. Il possédoit de vastes souterrains inconnus à tout le monde, et il résolut de s'y cacher. Cette lugubre retraite l'affranchissoit du moins de l'insupportable crainte des supplices, et d'une mort ignominieuse; et il y portoit l'espoir que peut-être quelque nouvelle révolution lui donneroit la possibilité de reparoître dans le monde. Mais parmi tant de sacrifices que sa situation le forçoit de faire, il en étoit un surtout qui déchiroit son cœur: il avoit une femme jeune, belle, sensible et vertueuse; il falloit la perdre, et lui dire un éternel adieu, ou lui proposer de s'ensevelir à jamais dans une sombre prison, et renoncer à la liberté, à la société, à la clarté du jour. Sabinus connoissoit la tendresse et la grandeur d'ame d'Eponine, cette épouse si chère : il étoit sûr qu'elle consentiroit avec transport à le suivre et à ne vivre que pour lui ; mais il craignit pour elle les regrets qui trop souvent succèdent à l'enthousiasme, et dont la vertu même ne garantit pas toujours ; enfin, il eut assez de générosité pour ne vouloir pas abuser de celle d'Eponine, ou, pour mieux dire, il n'avoit qu'une idée imparfaite de la manière dont une femme peut aimer. Il ne mit dans sa confidence que deux affranchis qui le suivirent. Il assemble ses esclaves, leur persuade qu'il est décidé à se donner la mort : il les récompense, les congédie, brûle sa maison, et se sauve ensuite dans ses souterrains avec ses fidèles affranchis. Personne ne douta de sa mort. Eponine étoit absente ; mais bientôt cette fausse nouvelle parvint jusqu'à elle, et l'abusa comme tout le monde : elle résolut de ne point survivre à Sabinus. Comme elle étoit observée et gardée avec soin par ses parens et ses amis, elle choisit à regret le genre de mort le plus lent, et refusa constamment toute espèce de nourriture. Cependant les affranchis de Sabinus, qui tour-à-tour sortoient chaque jour du souterrain, pour aller chercher les alimens, s'informèrent, par ordre de leur maître, de la situation d'Eponine, et apprirent qu'elle touchoit presque aux derniers momens de sa vie. Ce rapport fit connoître à Sabinus que, lorsqu'il s'étoit cru généreux, il n'avoit été qu'ingrat. Accablé d'inquiétude, pénétré de reconnoissance, il envoie sur-le-champ un de ses affranchis instruire Eponine de son secret et du lieu de sa retraite. Pendant que cette commission s'exécutoit, quelles durent être les craintes et l'impatience de Sabinus ? Son messager trouvera-t-il Eponine vivante ? si cette tendre épouse respire encore, la nouvelle qu'on lui porte ne lui causera-t-elle pas une révolution funeste ? Sabinus, après avoir conduit Eponine sur le bord de sa tombe, va-t-il, par sa fatale imprudence, l'y précipiter, et devenir l'assassin du seul objet qui puisse l'attacher à la vie?..... Voilà donc le prix qu'elle recevra de tant d'amour et de fidélité?...... Mais tandis que le malheureux Sabinus s'abandonne ainsi à ses déchirantes réflexions, le Ciel lui prépare un moment de bonheur, fait pour dédommager d'une vie entière de souffrances : avant la fin du jour, Eponine elle-même doit paroître dans ce lugubre souterrain, qui retentit si tristement des gémissemens de Sabinus.... Ce lieu d'horreur et de ténèbres, désormais habité par la vertu la plus pure, va devenir le temple auguste de la sainte fidélité, et l'asile heureux du bonheur. Comment s'empêcher de regretter que les historiens ne nous aient pas transmis le détail touchant de la première entrevue d'Eponine et de son époux, lorsqu'elle parut tout-à-coup à ses yeux, pâle, tremblante, arrachée au trépas par le seul desir de vivre dans un cachot avec ce qu'elle aime; et l'instant où, se jetant dans les bras de Sabinus, elle lui dit sans doute : « Je viens « adoucir ton sort en le partageant; je viens re« prendre les droits sacrés et d'épouse et d'amie; je « viens enfin te consacrer la vie que tu m'as ren« due ». Quelle admiration! quelle reconnoissance dut éprouver Sabinus! comme dans un moment tout est changé autour de lui! quel charme répand Eponine sur chaque objet qui l'environne! cette vaste caverne n'offre plus rien de triste aux yeux de Sabinus; cependant en songeant que c'est désormais la demeure d'Eponine, il soupire..... hélas! il ne peut offrir qu'une affreuse prison à celle qui seroit digne de régner dans un palais.

Eponine et Sabinus concertèrent ensemble les mesures qu'ils devoient prendre pour leur sûreté commune. Il étoit impossible qu'Eponine disparût entièrement du monde, sans s'exposer à des recherches dangereuses; d'ailleurs, en renonçant pour toujours à sa famille et à ses amis, elle s'ôtoit les moyens de servir Sabinus, si l'occasion s'en présentoit. Il fut donc décidé qu'elle ne viendroit dans le souterrain que la nuit; mais sa maison en étoit éloignée; il falloit faire cinq lieues à pied. Comment supporteroit-elle cette fatigue? comment une femme timide et délicate, élevée dans le luxe et la mollesse, oseroit-elle, si belle et si jeune, s'exposer, sous la garde d'un seul affranchi, à tous les dangers d'un voyage nocturne et pénible, qui devoit se renouveler si souvent? comment enfin auroit-elle assez de discrétion et de prudence pour dérober à tous les yeux et ses démarches et son secret?... Comment! elle aimoit, elle pouvoit se passer d'expérience, de force et de courage; elle étoit guidée par les deux plus grands mobiles des actions extraordinaires, l'amour et la vertu, si rarement réunis, mais si puissans lorsqu'ils se trouvent ensemble. Eponine, en effet, tint avec exactitude tous les engagemens que son cœur lui avoit fait prendre; elle venoit régulièrement chaque soir au souterrain, et souvent elle y passoit plusieurs jours de suite, ayant su prendre les précautions nécessaires pour que son absence ne donnât aucun soupçon. La vie sauvage et retirée qu'elle menoit dans le monde, la douleur qu'on lui supposoit, lui procuroient la facilité de dérober ses démarches au public, et d'échapper aux observations des gens curieux et désœuvrés. Pour aller voir son époux, elle triomphoit de tous les obstacles : ni les rigueurs de l'hiver, ni le froid, ni la pluie ne pouvoient l'arrêter ou la retarder. Quel spectacle pour Sabinus, lorsqu'il la voyoit arriver tremblante, hors d'haleine, pouvant à peine se soutenir sur ses pieds délicats et meurtris, et tâchant cependant, par un doux sourire, de dissimuler sa lassitude et sa souffrance; ou, pour mieux dire, les oubliant auprès de lui! Mais un nouvel événement doit rendre encore Eponine plus chère, s'il est possible, à Sabinus; elle va bientôt devenir mère, et donner le jour à deux jumeaux.... Quelle nouvelle source de bonheur pour elle, mais en même temps de crainte et d'inquiétude!... A quels embarras vont la livrer l'obligation de cacher son état à tout ce qui l'entoure, et l'impossibilité d'avoir les secours dont une femme, dans sa situation, peut difficilement se passer!... Mais avec un cœur si fidèle et si passionné, Eponine est-elle une femme ordinaire? est-il une épreuve au-dessus de ses forces, et qui puisse la décourager ou l'abattre?... Non, elle saura dérober la connoissance de son important secret à ses domestiques, à sa famille, à ses amis. Pourroit-elle manquer d'expédiens et de prudence? il s'agit de conserver son honneur, sa réputation, ou la vie de Sabinus. Elle saura triompher de la douleur même, et la supporter sans se plaindre. Absente de Sabinus, et tout-à-coup atteinte d'un mal aussi nouveau pour elle que violent, elle s'enferme, invoque, au défaut des secours humains, l'assistance du ciel, répète mille fois le nom de Sabinus, et se résigne à son sort avec autant de patience que de courage. C'est ainsi qu'elle devint mère de deux enfans, dont l'existence si chère, la dédommage et la récompense de tout ce qu'elle a souffert. Aussitôt que la nuit est venue, Eponine prenant ses enfans dans ses bras, s'échappe de sa maison, et, chargée de ce précieux fardeau, elle arrive au souterrain. Qui pourroit peindre le profond attendrissement, les transports et la joie de Sabinus, en apprenant d'Eponine qu'il est père, et en recevant à la fois dans ses bras son épouse et ses enfans!... Ces enfans, gages touchans de la tendresse la plus parfaite et la plus pure, condamnés, dès leur naissance, à vivre et à croître dans une prison!... Cruelle pensée! faite pour empoisonner le bonheur de Sabinus, qui, sans doute, en les embrassant, dut se dire : « Infortunés enfans, hélas! quand » pourrez-vous jouir de la lumière et de la liberté?... » Mais Eponine est votre mère; vous serez chéris » par elle; ah! vous ne vous plaindrez point de » votre destinée! »

Les deux enfans d'Eponine furent élevés dans le

souterrain, et n'en sortirent jamais durant l'espace de neuf ans que Sabinus y resta caché. Loin que le temps eût diminué l'assiduité d'Eponine, il ne fit que rendre ses voyages plus fréquens au souterrain; elle y trouvoit son époux, ses enfans : devenue étrangère au monde et à la société, l'univers et le bonheur n'existoient plus pour elle qu'au fond de la caverne de Sabinus. Cependant ses absences devenant chaque jour plus multipliées et plus longues, donnèrent enfin des soupçons, et l'excès de la sécurité acheva de la perdre. Elle fut observée, suivie, et l'infortuné Sabinus découvert. Des soldats, envoyés par l'Empereur, viennent l'arracher de son souterrain, et ne conçoivent pas, en voyant cette affreuse demeure, qu'on puisse la regretter et verser des pleurs en la quittant. Dans cette extrémité, Eponine, ne démentant ni la vertu, ni le courage dont elle avoit donné tant de preuves, se rend au palais de l'Empereur, suivie de ses deux jeunes enfans : on se précipite en foule sur son passage : chacun veut la voir et l'applaudir; tout le palais retentit des acclamations qu'elle excite; et c'est ainsi qu'on vit du moins la vertu malheureuse obtenir le tribut d'éloges qu'elle mérite. Eponine, insensible à la gloire, ne comprenant pas même qu'on puisse admirer sa conduite, et plaignant ceux qu'elle étonne, s'avance tristement à travers la foule qui l'environne, et arrive enfin à l'appartement de l'Empereur. Tout le monde se retire; alors Eponine, se jetant avec ses enfans aux pieds de Vespasien, lui parla en ces termes :

« Voyez, César, à vos genoux, la femme et les » enfans de l'infortuné Sabinus, ces enfans innocens, » élevés dans un lugubre cachot, et qui pour la pre- » mière fois, jouissent aujourd'hui de la vue du » soleil. Eh quoi! cet astre radieux qui ne luit pour » eux que depuis si peu d'instans, doit-il éclairer » le supplice de Sabinus, et ce jour, qui les arrache » des ténèbres et de la captivité, doit il être enfin

» le dernier des jours de leur père?... Mais quel fut » le crime de Sabinus? l'ambition. César, si cette » passion n'eût pas dominé dans votre ame, feriez-» vous le bonheur de l'univers? seriez-vous l'arbitre » du sort de mon époux?... Vous avez prouvé jus-» qu'ici que la fortune ne fut point aveugle en vous » favorisant; achevez de la justifier par votre clé-» mence..... Tout vous est soumis; vous régnez. Ah! » connoissez le plus doux charme de ce haut rang » où vous a placé le sort; plaignez les malheureux, » et sachez pardonner. Pourriez-vous être insensible » aux pleurs d'une épouse, d'une mère, aux gémis-» semens de ses enfans? Vous êtes souverain, vous » êtes père, et l'innocence et la nature auroient en » vain versé des larmes à vos pieds! Hélas! le ciel » ne s'est-il pas chargé lui-même du châtiment de » Sabinus? Ne vous a-t-il pas ôté le droit de le » punir, en ne le livrant entre vos mains qu'après » neuf ans de captivité?.... Souffrirez-vous qu'on » puisse vous reprocher un jour un excès de rigueur » si peu nécessaire à votre sûreté? Ah! César, son-» gez-y, votre inflexibilité ne peut ravir à Sabinus » qu'une vie obscure et languissante, tandis qu'elle » terniroit aux yeux de la postérité, cette gloire si » brillante et si pure, heureux et juste fruit de vos » travaux et de vos exploits. »

On demandera sans doute, après la lecture de cette anecdote intéressante, si Vespasien se laissa toucher. Hélas! non; et ce prince, peu sensible à tant de vertus, condamna à la mort l'époux d'Eponine, qui, engagé dans un parti contraire au sien, avoit manifesté des prétentions à l'Empire. Au reste, l'héroïsme d'Eponine ne se démentit pas jusqu'au dernier instant, et elle accompagna son mari au supplice.

Si les dieux, dit un ancien philosophe, pleins de douceur et de bonté, ne lancent pas leur foudre vengeresse sur les têtes coupables des grands et des souverains, combien est-il plus juste qu'un homme qui a le pouvoir sur d'autres hommes, n'en use qu'avec clémence ! Y a-t-il quelqu'un à qui la clémence convienne mieux qu'à un souverain ? La souveraine autorité n'est honorable qu'autant qu'elle fait du bien. Quelle gloire y a-t-il à n'user de son pouvoir que pour nuire ?

Trait de sensibilité.

Les louanges accordées aux grands hommes sont quelquefois moins décisives en faveur de leur mérite, qu'une certaine sensibilité qu'on éprouve en racontant leurs vertus.

Un événement assez récent, et bien fait pour toucher les cœurs sensibles, prouve combien la mémoire de Massillon est précieuse non-seulement aux indigens dont il a essuyé les larmes, mais à tous ceux qui l'ont connu. Il y a quelques années qu'un voyageur qui se trouvoit à Clermont, desira de voir la maison de campagne où ce prélat passoit la plus grande partie de l'année. Il s'adressa à un ancien grand-vicaire, qui, depuis la mort de l'évêque, n'avoit pas eu la force de retourner à cette maison de campagne, où il ne devoit plus retrouver celui qui l'habitoit. Le grand-vicaire consentit néanmoins à satisfaire le desir du voyageur, malgré la douleur profonde qu'il se préparoit en allant revoir des lieux si tristement chers à son souvenir. Ils partirent donc ensemble, et le grand-vicaire montra tout à l'étranger. Voilà, lui disoit-il les larmes aux yeux, l'allée où ce digne prélat se promenoit avec nous.... Voilà le berceau où il se reposoit en faisant quelques lectures.... Voilà le jardin qu'il cultivoit de ses propres mains.... Ils entrèrent ensuite dans la maison ; et quand ils furent arrivés à la chambre où Massillon avoit rendu les derniers soupirs, voilà, dit le grand-vicaire, l'endroit où nous l'avons perdu ; et il s'évanouit en prononçant ces mots. La cendre de Titus et de Marc-Aurèle eût envié un pareil hommage.

Exemple de continence.

SCIPION, après être sorti des dangers de la guerre, en rencontra un autre bien plus délicat et plus difficile à surmonter. Une troupe de ses gens, croyant le prendre par un foible trop ordinaire aux plus grands hommes, lui amenèrent une jeune Espagnole de condition noble, et d'une beauté si éclatante qu'elle charmoit tous ceux qui la voyoient. Scipion étoit dans l'âge où les passions font sentir leur empire avec le plus d'impétuosité, n'ayant alors que vingt-sept ans ; il étoit lui-même d'une figure très-noble et très-aimable ; ses soldats ne doutèrent point qu'il ne devînt sensible pour cette jeune beauté ; ils crurent lui présenter un trésor inestimable. « Vous ne » vous trompez pas, soldats, leur dit-il, en regar- » dant avec douceur la jeune Espagnole ; voilà le » présent le plus agréable que vous puissiez me » faire dans un autre temps ; mais chargé des soins » du commandement, il ne me reste point d'instans » que je puisse donner aux plaisirs. »

S'étant ensuite fait rendre compte de la condition et de la naissance de cette captive, qui étoit tout en pleurs avec sa mère, il apprit qu'elle étoit promise en mariage à un jeune prince Espagnol, nommé Allucion, qu'elle aimoit, et dont elle étoit aimée uniquement. Il envoya chercher Allucion avec les parens de la fille. « Jeune prince, lui dit-il, je » sais la passion de cette aimable personne pour

» vous, je connois la vôtre pour elle, et j'ai appris » que vous avez dessein de l'épouser; je l'ai fait » garder par des personnes sûres depuis qu'elle est » en mon pouvoir, et je vous la remets, aussi » tendre, aussi fidèle et aussi digne de vous, qu'elle » l'étoit avant que d'être entre mes mains. Je suis » charmé d'avoir contribué à une si belle union, » d'où dépend votre bonheur et le sien. Je crois » vous rendre à tous un assez grand service, pour » être en droit d'attendre de vous quelque recon- » noissance, et je l'exige : c'est que vous soyez dé- » mais amis du peuple Romain. Si ce que je fais » pour vous, vous inspire des sentimens qui me » soient favorables, croyez que Rome n'est peuplée » que de citoyens qui agiroient comme moi dans » une pareille occasion. »

Allucion, ravi d'admiration, serroit étroitement les mains de Scipion, en priant les dieux, au défaut de sa voix impuissante pour exprimer les sentimens de son cœur, de l'acquitter des obligations qu'il lui avoit. Il jugeoit des Romains par les Carthaginois; il les croyoit aussi intéressés, et dans cette persuasion, il avoit apporté tous ses trésors avec lui, pour racheter celle qu'il aimoit : Scipion les refusa long-temps; cependant, comme Allucion le pressoit toujours de les accepter, il consentit qu'on les mît par terre; « mais ce n'est, ajouta-t-il, qu'à condition » que je pourrai en faire présent à votre épouse, et » que cela fera partie de sa dot, comme ce qu'elle » recevra de sa famille. »

Il fallut, après s'être long-temps défendu, que la générosité du prince Espagnol cédât à celle de Scipion; il acquiesça donc, et retourna dans son pays avec la jeune princesse, en publiant avec elle les louanges de leur bienfaiteur. « Ce n'est pas un » homme, disoient-ils à tous ceux qu'ils rencon- » troient, ou si c'en est un, il égale les dieux par » la grandeur et la noblesse de ses sentimens : il » triomphe de ses ennemis par les armes; et lors-

» qu'il les a soumis, il les gagne par ses bienfaits. » Il revint peu de temps après rejoindre Scipion à la tête d'un corps de cavalerie de 1400 hommes, fit alliance avec lui, et ne le quitta point tant que dura la guerre d'Espagne.

Allucion ne se contenta pas de ces preuves de zèle, il voulut consacrer sa reconnoissance et la générosité de Scipion, par un témoignage qui fît passer l'un et l'autre à la postérité. Il fit faire dans cette vue un bouclier votif, sur lequel il étoit représenté recevant des mains de Scipion la jeune princesse avec laquelle il étoit fiancé. J'ai vu ce monument aussi considérable que précieux dans le cabinet des médailles du roi, où il est aujourd'hui, après avoir été près de 1900 ans dans le Rhône, où périt sans doute l'équipage de Scipion, lorsqu'il retourna d'Espagne en Italie. Ce bouclier fut trouvé par un hasard extraordinaire en 1659. Il contient 42 marcs d'argent fin, ce qui fait la valeur d'environ 1300 livres de notre monnoie. Son diamètre est de 26 pouces pied de roi. Le goût naïf et tout uni qui règne dans le dessin, dans les attitudes, dans les contours et dans les figures, fait connoître la simplicité des arts de ces siècles, où l'on fuyoit tous les ornemens recherchés, pour ne s'attacher qu'aux beautés naturelles.

Se commander à soi-même ; victoire éclatante.

Dans la prise du château de Solre, qui étoit le plus fort de tout le Hainault, les soldats ayant trouvé une femme d'une très grande beauté, l'amenèrent au vicomte de Turenne, comme la plus précieuse portion du butin, et celle qui devoit le plus flatter ses desirs. Sans faire parade de l'empire qu'il a sur lui-même, le général fait semblant de ne pas pénétrer le dessein de ses soldats : comme si en lui amenant cette femme, ils n'avoient pensé qu'à la dérober à la brutalité de leurs camarades; il les loue beaucoup d'une conduite si sage; il fait chercher son mari en diligence, il la remet entre ses mains, en lui témoignant que c'étoit à la retenue et à la discrétion de ses soldats, qu'il devoit la conservation de l'honneur de sa femme. Ce qu'on a dit du roi Robert, qu'il étoit *roi de ses mœurs*, peut trouver ici une juste application. Charles-Quint, pressé de se livrer au penchant qu'il avoit pour la femme d'un des meilleurs officiers de son armée: à dieu ne plaise, dit-il, que j'offense l'honneur d'un homme qui défend le mien l'épée à la main.

Armand de Maillé de Brezé, amiral de France, reçut à Paris la visite d'une dame de condition du Poitou; elle avoit quitté la province pour venir poursuivre un procès. L'argent lui manquoit; la partie adverse étoit puissante: elle exposa ingénument sa situation à M. de Brezé. Les malheureux trouvent toujours des protecteurs dans les ames vraiment grandes. Sur-le-champ il lui remit trois cents louis; un de ses cochers eut ordre de se rendre tous les matins à la porte de la dame. Lui-même voulut voir et solliciter ses juges; elle gagna son procès. Pénétrée de reconnoissance, et ne sachant comment la lui témoigner, elle alla le remercier, accompagnée de sa fille, qui étoit jeune et belle. Monsieur, lui dit-elle, vos services sont bien au-dessus de tout ce que je pourrois faire pour les reconnoître: il n'y a que ma fille qui puisse m'acquitter auprès de vous.

L'amiral fut révolté d'un pareil discours. Une mère oublioit ce qu'elle devoit à la vertu et à elle-même, il s'en souvint; c'étoit une de ces ames qui font le bien pour le plaisir de le faire, et à qui un acte de vertu coûte moins qu'un crime aux autres. Il écarte la demoiselle vers une fenêtre, et lui parlant avec surprise de ce qu'il venoit d'entendre, il lui insina que son innocence n'étoit pas en sûreté auprès d'une mère capable de s'oublier à ce point. Elle laisse couler des larmes, elle lui avoua que depuis quelque temps elle pensoit à être religieuse. L'amiral se défia d'abord de son dessein ; mais voyant qu'elle y étoit bien affermie, il la conduisit sur l'heure dans le monastère qu'elle lui avoit indiqué, et paya d'avance tout ce qu'il falloit pour la pension de son noviciat. Ce ne fut pas assez ; toujours généreux, toujours digne de sa vertu, quelques jours avant la profession, il fit remettre à la supérieure huit mille livres, dont il voulut que l'acte fût passé au nom de la demoiselle, sans que le sien y parût. Il est à propos d'observer que l'amiral étoit pour le moins aussi jeune que Scipion, lorsqu'il donna ce bel exemple de sagesse et de désintéressement qu'on a tant célébré. Il n'avoit que 27 ans, quand il fut tué d'un coup de canon au siége d'Orbitello, le 14 juin 1646.

Le vicomte de Turenne a fait connoître, dans plus d'une occasion, jusqu'où alloit sa sagesse et sa modération.

M. de Turenne étant sur le point d'attaquer les lignes des ennemis qui assiégeoient la ville d'Arras, n'avoit point les outils qui lui étoient nécessaires. Il en envoya demander par un de ses gardes au maréchal de la Ferté. Le garde vint bientôt après dire que M. de la Ferté ne les avoit pas seulement refusés, mais encore qu'il avoit accompagné son refus de paroles fort désobligeantes pour M. de Turenne. Le vicomte se tournant alors vers les officiers qui se trouvoient auprès de lui, se contenta de dire : *Puisqu'il est si en colère, il faut se passer de ses outils, et faire comme si nous les avions.*

Le même maréchal ayant trouvé un autre garde du vicomte de Turenne hors du camp, lui demanda ce qu'il faisoit, et sans attendre sa réponse il s'avança sur lui et le chargea à coups de canne. Le malheureux vint se présenter tout en sang à son maître, exagérant fort les mauvais traitemens qu'il avoit reçus. Le vicomte feignant de s'en prendre au garde même : *Il faut*, dit-il, *que vous soyez un bien méchant homme, pour l'avoir obligé à vous traiter de la sorte!*

Ayant envoyé chercher le lieutenant de ses gardes, il lui ordonna de mener sur-le-champ le même garde au maréchal de la Ferté, de lui dire qu'il lui faisoit excuse de ce que cet homme lui avoit manqué de respect, et qu'il le remettoit entre ses mains, pour en faire telle punition qu'il lui plairoit. Cette modération étonna toute l'armée. Le maréchal de la Ferté, surpris lui-même, s'écria avec une espèce de jurement qui lui étoit assez ordinaire : *Cet homme sera-t-il toujours sage, et moi toujours fou?*

Le carrosse de M. de Turenne s'étant trouvé un jour arrêté dans les rues de Paris, par un embarras, un jeune homme de condition qui ne le connoissoit point, et dont le carrosse étoit à la suite du sien, vient, et tombe à grands coups de canne sur le cocher du vicomte de Turenne, parce qu'il n'avançoit pas assez tôt à son gré. Le vicomte regardoit tranquillement cette scène; mais un marchand étant alors sorti de sa boutique un bâton à la main, se mit à crier : *Comment! on maltraite ainsi les gens de M. de Turenne?* Ce jeune homme, qui à ce nom se crut perdu, courut à la portière du carrosse de M. de Turenne lui demander pardon. Le vicomte, qu'il croyoit bien en colère, s'étant mis à sourire : *Effectivement, Monsieur, vous vous entendez fort bien à corriger mes gens; quand ils feront des sottises, ce qui leur arrive souvent, je vous les enverrai.* M. de Turenne se possédant ainsi dans ces sortes d'occasions, où les autres hommes ne sont plus maîtres d'eux-mêmes, n'est-il pas digne d'être mis en parallèle avec les plus grands hommes de Rome? La Grèce eût-elle refusé de le mettre au nombre de ses sages?

Jugement mémorable.

On trouve dans une ancienne édition latine d'un voyage à Pékin, par J.-B. Petau, d'Orléans, imprimée chez Morétus, à Anvers, en 1670, l'anecdote suivante :

Un riche inspecteur des manufactures de la Chine étant sur le point de faire une longue tournée, donna un gouverneur à ses deux fils, dont l'aîné n'avoit que neuf ans, et qui tous deux annonçoient d'heureuses dispositions. Le père fut à peine parti, que le gouverneur, abusant de l'autorité qu'on lui avoit confiée, devint le tyran de la maison. Il éloigna les honnêtes gens qui pouvoient éclairer ses démarches, et fit chasser ceux d'entre les domestiques qui avoient le plus à cœur les intérêts de leur maître absent. On eut beau l'instruire de ce désordre, il n'en voulut rien croire, parce qu'ayant une belle ame, il n'imaginoit pas qu'on pût jamais en agir ainsi. Ce n'eût été encore que demi mal, si ce méchant pédagogue eût pu donner à ses écoliers quelques vertus et des talens ; mais comme il en manquoit lui-même, il n'en fit que des enfans grossiers, impérieux, faux, cruels, libertins et ignorans. Après cinq ans de courses, l'inspecteur de retour, vit enfin la vérité, mais trop tard ; et sans autrement punir le serpent qu'il avoit réchauffé dans son sein, il se contenta de le renvoyer. Ce monstre eut l'impudence de citer son maître au tribunal d'un mandarin, pour qu'on eût à lui payer la pension qu'on lui avoit promise.

« Je la paierois très-volontiers, et même double » (répondit-il en présence du juge), si ce malheu» reux m'avoit rendu mes enfans tels que je devois » naturellement l'espérer. Les voici (poursuivit-il, » en s'adressant à l'homme de la loi), examinez-les,

» et prononcez. » En effet, après les avoir interrogés et entendu toutes leurs inepties, le mandarin porta cette sentence mémorable : « Je condamne cet éducateur à la mort, comme homicide de ses élèves, et » leur père, à l'amende de trois livres de poudre d'or, » non pour l'avoir choisi mauvais, car on peut se » tromper, mais pour avoir eu la foiblesse de le conserver si long-temps. Il faut qu'un homme, ajouta-t-il par réflexion, ait la force d'en reprendre un » autre quand il le mérite, et surtout si le bien de » plusieurs l'exige. »

Le généreux Villageois.

Dans un débordement de l'Adige, le pont de Véronne fut emporté, une arcade après l'autre. Il ne restoit plus que l'arcade du milieu, sur laquelle étoit une maison; et dans cette maison une famille entière. Du rivage on voyoit cette famille éplorée, tendre les mains, demander du secours. Cependant la force du torrent détruisoit à vue d'œil les piliers de l'arcade. Dans ce péril, le comte Spolverini propose une bourse de cent louis à celui qui aura le courage d'aller, sur un bateau, délivrer ces malheureux. Il y avoit à courir le danger d'être emporté par la rapidité du fleuve, ou de voir, en abordant au-dessous de la maison, écrouler sur soi l'arcade ruinée. Le concours du peuple étoit innombrable, et personne n'ose s'offrir. Dans ce moment passe un jeune villageois ; on lui dit quelle est l'entreprise proposée, et quel sera le prix du succès. Il monte sur un bateau ; gagne à force de rames le milieu du fleuve, aborde, attend au bas de la pile que toute la famille, père, mère, enfans et vieillards, se glissant le long d'une corde, soient descendus dans le bateau. « Courage, dit-il, vous

» voilà sauvés. » Il rame, surmonte l'effort des eaux, regagne enfin le rivage.

Le comte Spolverini veut lui donner la récompense promise. « Je ne vends point ma vie, lui dit » le villageois ; mon travail suffit pour me nourrir, » moi, ma femme et mes enfans ; donnez cela à cette » pauvre famille, qui en a besoin plus que moi. »

Il seroit bien facile, je crois, d'ennoblir de tels incidens, sans en altérer le pathétique ; et un poëme où l'humanité se présenteroit sous des formes si touchantes, se passeroit fort bien de ce qu'on appelle le merveilleux.

La Piété filiale.

Le feu du mont Etna, après avoir renversé tous les obstacles, et brisé toutes les digues qui s'opposoient à son passage, sortit un jour avec impétuosité, et se répandit de tous côtés. Ce torrent portoit partout le ravage et la désolation. Les moissons et tous les lieux cultivés d'alentour ; les maisons, les forêts et les collines couvertes de verdure, tout étoit la proie de ce terrible élément. A peine les flammes avoient commencé à se répandre, que Catane se sentit agitée d'un violent tremblement de terre; on vit même qu'elles avoient déjà pénétré dans la ville. Chacun tâche alors, selon ses forces et son courage, d'arracher ses richesses à la fureur du feu. L'un gémit sous le pesant fardeau de son argent; l'autre est si troublé, qu'il prend les armes, comme s'il vouloit combattre contre cet élément. Celui-ci, accablé sous le poids de ses richesses, peut-être acquises par ses crimes, ne sauroit avancer, pendant que le pauvre, chargé d'un fardeau plus léger, court avec un extrême vitesse ; enfin chacun fuit, chacun emporte ce qu'il a de précieux. Mais tous ne peuvent pas également se sauver; le feu dévore ceux qui sont les plus lents à fuir, et ceux qu'une sordide avarice a retenus trop long-temps. Ceux qui croient avoir échappé à la fureur de l'incendie, en sont atteints, et perdent en un moment les richesses qu'ils avoient enlevées et le fruit de leurs peines; ces précieuses dépouilles deviennent la pâture de la flamme qui, dans sa fureur, n'épargne que ceux qu'anime la piété.

Anphinone et son frère, tous deux portant avec un courage égal le précieux fardeau dont ils étoient chargés, comme le feu gagnoit déjà les maisons voisines, apercurent leur père et leur mère, accablés de vieillesse et d'infirmités, se tenant à peine à la porte de leur maison où ils s'étoient traînés; ces deux enfans courent à eux, les prennent et partagent ce fardeau, sous lequel ils sentent augmenter leur force. O troupe avare! épargne-toi la peine d'emporter ces trésors; jette les yeux sur ces deux frères, qui ne connoissent d'autres richesses que leur père et leur mère. Ils enlèvent ce pieux butin, et marchent à travers les flammes, comme si le feu leur avoit promis de les épargner. O piété! la plus grande de toutes les vertus, celle qui doit être la plus recommandable aux hommes: les flammes la respectent dans ces jeunes gens, et de quelque côté qu'ils tournent leurs pas, elles se retirent. Jour heureux, malgré ses ravages! quoique l'incendie exerce sa fureur de tous côtés, les deux frères traversent toutes les flammes comme en triomphe; ils échappent l'un et l'autre, sous ce pieux fardeau, à la violence du feu, qui modère sa fureur autour d'eux. Enfin ils arrivent en lieu de sûreté, sans avoir reçu aucun mal. Les poètes ont célébré leurs louanges.

On a beaucoup vanté cette histoire, ce qui prouve que les actions de cette espèce n'étoient pas communes alors. Quelque méchant qu'on suppose le genre humain de nos jours, pensez vous que le plus grand nombre des enfans n'en eût pas fait autant? Je suis sûr que si le fait arrivoit encore, on ne donneroit pas de si grands éloges à une action très-louable, mais très-naturelle. Je crois que nous sommes portés à exalter l'humanité et la vertu des hommes de ces premiers temps, parce que les vertus n'étoient pas aussi communes qu'elles le sont aujourd'hui.

Ces deux frères se sont rendus si fameux par cet exploit, que Syracuse et Catane se disputent encore à présent l'honneur de leur avoir donné la naissance. L'une et l'autre de ces villes ont dédié des temples à la piété filiale, en mémoire de cet événement.

TRAIT D'AMOUR FRATERNEL.

Anecdote Portugaise.

En 1585, des troupes portugaises qui passoient dans les Indes firent naufrage. Une partie aborda dans le pays des Caffres, et l'autre se mit à la mer sur une barque construite des débris du vaisseau. Le pilote s'apercevant que le bâtiment étoit trop chargé, avertit le chef, Edouard de Mello, que l'on va couler à fond, si l'on ne jette dans l'eau une douzaine de victimes. Le sort tomba entr'autres sur un soldat dont l'histoire n'a point conservé le nom. Son jeune frère tombe aux genoux de Mello, et demande avec instance de prendre la place de son frère aîné. « Mon » frère, dit-il, est plus capable que moi; il nourrit » mon père, ma mère et mes sœurs; s'ils le perdent, » ils mourront tous de misère; conservez leur vie en » conservant la sienne, et faites-moi périr, moi qui » ne puis leur être d'aucun secours. » Mello y consent, et le fait jeter à la mer. Le jeune homme suit la barque pendant six heures; enfin il la rejoint: on le menace de le tuer, s'il tente de s'y introduire. L'amour de la conservation triomphe de la menace;

il s'approche, on veut le frapper avec une épée, qu'il saisit et qu'il retient jusqu'à ce qu'il soit entré. Sa constance touche tout le monde : on lui permet enfin de rester avec les autres, et il parvient ainsi à sauver sa vie et celle de son frère.

Lettre historique sur la fête de la Rose, établie à Salency, par saint Médard, évêque de Noyon, dans le cinquième siècle.

Je n'avois jamais entendu parler de cette fête singulière et touchante qui, de temps immémorial, se célèbre dans un village de Picardie, et probablement vous-même, Monsieur, n'en avez aucune connoissance. Quoi qu'il en soit, c'est une fête qui mérite de sortir de l'obscurité où elle a été ensevelie jusqu'à présent. Eh ! plût à Dieu qu'elle s'introduisît, non-seulement dans tous les bourgs, mais dans toutes les villes de la terre. Une relation imprimée à Noyon, et que j'ai reçue avec des éclaircissemens manuscrits, va me fournir la matière d'un article curieux.

L'institution de la fête de la rose est très-ancienne ; on l'attribue à saint Médard, évêque de Noyon, qui vivoit dans le cinquième siècle de notre ère, du temps de Clovis. Ce bon évêque, qui étoit en même temps seigneur de Salency, village à une demi-lieue de Noyon, avoit imaginé de donner tous les ans à celle des filles de sa terre qui jouiroit de la plus grande réputation de vertu, une somme de 25 l. et une couronne ou chapeau de roses. On dit qu'il donna lui-même ce prix glorieux à une de ses sœurs, que la voix publique avoit nommée pour être Rosière. On voit encore au-dessus de l'autel de la chapelle de Saint-Médard, située à l'une des extrémités du village de Salency, un tableau où ce saint prélat est représenté en habits pontificaux, et mettant une couronne de roses sur la tête de sa sœur, qui est coiffée en cheveux, et à genoux.

Cette récompense devint pour les filles de Salency un puissant motif de sagesse : indépendamment de l'honneur qu'en retiroit la Rosière, elle trouvoit infailliblement à se marier dans l'année. Saint Médard, frappé de ces avantages, perpétua cet établissement. Il détacha des domaines de sa terre douze arpens, dont il affecta les revenus au paiement de 25 liv. et des frais accessoires de la cérémonie de la Rose.

Par le titre de la fondation, il faut non-seulement que la Rosière ait une conduite irréprochable, mais que son père, sa mère, ses frères, ses sœurs et autres parens, en remontant jusqu'à la quatrième génération, soient eux-mêmes irrépréhensibles. La tache la plus légère, le moindre soupçon, le plus petit nuage dans sa famille seroit un titre d'exclusion. Il faut des quatre, des huit, des seize quartiers de noblesse pour entrer dans certains ordres, dans certains chapitres; des quartiers de probité, mérite réel, ne vaudroient-ils pas mieux que ces quartiers de noblesse, mérite de préjugés?

Le seigneur de Salency a toujours été en possession, et seul jouit encore du droit de choisir la Rosière entre trois filles du village de Salency, qu'on lui présente un mois d'avance. Lorsqu'il l'a nommée, il est obligé de la faire annoncer au prône de la paroisse, afin que les autres filles, ses rivales, aient le temps d'examiner ce choix, et de le contredire, s'il n'étoit pas conforme à la justice la plus rigoureuse. Cet examen se fait avec l'impartialité la plus sévère : ce n'est qu'après cette épreuve que le choix du seigneur est confirmé.

Le 8 juin, jour de la fête de Saint-Médard, vers les deux heures après-midi, la Rosière, vêtue de blanc, frisée, poudrée, les cheveux flottans en grosses boucles sur les épaules, accompagnée de sa famille, et de douze filles aussi vêtues de blanc, avec un large ruban bleu en baudrier, auxquelles douze garçons du village donnent la main, se rendent au château de Salency, au son des tambours, des violons, des musettes, etc. Le seigneur ou son épouse va la recevoir lui-même; elle lui fait un petit compliment pour le remercier de la préférence qu'il lui a donnée; ensuite le seigneur ou celui qui le représente, et son bailli, lui donnent chacun la main, et précédés des instrumens, suivis d'un nombreux cortége, ils la mènent à la paroisse, où elle entend les vêpres sur un prie-dieu placé au milieu du chœur.

Les vêpres finies, le clergé sort processionnellement avec le peuple, pour aller à la chapelle de Saint-Médard. C'est là que le curé ou l'officiant bénit la couronne ou chapeau de roses qui est sur l'autel. Ce chapeau est entouré d'un ruban bleu (1), et garni sur le devant d'un anneau d'argent. Après la bénédiction et un discours analogue au sujet, le célébrant pose la couronne sur la tête de la Rosière, qui est à genoux, et lui remet en même temps les 25 liv. en présence du seigneur et des officiers de sa justice.

La Rosière, ainsi couronnée, est conduite de nouveau par le seigneur et son fiscal, et toute sa suite jusqu'à la paroisse, où l'on chante le *Te Deum* et une antienne à Saint-Médard, au bruit de la mousqueterie des jeunes gens du village. Au sortir de l'église, le seigneur ou son représentant mène la Rosière jusqu'au milieu de la grande rue de Salency, où des cen-

---

(1) Louis XIII se trouvant, il y a cent cinquante ans, au château de Varennes (il appartient aujourd'hui à M. le marquis de Barbançon), près Salency, M de Belloy, alors seigneur de ce dernier village, supplia ce monarque de faire donner en son nom cette récompense de la vertu. Louis XIII y consentit, et envoya M. le marquis de Gordes, son premier capitaine des gardes, qui fit la cérémonie de la Rose, pour sa Majesté, et qui, par ses ordres, ajouta aux fleurs une bague d'argent et un cordon bleu. C'est depuis cette époque que la Rosière reçoit cette bague, et qu'elle et ses compagnes sont décorées de ce ruban. Tous ces faits sont constatés par les titres les plus authentiques.

sitaires de la seigneurie ont fait dresser une table garnie d'une nappe, de six serviettes, six assiettes, de deux couteaux, d'une salière pleine de sel, d'un lot de vin clairet en deux pots (environ deux pintes et demie de Paris), de deux verres, d'un demi-lot d'eau fraîche, de deux pains blancs d'un sou, d'un demi-cent de noix et d'un fromage de trois sous. On donne encore à la Rosière, par forme d'hommage, une flèche, deux balles de paume et un sifflet de corne, avec lequel un des censitaires siffle trois fois avant que de l'offrir. Ils sont obligés de satisfaire exactement à toutes ces servitudes, sous peine de 60 sous d'amende.

De là toute l'assemblée se rend dans la cour du château, sous un gros arbre, où le seigneur danse le premier avec la Rosière. Ce bal champêtre finit au coucher du soleil. Le lendemain, dans l'après-midi, la Rosière invite chez elle toutes les filles du village, et leur donne une grande collation, suivie de tous les divertissemens ordinaires en pareil cas.

Voilà, Monsieur, l'origine et les détails de la fête de la Rose : le récit seul vous aura sans doute intéressé. Il est donc encore un endroit sur la terre où un chapeau de roses est regardé comme le prix le plus honorable et le plus flatteur qu'on puisse donner à la vertu ! Vous ne sauriez croire, Monsieur, combien cet établissement excite à Salency l'émulation des mœurs et de la sagesse. Tous les habitans du village, composé de 148 feux, sont doux, honnêtes, sobres, laborieux. Ils sont environ 500 ; ils n'ont point de charrue; chacun bêche sa portion de terre, et tout le monde y vit satisfait de son sort. On assure qu'il n'y a pas un seul exemple, pas un seul, dans toute la rigueur du terme, je ne dis pas d'un crime commis à Salency par un naturel du lieu, mais même d'un vice grossier, encore moins d'une foiblesse de la part du sexe; tandis que tous les paysans des environs sont aussi brutaux, aussi vicieux qu'ailleurs. Quel bien produit un seul établissement sage ! Eh! que ne feroiton pas des hommes, en attachant de l'honneur et de la gloire au mérite et à la vertu? Il ne manqueroit plus à notre corruption que de jeter du ridicule sur la fête de la Rose, et sur le plaisir pur qu'elle doit faire aux ames honnêtes et sensibles.

Par M. Fréron.

Exemple célèbre d'amour filial.

Les annales japonnaises font mention de cet exemple extraordinaire d'amour filial. Une femme étoit restée veuve avec trois garçons, et ne subsistoit que de leur travail. Quoique le prix de cette subsistance fût peu considérable, les travaux néanmoins de ces jeunes gens n'étoient pas toujours suffisans pour y subvenir. Le spectacle d'une mère qu'ils chérissoient, en proie au besoin, leur fit un jour concevoir la plus étrange résolution. On avoit publié depuis peu que quiconque livreroit à la justice le voleur de certains effets, toucheroit une somme assez considérable. Les trois frères s'accordent entre eux qu'un des trois passera pour ce voleur, et que les deux autres le meneront au juge. Ils tirent au sort, pour savoir qui sera la victime de l'amour filial, et le sort tombe sur le plus jeune, qui se laisse lier et conduire comme un criminel. Le magistrat l'interroge; il répond qu'il a volé; on l'envoie en prison, et ceux qui l'ont conduit, touchent la somme promise. Leur cœur s'attendrit alors sur le danger de leur frère : ils trouvent le moyen d'entrer dans la prison, et croyant n'être vus de personne, ils l'embrassent tendrement, et l'arrosent de leurs larmes. Le magistrat, qui les aperçoit par hasard, surpris d'un spectacle si nouveau, donne commission à un de ses gens de suivre ces deux délateurs; il lui enjoint expressément de ne les point perdre de vue, qu'il n'ait découvert de quoi éclaircir un fait si singulier. Le domestique s'acquitte parfaitement de la commission, et rapporte qu'ayant vu entrer ces deux jeunes gens dans une maison, il s'en étoit approché, et les avoit entendu raconter à leur mère ce qu'on vient de lire; que la pauvre femme, à ce récit, avoit jeté des cris lamentables, et qu'elle avoit ordonné à ses enfans de reporter l'argent qu'on leur avoit donné, disant qu'elle aimoit mieux mourir de faim, que de se conserver la vie au prix de celle de son cher fils. Le magistrat, pouvant à peine concevoir ce prodige de piété filiale, fait venir aussitôt son prisonnier, l'interroge de nouveau sur ses prétendus vols, le menace même du plus cruel supplice : mais le jeune homme, tout occupé de sa tendresse pour sa mère, reste immobile. Ah! c'en est trop, lui dit le magistrat en se jetant à son cou : enfant vertueux, votre conduite m'étonne. Il va aussitôt faire son rapport à l'empereur, qui, charmé d'une affection si héroïque, voulut voir les trois frères, les combla de caresses, assigna au plus jeune une pension considérable, et une moindre à chacun des deux autres.

Apologue.

Cosroès, roi de Perse, dit le philosophe Sadi, avoit un ministre dont il étoit content et dont il se croyoit aimé. Un jour ce ministre vint lui demander à se retirer. Cosroès lui dit : Pourquoi veux-tu me quitter? J'ai fait tomber sur toi la rosée de ma bienfaisance, mes esclaves ne distinguent point tes ordres des miens : je t'ai approché de mon cœur, ne t'en éloigne jamais. — Mitrane (c'étoit le nom du ministre), répondit : O roi! je t'ai servi avec zèle, et tu m'en as trop récompensé; mais la nature m'impose aujourd'hui des devoirs sacrés; laisse-moi les remplir : j'ai un fils, il n'a que moi pour lui apprendre à te servir un jour comme je t'ai servi. — Je te permets de te retirer, dit Cosroès, mais à une condition : parmi les hommes de bien que tu m'as fait connoître, il n'en est aucun qui soit aussi digne que toi d'éclairer et d'élever l'ame de mon fils; finis ta carrière par le plus grand service qu'elle puisse rendre aux autres hommes; qu'ils te doivent un bon maître; je connois la corruption de la cour, il ne faut pas qu'un jeune prince la respire : prends mon fils, et va l'instruire avec le tien dans la retraite, au sein de l'innocence et de la vertu. Mitrane partit avec les deux enfans, et après cinq ou six années, il revint avec eux auprès de Cosroès, qui fut charmé de revoir son fils, mais qui ne le trouva pas égal en mérite au fils de son ancien ministre. Cosroès sentit cette différence avec une douleur amère, et il s'en plaignit à Mitrane. O roi! lui dit Mitrane, mon fils a fait un meilleur usage que le tien, des leçons que j'ai données à l'un et à l'autre, mes soins ont été également partagés entre eux; mais mon fils savoit qu'il auroit besoin des hommes, et je n'ai pu cacher au tien que les hommes auroient besoin de lui.

Fait remarquable tiré de l'Histoire de Provence.

La ville de Mamosque, dans le XVIe. siècle, a été témoin d'un trait de vertu qui mérite d'être rapporté. François Ier. étant allé dans cette ville, logea chez un particulier dont la fille lui avoit présenté les clés de la ville : c'étoit une jeune personne d'une rare beauté, et d'une vertu plus rare encore. S'étant aperçue qu'elle avoit fait sur l'esprit du roi une impression que ce monarque n'avoit pu cacher, elle alla mettre du soufre dans un réchaud, et en reçut la fumée au visage pour se défigurer; ce qui lui réussit au point qu'elle devint méconnoissable. François Ier. fut d'autant plus frappé de ce trait de vertu, qu'ici la vanité de subjuguer un roi étoit un piège dangereux dans un âge où l'envie de plaire est déjà si forte et si naturelle. Le monarque, voulant lui donner une marque de son estime, lui assura une somme considérable pour sa dot.

Anecdotes sur le Duel et les Duellistes.

Le vrai brave consacre son courage à la défense de sa patrie.

Je ne sais où j'ai lu le trait suivant que je crois être de M. Turenne lui-même, avant qu'il fût avancé dans le service. Etant appelé en duel par un autre officier, il répondit : « Je ne sais pas me battre en » dépit des lois ; mais je saurai aussi bien que vous » affronter le danger, quand le devoir me le per- » mettra. Il y a un coup de main à faire, très-utile » et très-honorable pour nous, mais très-périlleux : » allons demander à notre général la permission de » le tenter, et nous verrons qui des deux s'en tirera » avec plus d'honneur. » Celui qui avoit proposé le duel, trouva le projet si périlleux en effet, qu'il refusa de soumettre sa valeur à une pareille épreuve. Tel est le genre de courage de la plupart des duellistes. On en a vu chercher à se faire une réputation de bravoure dans des rencontres particulières, et se mettre au lit un jour de bataille.

On peut voir dans la vie de M. de Turenne, par Raguenet, quelle a été sa conduite à l'égard du maréchal de la Ferté [illegible] du prince Palatin. Elle ne s'accorde guère avec [illegible] point d'honneur de nos faux braves.

Il y auroit, après tout, bien peu d'affaires, si tous ceux qui sont témoins de quelque dispute, se comportoient comme il seroit à souhaiter qu'ils le fissent, d'après l'exemple que nous allons citer.

Un jour, douze personnes avoient dîné ensemble dans une maison; après le repas, on proposa de jouer, et l'on fit deux parties différentes, dans l'une desquelles il s'éleva entre deux officiers une dispute, suivie de quelques propos assez durs. Les autres personnes qui étoient présentes, s'empressèrent de l'apaiser, en leur disant qu'ils avoient tort tous deux. Ceux-ci cependant commençoient à s'échauffer, lorsqu'un autre officier de la compagnie, homme de tête, très-sage et très-sensé, fut à la porte de la salle, ferma la serrure à double tour, en mit la clé dans sa poche. Ensuite se tournant vers la compagnie, il dit: personne ne sortira d'ici, qu'après que ces messieurs se seront accommodés. Il faut que celui qui est auteur de la querelle commence (car c'est lui qui a le premier tort), à faire excuse à l'autre de ce qu'il lui a dit: que celui qui se croit attaqué reçoive l'excuse, et témoigne qu'il est fâché d'avoir relevé avec trop de hauteur l'insulte qu'il croit qu'on lui a faite, et qu'ensuite ces deux messieurs s'embrassent et promettent de ne rien demander davantage. S'ils refusent de le faire, j'en porterai mes plaintes aux maréchaux de France, et je les prierai de donner des ordres pour empêcher un duel entre ces messieurs. La conduite de cet officier fut fort approuvée. La compagnie engagea les deux militaires à se faire des excuses respectives, et ils s'embrassèrent.

ANECDOTE.

On ne doit pas juger un jeune officier d'après une première faute.

Le maréchal de Catinat se plaignit amèrement de la précipitation avec laquelle on jugeoit un officier, d'après une première faute, et croyoit au contraire qu'il étoit du devoir d'un général de lui fournir les moyens de la réparer. Il raconta souvent à ce propos une histoire qui lui étoit arrivée, sans qu'on ait jamais pu deviner qui y avoit donné lieu.

Un jeune homme très-recommandé par toute la cour, vint à son armée prendre le commandement d'un régiment. Le maréchal lui dit à son arrivée, que pour première preuve de considération, il lui donneroit le lendemain un détachement, et qu'il lui promettoit de rencontrer les ennemis. La promesse du maréchal fut accomplie : le détachement trouva les ennemis. Le jeune homme, étonné par le bruit et le sifflement des balles, tint une conduite scandaleuse pour l'armée. Tout le monde en parla ; le maréchal fit tout ce qu'il put, pendant la journée, pour paroître ne pas entendre les différens discours. Quand la nuit fut venue, il envoya chercher ce jeune homme, lui parla de sa faute, et lui dit qu'il falloit opter entre le parti de la réparer ou de se faire capucin le même jour. Le jeune homme ne balance pas : il commanda le lendemain un nouveau détachement, rencontra les ennemis, montra la plus grande valeur, et fut depuis, de l'aveu du maréchal de Catinat, un des meilleurs officiers qu'ait eu le Roi : il est, ou il sera maréchal de France, ajoutoit-il, pour éloigner plus sûrement les soupçons.

TRAIT DE GÉNÉROSITÉ.

*Le jeune Marseillais et le baron de M***.*

Un jeune homme, nommé Robert, attendoit sur le rivage, à Marseille, que quelqu'un entrât dans un canot. Un inconnu s'y plaça; mais un instant après, il se préparoit à en sortir, malgré la présence de Robert, qu'il ne soupçonnoit pas d'en être le patron. Il lui dit, que puisque le conducteur de cette barque ne se montre point, il va passer dans une autre. Monsieur, lui dit le jeune homme, celle-ci est la mienne, voulez-vous sortir du port? — Non, Monsieur, il n'y a plus qu'une heure de jour. Je voulois seulement faire quelques tours dans le bassin, pour profiter de la fraîcheur et de la beauté de la soirée..... Mais, vous n'avez pas l'air d'un marinier, ni le ton d'un homme de cet état. — Je ne le suis pas en effet; ce n'est que pour gagner de l'argent, que je fais ce métier les fêtes et les dimanches. — Quoi! avare à votre âge! cela dépare votre jeunesse, et diminue l'intérêt qu'inspire d'abord votre heureuse physionomie. — Ah! monsieur, si vous saviez pourquoi je desire si fort de gagner de l'argent, vous n'ajouteriez pas à ma peine celle de me croire un caractère si bas. — J'ai pu vous faire du tort; mais vous ne vous êtes point expliqué. Faisons notre promenade, et vous me conterez votre histoire. L'inconnu s'assied. Eh bien, poursuit-il, dites-moi quels sont vos chagrins; vous m'avez disposé à y prendre part. Je n'en ai qu'un, dit le jeune homme, celui d'avoir un père dans les fers, sans pouvoir l'en tirer. Il étoit courtier dans cette ville; il s'étoit procuré de ses épargnes et de celle de ma mère dans le commerce des modes, un intérêt sur un vaisseau en charge pour Smyrne : il a voulu veiller lui-même à l'échange de sa pacotille, et en faire le choix. Le vaisseau a été pris par un corsaire, et conduit à Tétuan, où mon malheureux père est esclave avec le reste de l'équipage. Il faut deux mille écus pour sa rançon ; mais comme il s'étoit épuisé afin de rendre son entreprise plus importante, nous sommes bien éloignés d'avoir cette somme. Cependant ma mère et mes sœurs travaillent jour et nuit; et j'en fais de même chez mon maître, dans l'état de joaillier que j'ai embrassé, et je cherche à mettre à profit, comme vous voyez, les dimanches et les fêtes. Nous nous sommes retranchés jusque sur les besoins de première nécessité; une seule petite chambre forme tout notre logement. Je croyois d'abord aller prendre la place de mon père, et le délivrer en me chargeant de ses fers ; j'étois prêt à exécuter ce projet lorsque ma mère, qui en fut informée, je ne sais comment, m'assura qu'il étoit aussi impraticable que chimérique, et fit défense à tous les capitaines du Levant de me prendre sur leur bord. — Et recevez-vous quelquefois des nouvelles de votre père? Savez-vous quel est son patron à Tétuan? quels traitemens il y éprouve? — Son patron est intendant des jardins du roi; on le traite avec humanité, et les travaux auxquels on l'emploie ne sont pas au-dessus de ses forces : mais nous ne sommes pas avec lui pour le consoler, pour le soulager; il est éloigné de nous, d'une épouse chérie, et de trois enfans qu'il aime toujours avec tendresse. — Quel nom porte-t-il à Tétuan? — Il n'en a point changé; il s'appelle Robert, comme à Marseille. — Robert.... chez l'intendant des jardins? — Oui, monsieur. — Votre malheur me touche, mais d'après vos sentimens qui le méritent, j'ose vous présager un meilleur sort, et je vous le souhaite bien sincèrement..... En jouissant du frais, je voulois me livrer à la solitude; ne trouvez donc pas mauvais, mon ami, que je sois tranquille un moment.

Lorsqu'il fut nuit, Robert eut ordre d'aborder.

Alors l'inconnu sort du bateau, lui remet une bourse entre les mains, et, sans lui laisser le temps de le remercier, s'éloigne avec précipitation. Il y avoit dans cette bourse huit doubles louis en or, et dix écus en argent. Une telle générosité donna au jeune homme la plus haute opinion de celui qui en étoit capable; ce fut en vain qu'il fit des vœux pour le rejoindre et lui en rendre grace.

Six semaines, après cette époque, cette famille honnête, qui continuoit sans relâche à travailler pour compléter la somme dont elle avoit besoin, prenoit un dîner frugal, composé de pain et d'amandes sèches : elle voit arriver Robert le père, très-proprement vêtu, qui la surprend dans sa douleur et dans sa misère. Qu'on juge de l'étonnement de sa femme et de ses enfans, de leurs transports, de leur joie! Le bon Robert se jette dans leurs bras, et s'épuise en remercîmens sur les cinquante louis qu'on lui a comptés en s'embarquant dans le vaisseau, où son passage et sa nourriture étoient acquittés d'avance, sur les habillemens qu'on lui a fournis, etc. Il ne sait comment reconnoître tant de zèle et tant d'amour.

Une nouvelle surprise tenoit cette famille immobile : ils se regardoient les uns les autres. La mère rompt le silence; elle imagine que c'est son fils qui a tout fait; elle raconte à son père comment, dès l'origine de son esclavage, il a voulu aller prendre sa place, et comment elle l'en avoit empêché. Il falloit six mille francs pour sa rançon : nous en avions, poursuit-elle, un peu plus de la moitié, dont la meilleure partie étoit le fruit de son travail; il aura trouvé des amis qui l'auront aidé. Tout-à-coup, rêveur et taciturne, le père, consterné, s'adressant à son fils : Malheureux, qu'as-tu fait? comment puis-je te devoir ma délivrance sans la regretter; comment pouvoit-elle rester un secret pour ta mère, sans être achetée au prix de la vertu? A ton âge, fils d'un infortuné, d'un esclave, on ne se procure point naturellement les ressources qu'il te falloit. Je frémis de penser que l'amour paternel t'a rendu coupable. Rassure-moi, sois vrai; et mourons tous si tu as pu cesser d'être honnête.

Tranquillisez vous, mon père, répondit-il en l'embrassant; votre fils n'est pas indigne de ce titre, ni assez heureux pour avoir pu vous prouver combien il lui est cher. Ce n'est point à moi que vous devez votre liberté; je connois votre bienfaiteur. Souvenez-vous, ma mère, de cet inconnu qui me donna sa bourse; il m'a fait bien des questions. Je passerai ma vie à le chercher; je le trouverai, et il viendra jouir du spectacle de ses bienfaits. Ensuite il raconte à son père l'anecdote de l'inconnu, et le rassure ainsi sur ses craintes.

Rendu à sa famille, Robert trouva des amis et des secours. Les succès surpassèrent son attente. Au bout de deux ans, il acquit de l'aisance; ses enfans qu'il avoit établis, partageoient son bonheur entre lui et sa femme, et il eût été sans mélange, si les recherches continuelles du fils avoient pu faire découvrir ce bienfaiteur qui se déroboit avec tant de soin à leur reconnoissance et à leurs vœux. Il le rencontre enfin un dimanche matin, se promenant seul sur le port. Ah! mon dieu tutélaire! c'est tout ce qu'il put prononcer en se jetant à ses pieds, où il tomba sans connoissance. L'inconnu s'empresse de le secourir et de lui demander la cause de son état. Quoi! monsieur, pouvez vous l'ignorer, lui répond le jeune homme? Avez vous oublié Robert et sa famille infortunée que vous rendîtes à la vie, en lui rendant son père? — Vous vous méprenez, mon ami, je ne vous connois point, et vous ne sauriez me connoître: étranger à Marseille, je n'y suis que depuis peu de jours. — Tout cela peut être; mais souvenez-vous qu'il y a vingt-six mois que vous y étiez aussi: rappelez vous cette promenade dans ce port; l'intérêt que vous prîtes à mon malheur, les questions que vous me fites sur les connoissances qui pouvoient vous éclairer et vous donner des lumières nécessaires pour être notre bienfaiteur. Libérateur de mon père, pouvez-vous oublier que vous êtes le sauveur d'une famille entière, et qui ne desire plus rien que votre présence? Ne vous refusez pas à ses vœux, et venez voir les heureux que vous avez faits..... venez. — Je vous l'ai déjà dit, mon ami, vous vous méprenez. — Non, monsieur, je ne me trompe point; vos traits sont trop profondément gravés dans mon cœur, pour que je puisse vous méconnoître. Venez, de grace. En même-temps il le prenoit par le bras, et lui faisoit une sorte de violence pour l'entraîner. Une multitude de peuple s'assembloit autour d'eux. Alors l'inconnu, d'un ton plus grave et plus ferme: Monsieur, dit-il, cette scène commence à être fatigante. Quelque ressemblance occasionne votre erreur: rappelez votre raison, et allez dans votre famille profiter de la tranquillité dont vous paroissez avoir besoin. Quelle cruauté! s'écrie le jeune homme: bienfaiteur de cette famille, pourquoi altérer, par votre résistance, le bonheur qu'elle ne doit qu'à vous? Resterai-je en vain à vos pieds? Serez-vous assez inflexible pour refuser le tribut que nous réservons depuis si long-temps à votre sensibilité? Et vous qui êtes ici présens, vous que le trouble et le désordre où vous me voyez doivent attendrir, joignez-vous tous à moi, pour que l'auteur de mon salut vienne contempler lui-même son propre ouvrage. A ces mots, l'inconnu paroît se faire quelque violence; mais comme on s'y attendoit le moins, réunissant toutes ses forces, et rappelant son courage pour résister à la séduction de la jouissance délicieuse qui lui est offerte, il s'échappe comme un trait au milieu de la foule, et disparoît en un instant.

Cet inconnu le seroit encore aujourd'hui, si ses gens d'affaires, ayant trouvé dans ses papiers, à la mort de leur maître, une note de 3,500 livres envoyée à M. Main, de Cadix, n'en eussent pas demandé compte à ce dernier, mais seulement par curiosité, puisque la note étoit bâtonnée et le papier chiffonné comme ceux que l'on destine au feu. Ce fameux banquier répondit qu'il en avoit fait usage pour délivrer un Marseillais, nommé Robert, esclave à Tétuan, conformément aux ordres de Charles de Secondat, baron de Montesquieu, président à mortier au parlement de Bordeaux. On sait que l'illustre Montesquieu aimoit à voyager, et qu'il visitoit souvent sa sœur, madame d'Héricourt, mariée à Marseille (1).

HOMMAGE RENDU A LA VERTU.

Anecdote sur M. de Garcin, chanoine de l'église collégiale de Saint-André de Grenoble, mort en 1764.

M. DE GARCIN, né d'une famille noble, entra fort jeune au service, fut lieutenant et ensuite capitaine de cavalerie. Une heureuse alliance des qualités de l'esprit et du cœur qu'exige l'état militaire, avec celles qui caractérisent le chrétien, lui acquit l'estime des officiers et celle même de M. le duc de Vendôme, général de l'armée dans laquelle il servoit. Le prince avoit beaucoup d'égards pour sa piété. Lorsqu'il donnoit des repas aux officiers : *Mesurez vos termes, Messieurs*, leur disoit-il; *surtout point de galanterie, nous avons Chatelard à dîner* (nom qu'il portoit alors). Il s'agissoit un jour de tenir un conseil de guerre auquel M. de Vendôme vouloit que le pieux capitaine assistât, quoiqu'il n'eût pas encore l'âge re-

(1) Ce trait curieux, qui mérite de vivre à jamais dans la mémoire des hommes, se trouve dans le calendrier des Anecdotes, année 1755; dans les œuvres de M. l'abbé le Monnier, et a été mis en drame par M. Villemain.

quis, vingt-cinq ans; mais on ne le trouvoit point: *Qu'on le cherche bien*, dit le prince, *il est à prier Dieu au pied de quelque arbre.*

M. de Garcin reçut les ordres sacrés au séminaire de Grenoble, de M. Alleman de Montmartin, successeur de M. Camus.

On ne peut honorer la vertu, sans se faire honneur à soi-même.

LE BON FILS.

Anecdote attendrissante.

Un enfant de très-bonne naissance, placé à l'Ecole militaire, se contentoit depuis plusieurs jours, de la soupe et du pain sec avec de l'eau. Le gouverneur, averti de cette singularité, l'en reprit, attribuant cela à quelque excès de dévotion mal entendue. Le jeune enfant continuoit toujours, sans découvrir son secret. M. P. D., instruit par le gouverneur de cette persévérance, fit venir le jeune élève, et après lui avoir doucement représenté combien il étoit nécessaire d'éviter toute singularité, et de se conformer à l'usage de l'Ecole, voyant qu'il ne s'expliqueit pas sur les motifs de sa conduite, fut contraint de le menacer, s'il ne se réformoit, de le rendre à sa famille. « Hélas! monsieur, dit alors l'enfant, vous voulez savoir la raison que j'ai d'agir comme je fais; la voici. Dans la maison de mon père, je mangeois du pain noir en petite quantité; nous n'avions souvent que de l'eau à y ajouter : ici, je mange de bonne soupe; le pain y est bon, blanc, et à discrétion; je trouve que je fais grande chère, et je ne puis me résoudre à manger davantage, me souvenant de l'état de mon père et de ma mère. »

M. P. D. et le gouverneur ne pouvoient retenir leurs

larmes, en voyant la sensibilité et la fermeté de cet enfant. « Monsieur, reprit M. P. D., si monsieur votre père a servi, n'a-t-il pas de pension? — Non, répondit l'enfant. Pendant un an il en a sollicité une; le défaut d'argent l'a contraint d'y renoncer. Il a mieux aimé languir, que de faire des dettes à Versailles. — Eh bien! dit M. P. D., si le fait est aussi prouvé qu'il paroît vrai dans votre bouche, je vous promets de lui obtenir cinq cents livres de pension. Puisque vos parens sont si peu à leur aise, vraisemblablement ils ne vous ont pas bien fourni le gousset, recevez pour vos menus plaisirs ces trois louis que je vous présente de la part du roi, et quant à monsieur votre père, je lui enverrai d'avance les six mois de la pension que je me suis obligé de lui obtenir. — Monsieur, reprit l'enfant, comment pourrez-vous lui envoyer cet argent? — Ne vous en inquiétez pas, répondit M. P. D., nous en trouverons le moyen. — Ah! monsieur, puisque vous avez cette facilité, dit l'enfant, remettez-lui aussi les trois louis que vous venez de me donner. Ici, j'ai de tout en abondance; cet argent me deviendroit inutile, il fera grand bien à mon père pour ses autres enfans. »

Artifice malhonnête de Pithius.

Canius, chevalier romain, qui avoit de l'enjouement et l'esprit orné, alla passer quelque temps à Syracuse, où son unique affaire, disoit-il, étoit de ne rien faire. Là, il parloit souvent d'acheter un petit jardin, où il pût, loin des importuns, avoir ses amis, et se réjouir avec eux : sur le bruit qui s'en répandit, un certain Pithius lui dit qu'il avoit un jardin qui n'étoit pas à vendre, mais dont il le prioit d'user librement. Il invita en même temps son homme à y souper le lendemain. Canius accepta.

Pithius, à qui sa fortune attiroit beaucoup de considération, fit assembler les pêcheurs, pour leur demander que le lendemain ils eussent à pêcher devant son jardin; et il leur détailla ses ordres. Canius ne manqua pas au rendez-vous. Repas magnifique, quantité de barques qui faisoient un spectacle et qui venaient toutes à l'envi présenter leur pêche. Les poissons tomboient en tas aux pieds de Pithius. « Eh! dit Canius, qu'est ce que ceci? tout ce poisson? tant de barques? — Faut-il, reprend Pithius, que cela vous étonne? tout le poisson de Syracuse est ici. C'est le seul endroit où il y ait de l'eau. Sans celui-ci, les pêcheurs ne sauroient où aller. » Voilà que Canius ne tint plus contre l'envie d'acheter. D'abord le banquier se défend, à la fin il cède. Canius, plein de son idée, et ne regardant pas à l'argent, prend la maison et les meubles, donne tout ce qu'on veut en avoir, fait son billet. L'affaire est conclue. Il prie ses amis pour le jour suivant. Il arrive de bonne heure, il ne voit pas le moindre bateau. Il s'informe du voisin, s'il y a ce jour-là quelque fête pour les pêcheurs. « Aucune que je sache, dit le voisin; mais ordinairement on ne pêche pas ici, et je ne savois hier à quoi attribuer ce que je voyois. Canius de s'emporter : mais quel remède? Aquilius, mon collègue et mon ami, n'avoit pas encore publié ses formules contre le dol, où il explique très-bien ce que c'est que le dol en homme qui sait définir. C'est, dit-il, donner à entendre qu'on veut une chose, et en faire une autre. Pithius, par conséquent, et tous autres qui ont de semblables détours, sont gens artificieux, sans foi et sans probité. »

L'homme bienfaisant après sa mort.

Nous allions à Delphes, Lycas et moi, porter notre offrande à Apollon : déjà nous apercevions la colline sur laquelle le temple, orné de colonnes d'une blancheur éclatante, s'élève du sein d'un des bois de lauriers vers la voûte azurée des cieux. Plus loin, nos yeux se perdoient sur la plaine immense des mers. Il étoit midi; le sable brûloit nos pieds, et à chaque pas que nous faisions, il s'élevoit une poussière enflammée qui nous brûloit les yeux, et se colloit sur nos lèvres desséchées. Nous gravissions ainsi, accablés de langueur; mais bientôt nous hâtâmes le pas, lorsque nous aperçûmes devant nous, sur le bord même du chemin, quelques arbres hauts et touffus; leur ombrage étoit aussi sombre que la nuit. Saisis d'un frémissement religieux, nous entrâmes dans le bocage où l'on respiroit la plus douce fraîcheur. Ce lieu de délices offroit à la fois tout ce qui pouvoit récréer nos sens : ces arbres touffus entouroient un parterre de gazon arrosé par une source d'eau la plus fraîche; des branches chargées de poires et de pommes dorées, s'inclinoient vers le bassin, et les troncs des arbres étoient entrelacés de fertiles buissons, de l'églantier, de la groseille et du mûrier sauvage; la fontaine sortoit en bouillonnant du pied d'un tombeau entouré de chèvrefeuille, de saules et de lierre rampant. O dieux! m'écriai-je, quel charme on respire en ce lieu! Mon cœur bénit celui dont la main bienfaisante a planté ces doux ombrages; c'est ici peut-être que reposent ses cendres. « Voici, me dit Lycas, voici quelques caractères que j'aperçois entre ces rameaux de chèvrefeuille, sur le bord du tombeau; peut-être nous apprendront-ils quel est celui qui daigna pourvoir au soulagement du voyageur fatigué. » Il souleva les rameaux avec son bâton et lut ces mots :

« Ici reposent les cendres d'Amyntas. Sa vie entière » ne fut qu'une chaîne de bienfaits. Voulant encore » faire du bien long-temps après sa mort, il condui- » sit cette source en ce lieu et y planta ces arbres. »

Que ta cendre soit bénie, homme généreux! que tous les tiens, que tous ceux que tu laissas après toi, soient bénis à jamais. En disant ces mots, je vis de loin, sous les arbres, quelqu'un s'avancer vers nous; c'étoit une femme jeune et belle qui venoit à la fontaine, avec un vase de terre sous son bras. « Je vous salue, dit-elle d'une voix gracieuse : vous êtes étrangers et vous êtes accablés surtout du long chemin que vous avez fait durant la chaleur du jour. Dites-moi, auriez-vous besoin de quelques rafraichissemens que vous n'ayez pas trouvés ici? — Nous te remercions, lui dis-je; nous te remercions, femme aimable et bienfaisante. Que pourrions-nous desirer encore? L'eau de cette fontaine est si pure, ces fruits sont si délicieux, ces ombrages si frais! nous sommes pénétrés de vénération pour l'homme de bien dont la cendre repose ici; sa bienfaisance a prévenu tous les besoins du voyageur. Tu parois être de cette contrée; tu l'as connu, sans doute? Ah! dis-nous, tandis que nous reposons à la fraîcheur de l'ombre, dis-nous quel fut cet homme vertueux? »

Alors elle s'assit, posa son vase de terre à son côté, et s'appuyant dessus, elle reprit avec un sourire gracieux :

« Puisque vous desirez savoir quel est l'homme qui repose sous cette tombe, comment il a conduit cette source, et comment il a planté ces arbres, je vais vous le raconter.

» Amyntas étoit le nom de cet homme de bien. Honorer les dieux, être utile aux hommes, c'étoit pour lui le bonheur le plus doux. Dans toute cette contrée, il n'est pas un berger qui ne révère sa mémoire avec la reconnoissance la plus tendre; il n'en est pas un qui ne raconte, en versant des larmes de joie, quelques traits de sa droiture ou de sa bonté. Dans ses derniers jours, il venoit souvent s'asseoir ici sur le bord du chemin : d'un air affable et doux, il saluoit les passans, et offroit des rafraîchissemens au voyageur fatigué. Eh quoi, dit-il un jour, si je plantois ici quelques arbres fruitiers; si sous leur ombrage je conduisois une source fraîche et limpide; l'eau et l'ombre sont loin de ces lieux; je soulagerois encore long-temps après moi et l'homme fatigué, et celui qui languit aux ardeurs du midi. Ce dessein fut promptement exécuté; de ses mains débiles il conduisit ici la source la plus pure, et à l'entour il planta ces arbres fertiles, dont les fruits mûrissent en différentes saisons. Il n'a pu voir ces arbres dans toute leur vigueur, étendre au loin leurs branches touffues, et l'extrémité de leurs rameaux cédant au poids des fruits mûrs, se courber jusque sur le gazon fleuri; mais il leur a vu prendre leurs premiers accroissemens, il s'est promené sous leur ombre naissante. Lorsque les dieux, pour se hâter sans doute de récompenser sa bienfaisance, ont rappelé son ame dans leur sein, nous avons enseveli sa dépouille mortelle dans ces lieux, afin que tous ceux qui reposeront sous cet ombrage, bénissent sa cendre.

A ce récit, pénétrés de respect, nous bénîmes la cendre de l'homme de bien; et nous dîmes à la bergère : Cette source nous a paru bien douce, et la fraîcheur de cette ombre nous a récréés, mais bien plus encore le récit que tu viens de nous faire. Que les dieux bénissent tous les instans de ta vie; et pleins d'un sentiment religieux, nous portâmes nos pas au temple d'Apollon.

SAINT BASILE ET SAINT GRÉGOIRE DE NAZIANZE.

Modèle pour les Etudians.

S. Basile et S. Grégoire de Nazianze étoient tous deux sortis de familles fort nobles selon le monde, et encore plus selon Dieu. Ils naquirent presqu'en même temps, et leur naissance fut le fruit des prières et de la piété de leurs mères, qui dès ce moment même les offrirent à Dieu, dont elles les avoient reçus. Celle de S. Grégoire le lui présenta dans l'église, et sanctifia ses mains par les livres sacrés qu'elle lui fit toucher.

Ils avoient l'un et l'autre tout ce qui rend les enfans aimables : beauté de corps, agrément dans l'esprit, douceur et politesse dans les manières.

Leur éducation fut telle qu'on peut se l'imaginer dans des familles où la piété étoit, si l'on peut parler ainsi, héréditaire et domestique, et où pères, mères, frères, sœurs, aïeuls de côté et d'autre, étoient tous des saints et des saintes fort illustres.

Le naturel heureux que Dieu leur avoit accordé, fut cultivé avec tout le soin possible. Après les études domestiques, on les envoya séparément dans les villes de la Grèce qui avoient le plus de réputation pour les sciences, et ils y prirent les leçons des plus excellens maîtres.

Enfin ils se rejoignirent à Athènes. On sait que cette ville étoit comme le théâtre et le centre des belles-lettres et de toute érudition. Elle fut aussi comme le berceau de l'amitié fameuse de nos saints, ou du moins elle servit beaucoup à en serrer les nœuds d'une manière plus étroite. Une aventure assez extraordinaire y donna occasion : il y avoit à Athènes une coutume fort bizarre, par rapport aux écoliers nouveaux venus, qui s'y rendoient des différentes provinces. On commençoit par les introduire dans une assemblée nombreuse de jeunes gens comme eux, et là on leur faisoit essuyer mille brocards, mille railleries, mille insolences ; après quoi on les menoit aux bains publics en cérémonie, à travers la ville, escortés et précédés par tous les jeunes gens, qui marchoient deux à deux. Lorsqu'on y étoit arrivé, toute la troupe s'arrêtoit, jetoit de grands cris, et faisoit mine de vouloir enfoncer les portes, comme si on refusoit de les leur ouvrir. Quand le nouveau venu y avoit été admis, pour lors il recouvroit sa liberté. Grégoire, qui étoit arrivé le premier à Athènes, et qui savoit combien cette ridicule cérémonie étoit contraire et coûteroit au caractère grave et sérieux de Basile, eut assez de crédit parmi ses compagnons, pour l'en dispenser. Ce fut là, dit Saint-Grégoire de Nazianze, dans l'admirable récit qu'il fait lui-même de cette aventure, ce qui commença à allumer en nous cette flamme qui ne s'éteignit jamais, et qui perça nos cœurs d'un trait qui y demeura toujours.

Cette liaison formée et commencée comme je viens de le dire, se fortifia de plus en plus, surtout lorsque ces deux amis, qui n'avoient rien de secret l'un pour l'autre, eurent reconnu qu'ils avoient tous deux le même but, et cherchoient le même trésor; je veux dire la sagesse et la vertu. Ils vivoient sous le même toit, mangeoient à la même table, avoient les mêmes exercices et les mêmes plaisirs, et n'étoient, à proprement parler, qu'une même ame.

Ces deux saints, et l'on ne peut trop le répéter aux jeunes gens, brillèrent toujours parmi leurs compagnons, par la beauté et la vivacité de leur esprit, par leur assiduité au travail, par les succès extraordinaires qu'ils eurent dans toutes leurs études, par la facilité et la promptitude avec laquelle ils saisirent toutes les sciences qu'on enseignoit à Athènes : belles-lettres, poésie, éloquence, philosophie : mais ils se distinguèrent encore plus par une innocence de mœurs qui étoit alarmée à la vue du moindre danger, et qui craignoit jusqu'à l'ombre du mal. Un songe qu'eut Saint-Grégoire dans sa plus tendre jeunesse, et dont il nous a laissé en vers une élégante description, contribua beaucoup à lui inspirer de tels sentimens. Pendant qu'il dormoit, il crut voir deux vierges du même âge et d'une égale beauté, vêtues d'une manière modeste, et sans aucune de ces parures que recherchent les personnes du siècle; elles avoient les yeux baissés en terre, et le visage couvert d'un voile, qui n'empêchoit pas qu'on n'entrevît la rougeur que répandoit sur leurs joues une pudeur virginale. « Leur vue me remplit de joie, car elles paroissoient avoir quelque chose au-dessus de l'humain.

Elles, de leur côté, m'embrassèrent et me caressèrent comme un enfant qu'elles aimoient tendrement; et quand je leur demandai qui elles étoient, elles me dirent, l'une, qu'elle étoit la Pureté; et l'autre, la Continence; toutes deux les compagnes de Jésus-Christ, et les amies de ceux qui renoncent au mariage, pour mener une vie céleste. Après, elles s'envolèrent au ciel, et mes yeux les suivirent le plus loin qu'ils purent. »

Tout cela n'étoit qu'un songe, mais qui fit un effet très-réel sur son cœur. Il n'oublia jamais cette image si agréable de la chasteté, et il la repassoit avec plaisir dans son esprit. Ce fut, comme il le dit lui-même, une étincelle de feu qui, s'enflammant de plus en plus, l'embrasa d'amour pour une continence parfaite.

Ils avoient un grand besoin, lui et Basile, d'une telle vertu pour se soutenir au milieu des périls d'Athènes, la ville du monde la plus dangereuse pour les mœurs, à cause de ce concours extraordinaire de jeunes gens qui s'y rendoient de toutes parts, et qui y apportoient chacun leurs vices : mais, dit Saint-Grégoire, nous eûmes le bonheur d'éprouver, dans cette ville corrompue, quelque chose de pareil à ce que disent lés poètes d'un fleuve qui conserve la douceur de ses eaux au milieu de l'amertume de celles de la mer, et d'un animal qui subsiste au milieu du feu. Nous n'avions aucun commerce d'amitié avec les méchans. Nous ne connoissions à Athènes que deux chemins, l'un qui nous conduisoit à l'église et aux saints docteurs qui y enseignoient; l'autre nous menoit aux écoles et chez nos maîtres de littérature : pour ceux qui conduisoient aux fêtes mondaines, aux spectacles, aux assemblées, aux festins, nous les ignorions absolument.

Il semble que des jeunes gens de ce caractère, qui se séparoient de toute société, qui n'avoient aucune part aux plaisirs et aux divertissemens de ceux de leur âge, dont la vie pure et innocente étoit une consure continuelle du déréglement des autres, devoient être en butte à tous leurs compagnons, et devenir l'objet de leur haine, ou du moins de leur mépris et de leur raillerie. Ce fut tout le contraire : rien n'est plus glorieux à la mémoire de ces illustres amis, et j'ose le dire, ne fait plus d'honneur à la piété même, qu'un tel événement. Il falloit en effet que leur vertu fût bien pure, et leur conduite bien sage et bien mesurée, pour avoir su non-seulement éviter l'envie et la haine, mais s'attirer généralement l'estime, l'amour, le respect de tous leurs compagnons.

C'est ce qui parut d'une manière bien éclatante, lorsqu'on apprit qu'ils songeoient à quitter Athènes pour retourner dans leur patrie. La douleur fut universelle; les cris et les plaintes retentissoient de toutes parts, les larmes coulèrent de tous les yeux : ils alloient perdre, disoient-ils, tout l'honneur de leur ville et la gloire de leurs écoles.

Je ne sais s'il est possible d'imaginer un modèle plus parfait pour les jeunes gens, que celui que je viens d'exposer à leurs yeux, où l'on trouve réunis tous les traits qui rendent la jeunesse aimable et estimable : noblesse du sang, beauté d'esprit, ardeur incroyable pour l'étude : succès merveilleux dans toutes les sciences, manières polies et honnêtes, modestie étonnante au milieu des louanges, une piété et une crainte de Dieu, que les mauvais exemples ne firent qu'accroître et fortifier. On peut lire dans le troisième tome des Lettres de M. Duguet, un caractère admirable de ces deux grands saints, composé pour des écoliers qui répondoient sur quelques-uns de leurs traités.

L'Ecolier généreux.

Un écolier, âgé de dix-sept ans, étudiant en rhétorique au collége d'Harcourt, rencontra dans une des promenades, un homme couvert des haillons de la misère. L'indigence et les malheurs avoient altéré dans cet infortuné les traits d'un ancien domestique, qui l'avoit autrefois servi chez ses parens. Il le reconnut avec peine, et s'en approcha avec la pitié la plus vive et le plus puissant intérêt. Après l'avoir interrogé sur les causes de son infortune, à laquelle il remarqua que les vices ni la paresse n'avoient aucune part, il lui assigna un rendez-vous secret pour le matin au collége d'Harcourt. Il lui donne, pour premier secours, tout l'argent qu'il possédoit alors, et la portion de pain destinée à son déjeûné, avec ordre de revenir l'après-diné, pour son goûté. Il le charge de se loger dans une maison honnête, et de lui faire connoître l'hôtesse chez laquelle il auroit choisi son gîte. Il s'excuse sur la modicité des secours qu'il lui procure alors, et l'exhorte à espérer du temps et de sa bonne conduite, des jours plus calmes et plus heureux. L'hôtesse choisie et présentée au jeune homme, a reçu pendant huit mois le prix de ses loyers; elle a éclairé les démarches de l'indigent, et a rendu témoignage de sa conduite. L'infortuné a vécu pendant ce long espace de temps, de la portion de pain destinée au déjeûné et au goûté de ce généreux écolier; mais comme elle n'auroit pas suffi, il y a ajouté, par chaque semaine, la modique somme d'argent que ses parens, en récompense de son travail, lui abandonnoient pour les plaisirs et les besoins de son âge. Cependant il retranchoit méthodiquement quelque chose pour mettre en masse, afin d'habiller cet honnête malheureux. Quand il a été assez riche, il a employé l'industrie d'un tiers pour acheter à la friperie un habit, qui mît son protégé en état de se présenter sans humiliation, pour solliciter quelque emploi. Cependant, l'impatient jeune homme s'agitoit et s'intriguoit pour lui trouver une place où il pût, en travaillant, se procurer une vie plus douce et plus aisée. Enfin, il a eu le bonheur de prévenir le vœu de cet indigent, qui, pour dernière ressource, vouloit s'engager. Il l'a fait entrer pour domestique dans une maison où sa mère avoit quelques liaisons. Cette mère, dînant un jour avec son amie, a reconnu ce laquais autrefois à ses gages. La curiosité l'a portée à lui demander l'histoire de sa vie, depuis qu'il avoit quitté son service : elle finissoit par le récit détaillé de la généreuse sensibilité de son fils. Jusque-là, un profond secret avoit été gardé de la part de son jeune bienfaiteur, qui avoit même trompé sur cet article la vigilance de son précepteur.

Trait de reconnoissance.

L'INGRATITUDE est un vice odieux, et malheureusement trop commun : je n'en connois pas qui décèle mieux une âme basse et méprisable. Les animaux les plus féroces l'ont en horreur : il en est qui, à la honte de l'humanité, ont donné des exemples frappans de reconnoissance : l'histoire suivante en fournira une preuve authentique.

Les Espagnols, étant assiégés dans Buenos-Ayres, par les peuples du canton, le gouverneur avoit défendu à tous ceux qui demeuroient dans la ville, d'en sortir. Mais craignant que la famine, qui commençoit à se faire sentir, ne fît violer ses ordres, il mit des gardes de toutes parts, avec ordre de tirer sur tous ceux qui cherchoient à passer l'enceinte désignée. Cette précaution retint les plus affamés, à l'exception d'une femme, nommée Maldonata, qui trompa la vigilance de ses gardes. Cette femme, après avoir erré dans les champs déserts, découvrit une caverne qui lui parut une retraite sûre contre tous les dangers; mais elle y trouva une lionne dont la vue la saisit de frayeur. Cependant les caresses de cet animal la rassurèrent un peu; elle reconnut même que ses caresses étoient intéressées : la lionne étoit pleine et ne pouvoit mettre bas; elle sembloit demander un service que Maldonata ne craignit pas de lui rendre. Lorsqu'elle fut heureusement délivrée, sa reconnoissance ne se borna pas à des témoignages présens : elle sortit pour chercher sa nourriture; et depuis ce jour, elle ne manqua pas d'apporter, aux pieds de sa libératrice, une provision qu'elle partageoit avec elle. Ces soins durèrent aussi long-temps que ses petits lionceaux la retinrent dans la caverne. Lorsqu'elle les en eut retirés, Maldonata cessa de la voir, et fut réduite à chercher sa subsistance elle-même; mais elle ne put sortir souvent sans rencontrer les Indiens qui la firent esclave. Le ciel permit qu'elle fût reprise par les Espagnols, qui la ramenèrent à Buenos-Ayres. Le gouverneur en étoit sorti, un autre Espagnol qui commandoit en son absence, homme dur jusqu'à la cruauté, savoit que cette femme avoit violé une loi capitale; il ne la crut pas assez punie par ses infortunes. Il donna ordre qu'elle fût liée en pleine campagne pour y mourir de faim, qui étoit le mal dont elle avoit voulu se garantir par la fuite, ou pour y être dévorée par quelque bête féroce. Deux jours après, il voulut savoir ce qu'elle étoit devenue; quelques soldats, qu'il chargea de cet ordre, furent surpris de la trouver pleine de vie, quoiqu'environnée de tigres et de lions, qui n'osoient s'approcher d'elle, parce qu'une lionne, qui étoit à ses pieds avec plusieurs lionceaux, sembloit la défendre. A la vue des soldats, la lionne se retira un peu, comme pour leur laisser la liberté de délier sa bienfaitrice. Maldonata leur raconta l'aventure de cet animal, qu'elle avoit reconnu au premier moment : et lorsqu'après lui avoir ôté ses liens, ils se disposoient à la reconduire à Buenos-Ayres, elle la caressa beaucoup en paroissant regretter de la voir partir. Le rapport qu'ils en firent au commandant, lui fit comprendre qu'il ne pouvoit, sans paroître plus féroce que les lions mêmes, se dispenser de faire grace à une femme dont le ciel avoit pris si vivement la défense.

Anecdote Anglaise.

Il se passa, dit-on, en Angleterre, une scène assez plaisante entre un honnête cordonnier et un gentilhomme, prétendant à être nommé député au parlement. Celui-ci, d'un air fort humble, entre dans la boutique de l'artisan, qui lui demande d'un ton fort brusque, de quelle affaire il s'agissoit : « De me » rendre un petit service, répondit le gentilhomme; » il ne me manque plus qu'une voix pour être élu, » et je vous prie de m'accorder la vôtre. — Oh bien! » si cela est, reprit le cordonnier, en lui présentant » une escabelle, asseyez-vous là; causons ensemble, » et voyons un peu quel homme vous êtes..... Vous » buvez de la bière, n'est-ce pas? en voilà un pot déjà » entamé; nous le finirons de compagnie. Allons, » prenez mon verre, buvez à ma santé, je boirai en- » suite à la vôtre. — Qu'à cela ne tienne, reprit le » gentilhomme..... » En même temps il boit, en faisant un peu la grimace. « Dieu me damne! vous fu- » merez, car je fume, moi, poursuivit l'artisan. — » Eh mais!..... comme vous voudrez », répartit le candidat, en dévorant son dépit..... D'un air assez gauche il allume sa pipe à celle de son nouveau camarade; et les voilà tous deux en train de politiquer tout à leur aise. Enfin, le protecteur, fort content d'avoir fait passer son protégé par toutes sortes d'humiliations, le congédie sans façon. « Sortez sur-le-champ » de chez moi, et ne comptez pas sur mon suffrage; » je me respecte trop pour le donner à un homme qui » se respecte si peu, et qui cherche à s'élever par tant » de bassesses. »

Il y a plus de courage à supporter la vie, qu'à se l'ôter. Cette vérité est confirmée par plusieurs exemples, et notamment par celui d'un homme dont il est parlé dans un livre italien, imprimé depuis peu. Après avoir rendu compte à son intime ami des revers terribles qu'il venoit d'essuyer : « Eh bien! » ajouta-t-il, qu'auriez-vous fait à ma place, dans de » telles extrémités? — Qui, moi? répondit le con- » fident : je me serois donné la mort. — J'ai plus fait, » reprit l'autre froidement, j'ai vécu. »

Histoire d'un Revenant.

La frayeur est ingénieuse à se créer des fantômes : on s'imagine voir, on dit qu'on a vu; l'histoire vole de bouche en bouche; souvent on la brode, et plus elle est absurde, plus il semble qu'on prenne plaisir à l'adopter. Les hommes foibles ou superstitieux ne manquent pas de s'en faire une égide. Combien de fables l'ignorance et la crédulité n'ont-elles pas fait parvenir jusqu'à nous!

Felix qui potuit rerum cognoscere causas!

Vordac, dans ses Mémoires, raconte qu'étant à Plaisance, ville d'Italie, il alla dans une hôtellerie dont le maître avoit perdu sa mère la nuit précédente.

Cet homme ayant envoyé un de ses domestiques

pour chercher quelques linges dans la chambre de la défunte, celui-ci revint hors d'haleine, en criant qu'il avoit vu sa dame, qu'elle étoit revenue et couchée dans son lit. Un autre valet fit l'intrépide, y alla et confirma la même chose.

Le maître du logis voulut y aller à son tour, et se fit accompagner de sa servante; un moment après il descendit, et cria à ceux qui logeoient chez lui : « Oui, Messieurs, ma pauvre mère, Etienne Hane, je l'ai vue; mais je n'ai pas eu le courage de lui parler. »

Vordac prit un flambeau, et adressant la parole à un ecclésiastique qui étoit de la compagnie : « Allons, Monsieur. — Je le veux bien, répond l'abbé, pourvu que vous passiez le premier. » Toute la maison voulut être de la partie. On les suivit, on entra dans la chambre, on tira les rideaux du lit. Vordac aperçut la figure d'une vieille femme noire et ridée, assez bien coiffée, et qui faisoit des grimaces ridicules.

On dit au maître de la maison d'approcher pour voir si c'étoit sa mère. « Oui, c'est elle : ah ! ma pauvre mère ! » Les valets crièrent de même, que c'étoit leur maîtresse.

Vordac dit alors à l'ecclésiastique : « Vous êtes prêtre, interrogez l'esprit. » Le prêtre s'avança, interrogea la morte, et lui jeta de l'eau bénite sur le visage. L'esprit se sentant mouillé, sauta sur la tête de l'abbé et le mordit : alors tout le monde s'enfuit.

L'esprit et l'ecclésiastique se débattant ensemble, la coiffure tomba, et Vordac vit que c'étoit un singe.

Ce singe ayant souvent vu sa maîtresse se coiffer d'une certaine manière, avoit mis sa coiffure, et s'étoit ensuite couché sur le lit où elle reposoit.

Tel est plus ou moins le fond de toutes les histoires des prétendus revenans : le dénouement est à peu près le même. Si on avoit la force de les réduire toutes à leur juste valeur, les femmes, les enfans, et les cinq sixièmes des hommes, seroient exempts des frayeurs puériles qui consument la moitié de leur vie.

Felix qui potuit rerum cognoscere causas !

Traits de Bienfaisance.

Le roi Louis XVI et son auguste épouse, peu de temps avant de monter sur le trône, se promenoient dans le parc de Versailles, libres du faste importun qui sans cesse assiége les grands ; ils aperçurent une jeune enfant qui portoit une écuelle avec quelques cuillers d'étain. « Que portes-tu là ? dit la princesse. — Madame, c'est de la soupe pour mon père et ma mère qui travaillent là-bas aux champs. — Et avec quoi est-elle faite ? — Avec de l'eau, Madame, et des racines. — Quoi ! sans viande ? — Oh ! Madame, bienheureux quand nous avons du pain. — Eh bien, porte ce louis à ton père, pour vous faire à tous de meilleure soupe. » Elle dit au prince : « Voyons ce qu'elle deviendra. » Ils la suivirent en effet, et considérant de loin le bonhomme courbé sous le poids de son travail, qui, dès que la fille lui a remis le louis, et lui a fait part de cette heureuse rencontre, tombe à genoux avec sa femme et ses enfans, et lève les mains vers le ciel. « Ah ! vois-tu, mon ami, s'écrie la princesse, ils prient pour nous. Quel plaisir on goûte à faire du bien ! ton cœur ne te dit-il rien à un pareil spectacle ? — Mettez votre main là, dit le prince, en portant à son cœur celle de son épouse. — Oh ! ton cœur bat bien fort ! va, tu es sensible, et je suis contente de toi. »

Madame de Saint-J...., épouse du juge de C...., reçut en l'absence de son mari, une pauvre paysanne dont le procès devoit être jugé le lendemain ; et de ce procès dépendoit sa modique fortune. Le père de la paysanne s'étoit approprié quelques terrains qui ne lui appartenoient pas; et cette infortunée, qui ignoroit cette faute punissable, jouissoit comme héritière, de ce bien mal acquis. Sa famille étoit nombreuse, et la perte de ces terrains les réduisoit tous à la mendicité. Ses larmes touchèrent madame de Saint-J....; elle fut d'autant plus sensible à la douleur de cette pauvre femme, qu'elle vit de la délicatesse et de la probité dans sa façon de penser. Elle gémissoit plus encore de la coupable cupidité de son père, que de la perte qu'elle alloit faire. « Consolez-vous, » lui dit madame de Saint-J....; quand votre procès » sera jugé, venez me trouver; mais que ce soit en » particulier, j'aurai alors quelque chose à vous dire » qui ne doit être su que de vous et de moi. » Après avoir congédié la paysanne, madame de Saint-J.... fut chez M. de P.... qui étoit son parrain, et qui lui avoit donné en se mariant un contrat de deux cents livres de rente, pour être employées uniquement à ses menus plaisirs. « De grace, mon cher parrain, lui dit-» elle, donnez-moi le fonds de ce contrat; je veux » m'acheter un bijou dont je suis enchantée, que je » ne puis demander à mon mari, et que je ne veux » pas même obtenir de vos bontés pour moi : vous » m'avez donné ce contrat; rachetez-le-moi; cela me » suffit. » M. de P.... questionna en vain sa filleule sur le bijou en question; elle éluda toujours de le satisfaire avec le ton de la gaieté. M. de P.... étoit avare, et profita du desir de madame de Saint-J....; il ne voulut racheter le contrat que pour trois mille livres. Madame de Saint-J.... accepta avec empressement, et se priva, comme on voit, de deux cents livres de rente, et de cent pistoles d'argent qui devoient lui revenir sur son contrat. Mais satisfaite d'avoir une somme dont elle vouloit faire un digne usage, elle revient chez elle, et attend avec impatience la décision du procès. La paysanne le perdit, et revint le lendemain toute en pleurs trouver madame de Saint-J....

Etant entrées toutes les deux dans le cabinet, la bienfaisante épouse du juge le plus intègre remit à la paysanne désolée les trois mille livres qu'elle avoit eues de son parrain. « Prenez cette somme, ma chère » amie, lui dit-elle; employez-la à racheter le bien » que vous venez de perdre, si on veut vous le vendre, ou un autre de même valeur. Vous n'aurez » rien perdu, et vous me ferez gagner à moi un jour » de bonheur. Allez, allez, ne me refusez pas : ce que » je vous donne, m'enrichit pour l'autre monde, et » ne peut appauvrir, dans celui-ci, une femme prudente qui n'attache aucun prix aux bagatelles dont » elle se pare. »

SAINVAL ET GERVAIS.

Anecdote française.

Les nœuds d'une tendre amitié unissoient les jeunes Sainval et Gervais : mêmes goûts, mêmes amusemens. Occupés de ces douces affections dont l'ame est susceptible, ils passoient les jours les plus heureux. Un matin qu'ils étoient ensemble dans un bois à cueillir des noisettes, Gervais aperçut un nid d'oiseau. Embrasser l'arbre, grimper sur la branche, fut l'ouvrage d'un instant, il satisfit son envie, et le voilà possesseur de quatre oiseaux que l'inexpérience rendoit encore timides. Pendant qu'il cherchoit les moyens de descendre sans les faire périr, un loup affamé vient droit à Sainval, qui jette un cri; Gervais voit le danger, et quoique persuadé qu'il ne risque rien sur l'arbre, il se laisse glisser pour secourir son ami. Il saisit un caillou : le loup furieux s'élance sur Sainval; Gervais le prévient, enfonce son bras dans la gueule de l'animal, et le tient en respect en serrant fortement sa langue, tandis que Sainval perce de son couteau le loup qui expire.

Sainval témoigne par ses caresses sa reconnoissance à son ami. Tous deux traînent leur proie à la ville. On s'assemble de toute part pour apprendre leur aventure. Le récit détaillé qu'ils en font, arrache des larmes de sentiment de tous les spectateurs. Gervais se dérobe bientôt aux applaudissemens qu'on donne à sa bravoure, retourne au bois chercher ses oiseaux, les retrouve, et joue autour de la cage qui les renferme.

Trait d'héroïsme.

Jean de Chourses, comte de Malicorne, chevalier des ordres du roi, gouverneur de Poitou, étoit fort attaché à Henri III, roi de France, et ce monarque l'honoroit de son amitié. Les rebelles de Poitiers se saisirent de sa personne, le traînèrent dans les rues de cette ville, en portant à chaque pas leurs hallebardes à sa gorge pour l'intimider et l'obliger de manquer de fidélité au roi. « Je n'ai jamais commis » de lâcheté; le serment que vous voulez que je fasse » en seroit une, leur répondit-il; vous pouvez m'ôter » la vie, mais vous ne m'ôterez jamais l'honneur. »

La force du sentiment.

Ce n'est pas ici un roman; c'est un fait vrai, et je vais l'offrir dans toute sa simplicité.

Un homme, nommé Jacques, exerçoit une profession vile, s'il est quelque profession qui puisse humilier; il avoit une femme et quatre enfans; son travail lui fournissoit à peine de quoi procurer la subsistance à cette malheureuse famille : il goûtoit cependant le vrai bonheur; son cœur s'ouvroit à la joie quand il les voyoit contens, et qu'ils chantoient avec lui. Il employoit les jours et les nuits à son travail ingrat. On diroit que la fortune est un mauvais génie qui se plaît à persécuter les cœurs honnêtes, à les déchirer, à les percer des traits les plus sensibles.

Jacques, malgré tous ses soins, ses veilles, son obstination à combattre son triste sort, se vit accablé de la plus affreuse misère: sa femme, ses enfans tombèrent dans le besoin, ils gémirent, ils demandèrent du pain. Jacques pleura avec eux, il sentit l'horreur de leur situation; il oublioit en quelque sorte que lui-même avoit faim, pour se remplir des cris et de l'état horrible de sa famille: il implora l'assistance de ses voisins. Il est inutile de dire que la plupart dédaignèrent même de le regarder. Qu'est-ce sur la terre qu'un malheureux! Il demanda l'aumône avec larmes, on ne l'écouta pas, et l'on ne vit point ses pleurs; ou si quelqu'un à qui il arrivoit par hasard d'avoir une légère émotion d'humanité, s'arrêtoit pour lui donner du secours, c'étoit un si foible soulagement, que sa femme et ses enfans ne faisoient que reculer leur fin de très-peu d'instans. Ce malheureux, au désespoir, court égaré dans les rues; il rencontre un de ses camarades de la même profession, et à peu près aussi indigent que lui. Celui-ci est frappé de la douleur où il voit Jacques; il lui en demande le sujet: « Je suis perdu, répond le pauvre homme, ma femme, mes enfans, n'ont pas mangé depuis hier midi, et.... je ne sais où je vais.... ils vont mourir. » Mon ami, lui dit l'autre, pénétré de sa situation, voilà deux sous, c'est tout ce que je possède; si tu voulois gagner quelqu'argent, je t'enseignerois bien un moyen. — Je ferai tout, répond Jacques avec vivacité, hors ce qui est contre l'honneur et la religion. — Eh bien! poursuivit son camarade, va à tel endroit, chez telle personne; elle apprend à saigner; et si tu peux te résoudre à te faire saigner, elle te donnera quelqu'argent.

Jacques vole chez la personne indiquée; on le saigne d'un bras; il est payé. Il apprend la même chose dans un autre endroit; il y court, et se fait encore saigner de l'autre bras. Cet homme si respectable et si à plaindre, transporté de joie, achète du pain, retourne précipitamment chez lui, le partage entre sa femme et ses enfans. Ils le voient changer de couleur : il s'assied ; le sang coule de ses bras. Mon mari! mon père! qu'avez-vous? vous vous êtes fait saigner! Ma chère femme, mes chers enfans, leur dit-il avec un profond soupir, et en les tenant embrassés étroitement, c'étoit... c'étoit pour vous donner du pain. Alors ces infortunés l'inondent de leurs larmes, ils le pressent réciproquement contre leur cœur...... O homme! quel spéctacle!

Puisse ce trait de sensibilité réveiller l'humanité assoupie dans le fond des cœurs! puisse-t-il être une voix qui crie aux oreilles endurcies de ces riches dénaturés, qui, tandis qu'ils se regorgent (je ne balance pas à me servir de cette vieille expression) des mets les plus abondans et les plus superflus, laissent leurs semblables, des hommes, des familles entières mourir de faim! On ne présente pas assez cette affreuse vérité. J'ai vu bien du monde, des cercles différens, des grands, des petits, depuis le premier jusqu'au dernier des états, j'ai tout examiné, j'ai tout parcouru; croyez-vous qu'il ne m'est jamais arrivé d'entendre dire : si j'avois tant de bien, j'en mettrois tant à secourir des infortunés? J'en ai vu beaucoup de ces êtres qu'on appelle *Seigneurs*, se ruiner pour des filles déshonorées; beaucoup de financiers sans pudeur, s'avilir par un luxe insultant; et beaucoup de gens occupés à établir leur fortune et à l'augmenter Il faut espérer qu'avant de mourir, je connoîtrai des cœurs bienfaisans, des Jacques; c'est sans doute le dernier des spectacles dont il reste à jouir. Je doute, quelque touchant qu'il soit, qu'il m'attendrisse autant qu'il m'étonnera.

Trait d'humanité.

Un jeune homme est dernièrement arrêté dans une petite rue auprès d'une place marchande; on lui demande la bourse ou la vie. Un cœur courageux et sensible distingue bientôt la voix du malheureux que la misère entraîne au crime, de celle du scélérat que la méchanceté y porte. Le jeune homme sent qu'il a un infortuné à sauver. « Que demandes-tu, » misérable? que demandes-tu? dit-il d'un ton imposant à son agresseur. » Rien, monsieur, lui répond une voix sanglotante; je ne vous demande rien. — Qui es-tu? que fais-tu? — Je suis un pauvre garçon cordonnier, hors d'état de nourrir ma femme et quatre enfans. — Je ne sais........ mais dis-tu vrai? (il sentoit bien que ce malheureux ne disoit que trop la vérité.) Où demeures-tu? — Dans une telle rue, chez un boulanger. — Voyons, allons. Le cordonnier, subjugué par un ascendant impérieux, mène le jeune homme à sa demeure, comme il l'auroit conduit jusqu'au fond d'un cachot. On arrive chez le boulanger: il n'y avoit qu'une femme dans la boutique. Madame, connoissez-vous cet homme? — Oui, monsieur, c'est un garçon cordonnier, qui demeure au cinquième, et qui a bien de la peine à soutenir sa nombreuse famille. — Comment le laissez-vous manquer de pain? — Monsieur, nous sommes des jeunes gens nouvellement établis; nous ne pouvons pas faire de grosses avances, et mon mari ne veut pas que je fasse, à cet homme, plus de vingt-quatre sous de crédit. — Donnez lui deux pains.... prends ces deux pains et monte chez toi. Le cordonnier obéit, aussi agité que quand il alloit commettre un crime, mais d'un trouble bien différent. Ils entrent; la femme et les enfans se jettent sur la subsistance qui leur est offerte. Le jeune homme en a trop vu ; il sort, et laisse deux louis à la boulangère, avec ordre de fournir du pain à cette famille suivant ses besoins. Quelques jours après, il revient voir les enfans auxquels il a donné une seconde vie, et dit à leur père de le suivre. Il conduisit son pauvre client dans une boutique toute montée et bien assortie, des meubles, des outils et matières nécessaires pour exercer sa profession. « Serois-tu content et honnête homme, si cette boutique étoit à toi ? — Ah ! monsieur, mais hélas !.... — Quoi ! — Je n'ai pas la maîtrise, et elle coûte. — Mène-moi chez les jurés-syndics. » La maîtrise est achetée, et le cordonnier installé dans sa boutique.

L'auteur d'un si beau trait d'humanité est un jeune homme d'environ vingt-sept ans. On conte que l'établissement de cet artisan lui a coûté trois à quatre mille livres. Il ne s'est point fait connoître, et l'on a fait d'inutiles recherches pour le découvrir.

Anecdote.

JACQUES AMYOT, fils d'un cordonnier de Melun, s'étant échappé fort jeune de la maison de son père, s'égara et tomba malade en chemin. Un gentil-homme qui le vit étendu dans un champ, en eut pitié, et le mit en croupe derrière lui ; il l'emmena à Orléans, où il le mit à l'hôpital. Comme sa maladie ne venoit que de lassitude, il fut bientôt guéri : on le congédia, et on lui donna douze sous. Ce fut en reconnoissance de cette charité, qu'étant devenu grand-aumônier de France et évêque d'Auxerre, il légua douze cents écus à cet hôpital d'Orléans. Il y a bien peu d'hommes qui conservent dans l'opulence et l'élévation, une ame assez ferme pour ne pas chercher à faire oublier eux-mêmes l'état où ils sont nés.

Anecdote italienne.

CHARLES, duc de Calabre, en Italie, rendoit journellement la justice à Naples, assisté de ses ministres et de ses conseillers, qu'il assembloit dans son palais; et dans la crainte que les gardes ne fissent pas entrer les pauvres, il avoit fait placer dans le tribunal même une sonnette, dont le cordon pendoit hors la première enceinte. Un vieux cheval abandonné de son maître, vient se gratter contre le mur, et fait sonner. Qu'on ouvre, dit le prince, et faites entrer, qui que ce soit. Ce n'est que le cheval du seigneur Capéce, dit le garde en rentrant : et toute l'assemblée d'éclater..... « Vous riez, dit le prince.... Sâchez que l'exacte justice étend ses soins jusque sur les animaux.... Qu'on appelle Capéce..... Qu'est-ce qu'un cheval que vous laissez errer? lui demanda le duc. Ah! mon prince, reprit le cavalier : ç'a été un fier animal dans son temps. Il a fait vingt campagnes sous moi; mais enfin il est hors de service, et je ne suis pas d'avis de le nourrir en pure perte.... — Le roi mon père vous a cependant bien récompensé! — Il est vrai, j'en ai été comblé de bienfaits. — Et vous ne daignez pas nourrir ce généreux animal, qui eut tant de part à vos services! Allez de ce pas lui donner une place dans vos écuries; qu'il soit traité à l'égal de vos autres animaux domestiques, sans quoi je ne vous tiens plus vous-même comme loyal cavalier, et je vous retire mes bonnes graces. »

Anecdote turque.

La justice se rend, parmi les Perses, très-promptement, et sans le ministère ni de procureurs, ni d'avocats. Un commissaire étant un jour en fonction, rencontra un bourgeois qui venoit de la boucherie, et s'en retournoit chez lui. Il lui demanda ce qu'il portoit. « C'est, répondit le bourgeois en colère, de la viande que je viens d'acheter chez un tel boucher. » Le commissaire, frappé de la réponse et du ton du bourgeois, voulut savoir le sujet de son mécontentement : il s'informa si la viande étoit trop chère. « Sans doute, répartit le bourgeois : vous avez beau fixer le prix, les bouchers s'en moquent ; ils exigent le triple de la taxe : encore ne donnent-ils pas le poids. Il manque à ce morceau au moins deux ou trois onces. — Mène-moi, dit le commissaire, à l'endroit où tu l'as prise. » Le commissaire y étant arrivé, ordonna au boucher de peser le morceau, et il s'y trouva effectivement quatre ou cinq onces de moins. Le commissaire alors adressa ces paroles au bourgeois : « Quelle justice demandes-tu de cet homme? que veux-tu exiger de lui ? » Je demande, dit le bourgeois, autant d'onces de sa chair qu'il m'en a retranché du morceau qu'il m'a vendu. — Tu les auras, répartit le commissaire, et tu les couperas toi-même ; mais si tu en coupes plus ou moins, tu seras puni. » Le bourgeois, étonné de la sagesse de ce jugement, disparut comme un éclair.

AVENTURE SINGULIÈRE,

écrite par M.... à un de ses amis.

Je vais te confier, cher ami, un secret affreux que je ne puis dire qu'à toi. La noce de mademoiselle de Vildac avec le jeune Sainville s'est faite hier; comme voisin, j'ai été obligé de m'y trouver. Tu connois M. de Vildac; il a une physionomie sinistre dont je me suis toujours défié. Je l'observai hier au milieu de toutes ces fêtes; bien loin de prendre part au bonheur de son gendre et de sa fille, il sembloit que la joie des autres fût un fardeau pour lui. Quand l'heure de se retirer fut venue, on m'a conduit dans l'appartement qui est au-dessous de la grande tour. A peine commençois-je à m'endormir, que j'ai été éveillé par un bruit sourd au-dessus de ma tête. J'ai prêté l'oreille et j'ai entendu quelqu'un qui traînoit des chaînes, et qui descendoit lentement quelques degrés. En même-temps une porte de ma chambre s'est ouverte; le bruit des chaînes a redoublé: celui qui les portoit s'est avancé vers la cheminée; il a rapproché quelques tisons à demi éteints, et il a dit d'une voix sépulcrale: « Ah! qu'il y a long-temps que je ne me suis chauffé. » Je te l'avoue, cher ami, j'étois effrayé. J'ai saisi mon épée pour pouvoir me défendre; j'ai entr'ouvert doucement mes rideaux. A la lueur que produisoient les tisons, j'ai aperçu un vieillard décharné, à moitié nu, une tête chauve, une barbe blanche. Il approchoit ses mains tremblantes des charbons. Cette vue m'a ému. Pendant que je le considérois, le bois a produit de la flamme: il a tourné les yeux du côté de la porte par laquelle il étoit entré; il a fixé le plancher, et s'est livré à une douleur extraordinaire. Un instant après, s'étant jeté à genoux, il a frappé la terre avec le front. J'entendois qu'il disoit en sanglottant : Mon Dieu ! ô mon Dieu !.... Dans ce moment mes rideaux ont fait du bruit, il s'est retourné avec effroi. « Y a-t-il quelqu'un, a-t-il dit, y a-t-il quelqu'un dans ce lit ? » Oui, lui ai-je répondu en ouvrant tout-à-fait mes rideaux. Mais qui êtes-vous ? Ses pleurs l'ont empêché de parler : il m'a fait signe de la main que la voix lui manquoit. Enfin, il s'est calmé. « Je suis le plus malheureux des hommes, m'a-t-il dit ; je ne devrois peut-être pas vous en dire davantage ; mais il y a tant d'années que je n'ai vu personne, que le plaisir de parler à un de mes semblables m'entraîne. Ne craignez rien, venez vous asseoir auprès de cette cheminée, ayez pitié de moi, vous adoucirez mes maux en m'écoutant. » La frayeur que j'avois eue, a fait place à un mouvement de compassion : je suis allé m'asseoir auprès de lui ; cette marque de confiance l'a touché : il a pris ma main, il l'a mouillée de larmes. « Homme généreux, m'a-t-il dit, commencez par satisfaire ma curiosité ; dites-moi pourquoi vous logez dans cet appartement qu'on n'habite jamais ? que veut dire le fracas des boîtes que j'ai entendu ce matin ? que s'est-il passé aujourd'hui d'extraordinaire dans le château ? » Quand je lui ai appris le mariage de la fille de Vildac, il a étendu les bras vers le ciel. « Vildac a une fille ! elle est mariée !.. . Grand Dieu ! faites qu'elle soit heureuse ! faites surtout que son cœur ignore le crime ! Apprenez enfin que je suis...... Vous parlez au père de Vildac..... Le cruel Vildac ! Mais ai-je droit de m'en plaindre ? Seroit-ce à moi de l'accuser ?

Quoi ! me suis-je écrié avec étonnement, Vildac est votre fils ? et ce monstre vous retient ici ! vous ne parlez à personne ? il vous a chargé de chaînes ?

Voilà, m'a-t-il répondu, ce que peut produire un vil intérêt. Le cœur dur et farouche de mon malheureux fils n'a jamais connu aucun sentiment. Insensible à l'amitié, il s'est rendu sourd au cri de la nature, et c'est pour s'emparer de mes bieus qu'il m'a chargé de fers.

Il étoit allé un jour chez un seigneur voisin qui avoit perdu son père, il le trouva entouré de ses vassaux, occupé à recevoir des rentes et à vendre ses récoltes. Cette vue fit un effet affreux sur l'esprit de Vildac. La soif de jouir de son patrimoine le dévoroit depuis long-temps; je remarquai, à son retour, qu'il avoit l'air plus sombre et plus rêveur qu'à l'ordinaire. Quinze jours après, trois hommes masqués m'enlevèrent pendant la nuit : après m'avoir dépouillé de tout, ils me conduisirent dans cette tour. J'ignore comment Vildac s'y est pris pour répandre le bruit de ma mort; mais j'ai compris par le bruit des cloches et par quelques chants funèbres, qu'on célébroit mon enterrement. L'idée de cette cérémonie m'a plongé dans une douleur profonde. J'ai inutilement demandé, comme une grace, qu'il me fût permis de parler un moment à Vildac; ceux qui m'apportent du pain me regardent sans doute comme un criminel condamné à périr dans cette tour. Il y a environ vingt ans que j'y suis. Je me suis aperçu ce matin qu'en m'apportant à manger, on avoit mal fermé ma porte. J'ai attendu la nuit, pour en profiter. Je ne cherche pas à m'échapper; mais la liberté de faire quelques pas de plus, est quelque chose pour un prisonnier.

Non, me suis-je écrié, vous quitterez cette indigne demeure; le ciel m'a destiné à être votre libérateur : sortons, tout est endormi. Je serai votre défenseur, votre appui, votre génie. — Ah! m'a-t-il dit après un moment de silence, ce genre de solitude a bien changé mes principes et mes idées. Tout n'est qu'opinion : à présent que je suis fait à ce que ma position a de plus dur, pourquoi la quitterois-je pour une autre? Qu'irois-je faire dans le monde? Le sort en est jeté, je mourrai dans cette tour. — Y songez-vous? nous n'avons qu'un moment; la nuit s'avance, ne perdons pas de temps; venez. — Votre zèle me touche; mais j'ai si peu de jours à vivre que la liberté me tente peu. Irois-je, pour en jouir, déshonorer mon fils? — C'est lui qui s'est déshonoré. — Eh! que m'a fait ma fille? Cette jeune innocente est dans les bras de son époux, et j'irois les couvrir d'infamie? Ah! plutôt que ne puis-je la voir, l'arroser de mes larmes, la serrer dans mes bras! Mais je m'attendris inutilement, je ne la verrai jamais. Adieu, le jour va paroître, on pourroit nous entendre; je vais rentrer dans ma prison......... Non, lui ai-je dit en l'arrêtant, je ne le souffrirai pas: l'esclavage affoiblit votre ame; c'est à moi à vous prêter du courage. Nous examinerons après s'il faut vous faire connoître; commençons par sortir. Je vous offre mon château, mon crédit, ma fortune. On ignorera qui vous êtes; on cachera, s'il le faut, le crime de Vildac à toute la terre. Que craignez vous? — Rien: je suis pénétré de reconnoissance; je vous admire..... mais tout est inutile; je ne saurois vous suivre. — Eh bien! choisissez: je vous laisse ici; je vais au gouverneur pour la province; je lui dirai qui vous êtes; nous viendrons à main armée vous arracher à la barbarie de votre fils. — Gardez-vous d'abuser de mon secret; laissez-moi mourir ici; je suis un monstre indigne du jour..... Il est un crime qu'il faut que j'expie, le plus infame, le plus horrible...... Tournez les yeux; voyez ce sang dont il reste des traces sur le plancher et sur les murailles. Ce sang est celui de mon père, et c'est moi qui l'ai assassiné. J'ai voulu, comme Vildac.... Ah! je le vois encore! il me tend ses bras ensanglantés!.... Il veut m'arrêter..... Il tombe..... O image affreuse! ô désespoir!

En même-temps le vieillard s'est jeté à terre, il s'arrachoit les cheveux.... Il étoit dans des convulsions effrayantes: je voyois qu'il n'osoit plus se tourner vers moi; je demeurois immobile. Après quelques momens de silence, nous avons cru entendre du bruit : le jour commençoit à paroître ; il s'est levé : Vous êtes pénétré d'horreur, m'a-t-il dit : adieu ; fuyez-moi ; je remonte dans ma tour, et c'est pour n'en sortir jamais. Je suis resté sans voix et sans mouvement : tout me donnoit de la terreur dans ce château ; j'en suis sorti aussitôt. Je me prépare à présent à aller habiter une autre de mes terres : je ne saurois ni voir Vildac, ni demeurer ici. O mon ami ! comment est-il possible que l'humanité produise des monstres et des forfaits pareils ?

Cette aventure est arrivée en province, vers le commencement de ce siècle : avant de l'imprimer, on a eu soin d'en déguiser les noms.

LES SUITES DE L'INDISCRÉTION.

Histoire morale.

L'INDISCRÉTION d'une personne a souvent entraîné la ruine de plusieurs familles, semé la division entre les amis les plus intimes, et fait commettre des crimes atroces.

Vilkins, seigneur anglais, eut le malheur d'être disgracié de son roi, qui l'envoya dans l'île de Jersey. Là, sans amis, il menoit la vie la plus languissante et la plus affreuse : vingt fois il avoit été prêt à se percer de son épée, et vingt fois cette réflexion, que la vie est un présent du ciel dont l'homme lui doit compte, avoit retenu son bras.

Avant de se rendre au lieu de son exil, il avoit prié un de ses amis de se charger de l'éducation d'un fils unique, gage précieux de la tendresse de deux époux injustement malheureux. Milord Gervez (c'est le nom de cet ami) mourut. Cet accident détermina Vilkins à repasser secrètement à Londres, afin d'arranger ses affaires, retirer ses fonds et ramener son fils. Milord Thaley lui offrit sa maison, et Vilkins s'y rendit de manière à n'être pas reconnu. Ses affaires étoient terminées..... le soleil ne devoit pas le lendemain éclairer ses pas dans la capitale. Il se félicitoit du succès de son voyage. Le jeune duc de Cercey entre, considère Vilkins et le reconnoît. Ce dernier avoue qu'il est à Londres *incognito*, et qu'il n'y est venu que pour ramasser les débris de sa fortune. Il demande le secret, le duc le lui promet, babille un instant, et sort.... Un de ses amis le rencontre, lui demande des nouvelles.... Le secret pèse au duc, il veut en partager le poids....... Il manque au devoir le plus essentiel de la société..... L'ami du duc étoit un des plus grands ennemis de Vilkins. Il profite de l'occasion pour lui arracher la vie. Il court le déclarer au ministre, qui fait arrêter Vilkins, son fils et son généreux hôte..... Vilkins paie de sa tête sa désobéissance; l'exil est la récompense de celui qui s'est acquitté des devoirs de l'hospitalité, et le jeune Vilkins partage le même sort.

Telles furent les suites de l'indiscrétion du duc de Cercey; il sentit vivement la faute qu'il avoit commise; mais elle étoit irréparable: les marques de douleur qu'il donna, firent succéder la compassion à l'indignation qu'on avoit d'abord conçue contre lui; on le plaignit de ne pas joindre aux qualités qui le faisoient aimer, l'art, le grand art de se taire.

La Fidélité mal récompensée.

M. P..... avoit un chien nommé Muphty, qu'il aimoit beaucoup. Un jour qu'il devoit recevoir une somme de douze cents livres à la campagne, il monte à cheval, et Muphty ne manque pas de l'accompagner. Cet animal est témoin de tout; il voit que M. P..... compte et recompte de l'argent, qu'il renferme dans un sac avec grand soin, et qu'il remonte à cheval d'un air satisfait.

Muphty prend part à la joie de son maître, il s'agite, il saute autour de lui, et jappe pour le féliciter. Vers le milieu du chemin, M. P..... est obligé de mettre pied à terre; il attache son cheval à un arbre, et passe derrière une haie : en s'éloignant, il se rappelle que son argent est resté sur le cheval, et que le premier venu pourroit s'en emparer; il va prudemment prendre le sac, le pose à côté de lui au pied d'un buisson, où il s'arrête quelque temps; ensuite il n'y pense plus, se lève et se dispose à partir.

Muphty, qui observoit tous ses mouvemens et qui le suivoit pas à pas, s'aperçoit de cette distraction, il court au sac, essaie de le soulever ou de le traîner avec ses dents; ce poids étant trop lourd, il retourne à son maître, s'accroche à ses habits pour l'empêcher de monter à cheval, il crie, il mord; M. P..... n'y fait aucune attention, repousse son chien et part.

Le chien s'étonne de ce que ses avis ne sont pas mieux écoutés; il se jette au-devant du cheval, pour l'empêcher d'avancer; il aboie jusqu'à ce que la voix lui manque : enfin, son zèle l'emporte, il se jette sur le cheval, et le mord à cinq ou six endroits.

C'est alors que M. P..... commence à craindre que son chien ne soit enragé. Dans certains esprits les soupçons se changent bientôt en certitude. On traverse un ruisseau; Muphty, quoique tout haletant, continue de crier et de mordre, et dans l'excès de son zèle, il ne songe pas à se désaltérer. « Ah! mon malheur est donc certain, s'écrie M. P....., mon chien est enragé; s'il alloit se jeter sur quelqu'un!..... Il faut le tuer..... Un chien qui m'étoit si fidèle!..... Mais si j'attends, il pourroit bien me mordre moi-même..... Allons, c'est un devoir..... » Il prend un pistolet, vise et lâche le coup en détournant les yeux; le chien tombe, et se débattant, se tourne vers son maître, et semble lui reprocher son ingratitude.

M. P..... s'éloigne en frémissant, il se retourne, et Muphty agite sa queue en le regardant, comme pour lui dire le dernier adieu. M. P..... au désespoir, est tenté de descendre, pour chercher quelque remède au coup qu'il a porté; un reste de frayeur l'arrête : il continue tristement sa route, livré à des regrets, à des remords, et poursuivi de l'image de Muphty mourant, il ne sait comment expier ce trait de barbarie; il donneroit tout pour qu'il fût possible de le réparer, et il maudit mille fois son voyage. Tout à-coup cette idée lui rappelle celle de son sac; il voit qu'il ne l'a plus; il se souvient de l'endroit où il l'a laissé, c'est pour lui un coup de lumière; voilà l'explication des cris et de la colère du malheureux Muphty. Il retourne à toute bride chercher son argent, en déplorant son injustice; une trace de sang qu'il aperçoit le long du chemin le fait frissonner, et met le comble à sa douleur; il arrive au pied du buisson, et qu'y trouve-t-il? Muphty expirant, qui s'étoit traîné jusque-là, pour veiller du moins sur les biens de son malheureux maître, et pour le servir jusqu'au dernier instant.

Les crimes punis l'un par l'autre.

Trois hommes voyageoient ensemble; ils rencontrèrent un trésor, et ils le partagèrent; ils continuèrent leur route en s'entretenant de l'usage qu'ils feroient de leurs richesses. Les vivres qu'ils avoient portés étoient consommés : ils convinrent qu'un d'eux iroit en acheter à la ville, et que le plus jeune se chargeroit de cette commission : il partit.

Il se disoit en chemin : Me voilà riche; mais je le serois bien davantage, si j'avois été seul quand le trésor s'est présenté; ces deux hommes m'ont enlevé mes richesses, ne pourrai-je pas les reprendre? cela me seroit facile; je n'aurois qu'à empoisonner les vivres que je vais acheter; à mon retour je dirois que j'ai dîné à la ville, mes compagnons mangeroient sans défiance, et ils mourroient; je n'ai que le tiers du trésor, et j'aurois le tout.

Cependant, les deux autres voyageurs se disoient : Nous avions bien affaire que ce jeune homme vînt s'associer avec nous ; nous avons été obligés de partager le trésor avec lui ; sa part auroit augmenté les nôtres, et nous serions véritablement riches ; il va revenir, nous avons de bons poignards.

Le jeune homme revint avec des vivres empoisonnés, ses compagnons l'assassinèrent ; ils mangèrent, ils moururent, et le trésor n'appartint à personne.

Le prix de la fidélité.

Un roi de Perse eut le génie de se douter que ses flatteurs pouvoient mentir, il résolut de s'éloigner quelque temps de sa cour, et voulut parcourir les campagnes et les provinces sans être connu, curieux d'observer son peuple dans sa simplicité naturelle, et de le voir agir et parler en liberté ; dans ce dessein, il ne prit pour l'accompagner, que celui de ses courtisans qu'il connoissoit le plus sincère ; ils parcoururent ensemble plusieurs villages. Le prince vit les simples habitans dansant et folâtrant, et se livrant avec une naïve joie à mille amusemens innocens ; il fut charmé de trouver si loin de sa cour, des plaisirs si faciles et si tranquilles. Un jour qu'il avoit gagné un grand appétit à une longue promenade, il entra pour dîner dans une de ces humbles chaumières, et il trouva que la nourriture grossière qu'on lui offroit, flattoit plus agréablement son goût, que tous les mets délicats dont on chargeoit sa table.

Traversant un autre jour une prairie émaillée de fleurs, et qu'arrosoit un petit ruisseau, il aperçut, sous l'ombre d'un ormeau, un jeune berger jouant de la flûte près de son troupeau qui paissoit; il lui demanda son nom et apprit qu'il s'appeloit Alibée, que ses parens demeuroient dans le hameau voisin. Ce jeune homme avoit une figure belle sans être efféminée; il étoit plein de vivacité, sans étourderie, ni pétulance : il ne se croyoit supérieur en beauté ni en esprit aux autres bergers du canton; sans éducation, ses idées s'étoient étendues et cultivées d'elles-mêmes. Le roi eut un entretien avec lui, et fut charmé de sa conversation; il apprit de sa franchise bien des choses qui intéressoient l'état de son peuple, et que ne lui avoient jamais dites ses courtisans; il sourioit quelquefois en voyant la simplicité ingénue de ce jeune homme, qui disoit librement sa pensée sans ménager personne. Je vois bien, dit le monarque en se tournant du côté de son confident, que la nature n'est pas moins belle, et ne plaît pas moins dans les dernières conditions de la vie, que dans les rangs les plus élevés; jamais prince ne me parut plus aimable que ce jeune berger qui vit avec son troupeau : quel père ne se trouveroit pas heureux d'avoir un fils d'une aussi belle figure et d'une ame aussi sensible? Je suis sûr qu'une éducation savante perfectionnera singulièrement son esprit et développera mille talens qui me seront utiles. En conséquence, le monarque emmène avec lui Alibée, résolu de le faire instruire dans toutes les sciences et dans tous les arts agréables qui peuvent orner l'esprit.

A sa première entrée à la cour, Alibée fut ébloui de son éclat, et tous les objets brillans si nouveaux pour lui, ce changement de fortune si subit et si imprévu, firent quelqu'effet sur son ame et sur son caractère; au lieu de sa houlette, de sa flute et de ses habits de berger, il se vit revêtu d'une robe de pourpre brodée en or, et portant un ruban enrichi de diamans. Bientôt ses idées s'étendirent, et son esprit se remplit de connoissances; il devint en peu de temps capable des affaires les plus sérieuses; il mérita toute la confiance de son maître, qui l'affectionnoit comme son élève, et qui, lui trouvant surtout un goût exquis pour tout ce qui étoit curieux et magnifique, lui donna une des charges les plus considérables de la Perse : celle de gardien des bijoux et des effets précieux de son palais.

Tant que le prince vécut, Alibée jouit d'une faveur qui ne faisoit qu'augmenter de jour en jour : cependant, à mesure qu'il avançoit en âge, l'idée de sa retraite et de la tranquillité de son premier état, commençoit à lui revenir plus souvent, et il le regrettoit quelquefois : ô jours heureux, jours innocens! s'écrioit-il; jours où j'ai goûté une joie pure, sans aucun mélange de peines et d'alarmes! jours les plus doux de ma vie! celui qui m'a privé de vous, pour me donner toutes les richesses que je possède, m'a dépouillé de tout mon bien. Je ne vous retrouve point dans mon palais; heureux, mille fois heureux, ceux qui n'ont jamais connu les misères de la cour des rois! Ici pourtant, tous mes vœux sont prévenus et satisfaits; je n'ai pas le temps de desirer; tous mes sens sont agréablement flattés, et mon amour-propre jouit des respects de tout un peuple et des égards d'un grand roi; et cependant toutes ces jouissances multipliées n'ont pas la douceur d'un seul des sentimens que j'éprouvois, lorsque le matin d'un beau jour, au lever de l'aurore, j'entrois dans la prairie, suivi de mon chien fidèle et de mon troupeau : que seroit-ce donc, si je ressemblois à quelques-uns de ces courtisans, que je vois pâles et rongés d'une ambition que rien ne peut satisfaire?

Alibée, si peu sensible aux plaisirs de la cour des rois, ne fut pas long-temps à en essuyer les disgraces. Le vieux monarque qui l'aimoit, descendit dans la tombe, et fit place à son fils. Aussitôt des jaloux entreprirent de le perdre dans l'esprit du nouveau roi : ils lui insinuèrent qu'Alibée avoit abusé de la confiance que son père lui accordoit, qu'il avoit amassé des richesses immenses, et détourné quantité d'effets précieux confiés à sa garde. Le roi étoit trop jeune pour n'être pas crédule, il avoit d'ailleurs la vanité de croire qu'il pouvoit réformer bien des choses dans ce qu'avoit fait son père.

Pour avoir un prétexte de lui ôter sa place, il ordonne à Alibée, par le conseil des courtisans, de lui apporter le cimeterre, garni de diamans, que le roi son père avoit coutume de porter dans les batailles. Alibée l'apporte et le présente au roi; mais il étoit dégarni de ses pierreries. Le monarque le crut aussitôt coupable de ce vol; mais Alibée prouva qu'elles avoient été ôtées par l'ordre même de son père, et avant qu'il fût encore en possession de sa charge. Les courtisans, honteux de ce mauvais succès, n'en furent que plus ardens à poursuivre l'homme de bien qu'ils vouloient perdre : ils conseillèrent au roi de se faire représenter, dans le délai de quinze jours, un répertoire de tous les effets dont il avoit été établi gardien.

Le délai expiré, le roi voulut être présent lui-même à l'ouverture du dépôt. Alibée l'ouvre devant lui, et lui représente tous les bijoux qui lui avoient été confiés; chaque chose étoit rangée par ordre et conservée avec soin. Le roi, surpris de tant d'exactitude et de fidélité, lançoit déjà des regards d'indignation sur les accusateurs, lorsqu'ils lui montrèrent au bout de la galerie une porte de fer, fermée avec trois grosses serrures. C'est sous cette porte, lui dirent-ils, qu'Alibée a enfermé les trésors qu'il a volés à votre père. Le roi redevint furieux, et ordonna que la porte fût ouverte sur-le-chemp. Alibée se jette à ses pieds, et le conjure de ne pas lui ôter le seul bien dont il fit cas sur la terre : « Il n'est pas juste, lui dit-il, de me dépouiller, dans un moment, de tout ce que je possède, après avoir tant d'années servi fidèlement votre père : prenez tout ce qu'il m'a donné, mais laissez-moi ce que je possède ici. » Les courtisans triomphoient dans le secret de leur ame, et cette résistance ne fit qu'augmenter les soupçons du roi, qui le menaça plein de colère, et le força d'obéir. Alibée prend donc les clés et ouvre cette porte mystérieuse.

Quelle fut la surprise de ses ennemis et du roi, lorsqu'ils n'aperçurent qu'une houlette, une flûte et des habits de berger ! c'étoient ceux qu'avoit autrefois portés Alibée, et qu'il visitoit quelquefois, pour entretenir le souvenir et l'amour de sa première condition. « Grand roi, lui dit-il, voyez les restes de mon premier bonheur : ce trésor va m'enrichir quand vous m'aurez dépouillé de tout ce que vous pouvez m'ôter; voilà les richesses solides qui ne peuvent jamais manquer ; elles suffiront toujours au bonheur de l'homme qui sait aimer l'innocence et se contenter du nécessaire, sans se tourmenter follement pour les biens frivoles, qui n'ajoutent pas un sentiment de plus à la félicité réelle. O vous, instrumens simples et chers d'une vie heureuse ! je ne veux que vous, c'est avec vous que je suis résolu de vivre et mourir. Grand roi, je vous remets sans regrets tout ce que m'a donné votre père, je ne garde que ce qui m'appartenoit avant qu'il me fît venir à sa cour. » Le roi eut peine à revenir de sa surprise ; il demeura bien convaincu de l'innocence d'Alibée, et son indignation retomba sur les courtisans qui l'avoient trompé. « Sortez, imposteurs, leur dit-il, et fuyez de ma présence. » Aussitôt il fit Alibée son premier ministre, et le chargea de toutes les affaires les plus secrètes et les plus importantes. Alibée mourut premier ministre et pauvre ; il ne souffrit jamais qu'on punît aucun de ses ennemis, il ne laissa à ses parens que le bien nécessaire pour les nourrir dans la condition de berger, qu'il regarda toujours comme la plus heureuse et la plus sûre.

Petit événement qui fait honneur au Maître et à ses Disciples.

Le fils de M. D***, rue des Fourreurs, à Paris, étoit pensionnaire chez M. Achard ; il lui prit envie de voyager, et pour y parvenir, il ne vit rien de mieux que de s'engager. On le fit partir pour la ville d'Eu, en Caux, où le régiment étoit en garnison ; mais ayant appris que l'argent est le nerf de la guerre, et ne possédant pas un sou, il écrit à son père, qui, irrité contre lui, ne daigna pas lui faire réponse ; il s'adresse à ses anciens camarades, qu'il regrettoit, sans doute, et leur expose sa misère : leurs petits cœurs s'émeuvent, leurs têtes se montent, ils se fouillent, mettent en commun tout ce qu'ils possèdent, et parviennent à former une somme de soixante livres. On en charge le plus âgé, qui ploie le trésor dans une papillotte, l'insère dans une lettre, et le présente à la poste pour l'affranchir. Le commis s'aperçoit que la lettre contient de l'argent, la refuse, et demande trois livres pour le port de l'argent. L'écolier pris au dépourvu, ne voulant point entamer les deniers publics, reprend la lettre, retourne chez M. Achard, vend ce qu'il a, se procure par ce moyen violent cinq petits écus, part à pied pour la ville d'Eu, et remet le dépôt aux mains de celui même auquel il étoit destiné. Ce départ inquiéta fort le père de l'enfant, surtout quand il apprit la commission qu'il avoit acceptée. Mais il est revenu après avoir rempli des obligations qu'il regardoit comme sacrées ; il a repris ses fonctions avec toute la modestie d'un cœur satisfait, et probablement convaincu de bonne heure, qu'il est plus doux de donner que de recevoir.

JEAN ET MARIE.

Histoire française.

Un marchand s'étoit embarqué pour les Indes avec sa femme; il y gagna beaucoup d'argent, et au bout de quelques années, il fit ses arrangemens pour revenir en France où il étoit né, et où il avoit toute sa famille : il emmenoit avec lui sa femme et deux enfans, un garçon et une fille; le garçon, âgé de quatre ans, se nommoit *Jean*, et la fille, qui n'en avoit que trois, s'appeloit *Marie*. Quand ils furent à moitié chemin, il s'éleva une tempête violente, et le pilote dit qu'ils étoient en grand danger, parce que le vent les poussoit vers les îles, où sans doute leur vaisseau se briseroit. Le pauvre marchand ayant appris cela, prit une grande planche, et lia fortement dessus sa femme et ses deux enfans; il voulut s'y attacher aussi, mais il n'en eut pas le temps, car le vaisseau ayant touché contre un rocher, s'ouvrit en deux, et tous ceux qui étoient dedans tombèrent dans la mer. La planche sur laquelle étoient la femme et les deux enfans se soutint sur la mer comme un petit bateau, et le vent les poussa vers une île. Alors la femme détacha les cordes, et avança dans cette île avec ses deux enfans.

La première chose qu'elle fit quand elle fut en lieu de sûreté, fut de se mettre à genoux pour remercier Dieu de l'avoir sauvée; elle étoit pourtant bien affligée d'avoir perdu son mari, qui étoit un si bon homme: elle pensoit aussi qu'elle et ses enfans mourroient de faim dans cette île, ou qu'ils seroient mangés par les bêtes sauvages. Elle marcha quelque temps dans ces tristes pensées; elle aperçut plusieurs arbres chargés de fruits, elle prit un bâton et en fit tomber, qu'elle donna à ses petits enfans; elle en mangea elle-même; elle avança ensuite plus loin pour voir si elle ne découvriroit point quelque cabane; mais elle reconnut qu'elle étoit dans une île déserte. Elle trouva dans son chemin un grand arbre qui étoit creux, et elle résolut de s'y retirer pendant la nuit. Elle y coucha donc avec ses enfans, et le lendemain elle avança encore autant qu'ils purent marcher : elle découvrit en marchant des nids d'oiseaux dont elle prit les œufs; et voyant qu'elle ne trouvoit dans cette île ni homme, ni bêtes malfaisantes, elle résolut de se soumettre à la volonté du ciel, et de faire son possible pour bien élever ses enfans. Elle avoit sauvé du naufrage un évangile et un livre de prières, elle s'en servit pour leur apprendre à lire et pour leur enseigner à connoître Dieu. Quelquefois son fils lui disoit : ma mère, où est mon papa? pourquoi nous a-t-il fait quitter notre maison pour venir dans cette île? Est-ce qu'il ne viendra pas nous chercher? Mes enfans, leur répondoit cette pauvre femme en fondant en larmes, votre père est allé dans le ciel, mais vous avez un autre père qui est Dieu ; il est ici, quoique vous ne le voyiez pas, c'est lui qui nous envoie des fruits et des œufs, et il aura soin de nous tant que nous l'aimerons de tout notre cœur, et que nous le servirons fidèlement. Quand ces enfans surent lire, ils s'occupoient avec bien du plaisir de tout ce que contenoient leurs livres, et ils en parloient toute la journée : ils étoient d'ailleurs d'un excellent caractère et d'une soumission sans bornes aux moindres volontés de leur mère.

Au bout de deux ans, elle tomba malade; et comme elle connut qu'elle alloit mourir, elle conçut la plus grande inquiétude sur ses pauvres enfans; mais à la fin elle pensa que Dieu qui étoit bon, en prendroit soin; cette pensée consolante la rassura. Elle étoit couchée dans le creux de son arbre, et ayant appelé ses enfans, elle leur dit : « Je vais bientôt mourir, mes chers enfans, et vous n'aurez plus de mère. Souvenez-vous pourtant que vous ne resterez pas tout seuls, et que Dieu verra tout ce que vous ferez : ne manquez jamais à le prier matin et soir. Mon cher Jean, ayez bien soin de votre sœur Marie; ne la grondez pas, ne la battez jamais, vous êtes plus grand et plus fort qu'elle, vous irez lui chercher des œufs et des fruits. » Elle vouloit dire aussi quelque chose à Marie, mais elle n'en eut pas le temps; elle rendit les derniers soupirs entre leurs bras.

Ces malheureux orphelins ne comprenoient pas ce que leur mère avoit voulu leur dire : ils ne savoient ce que c'étoit de mourir; ils crurent qu'elle dormoit, et ils n'osoient faire du bruit, crainte de la réveiller. Jean fut chercher des fruits, et ayant soupé, ils se couchèrent à côté de l'arbre et s'endormirent tous les deux. Le lendemain matin ils furent fort étonnés de ce que leur mère dormoit encore, et la tirèrent par le bras; mais comme ils virent qu'elle ne leur répondoit point, ils crurent qu'elle étoit fâchée contre eux et se mirent à pleurer; ensuite ils lui demandèrent pardon et lui promirent d'être plus sages. Ils eurent beau faire, la pauvre femme ne leur répondit point. Ils restèrent là pendant plusieurs jours, jusqu'à ce que le corps commençât à se corrompre. Un matin, Marie jetant de grands cris, dit à Jean : « Ah! mon frère, voilà des vers qui mangent notre pauvre maman, il faut les arracher; venez m'aider. » Jean approcha, mais le corps sentoit si mauvais, qu'ils ne purent rester auprès, et furent contraints d'aller chercher un autre arbre pour y coucher.

Ces deux enfans obéirent exactement à leur mère, et jamais ils ne manquèrent à prier Dieu; ils lisoient si souvent leurs livres, qu'ils les savoient par cœur : quand ils avoient lu, ils se promenoient, ou bien ils s'asseyoient sur l'herbe, et Jean disoit à sa sœur : Je me souviens, quand j'étois bien petit, d'avoir été dans un pays où il y avoit de grandes maisons et beaucoup d'hommes; j'avois une nourrice et vous aussi, et mon père avoit un grand nombre de valets; nous avions aussi de belles robes : tout d'un coup papa nous a mis dans une maison qui alloit sur l'eau, et puis nous a attachés à une planche et a été au fond de la mer, d'où il n'est jamais revenu. Cela est bien singulier, répondit Marie; mais enfin, puisque cela est arrivé, c'est que Dieu l'a voulu; car vous savez bien, mon frère, qu'il est tout-puissant.

Jean et Marie restèrent onze ans dans cette île. Un jour qu'ils étoient assis au bord de la mer, ils aperçurent dans une barque plusieurs hommes noirs. D'abord Marie eut peur, et vouloit se sauver; mais Jean la retint et lui dit: Restons, ma sœur, ne savez-vous pas bien que Dieu est ici présent, et qu'il empêchera ces hommes de nous faire du mal? Ces hommes noirs étant descendus à terre, furent surpris de voir ces enfans qui étoient d'une autre couleur qu'eux; ils les environnèrent et leur parlèrent; mais ce fut inutilement, le frère et la sœur n'entendoient pas leur langage. Jean mena ces sauvages en l'endroit où étoient les os de sa mère, et leur conta comme elle étoient morte tout d'un coup. Ils ne l'entendirent pas non plus. Enfin les noirs leur montrèrent leur petit bateau et leur firent signe d'y entrer. « Je n'oserois, dit Marie, ces gens-là me font peur. » Jean lui répondit: Rassurez-vous, ma sœur, mon père avoit des domestiques de la même couleur que ces hommes; peut-être qu'il est revenu de son voyage, et qu'il les envoie pour nous chercher.

Ils entrèrent donc dans la barque qui les conduisit dans une île peu éloignée de celle qu'ils venoient de quitter, et qui avoit des sauvages pour habitans. Ils y furent fort bien reçus; le roi ne pouvoit se lasser de regarder Marie, et il mettoit souvent sa main sur son cœur, pour lui prouver qu'il l'aimoit. Marie et Jean eurent bientôt appris la langue de ces sauvages, et ils connurent qu'ils faisoient la guerre à des peuples qui demeuroient dans les îles voisines, qu'ils mangeoient leurs prisonniers, et qu'ils adoroient un grand vilain singe qui avoit plusieurs sauvages pour le servir; en sorte qu'ils se repentoient beaucoup d'être venus demeurer chez cette affreuse nation. Cependant le roi vouloit absolument épouser Marie, qui disoit à son frère : j'aimerois mieux mourir que d'être la femme de cet homme là. — C'est parce qu'il est bien laid, que vous ne voudriez pas l'épouser ? — Non, mon frère, c'est parce qu'il est méchant ; ne voyez-vous pas qu'il ne connoît pas Dieu, et qu'au lieu de le prier, il se met à genoux devant ce vilain singe ; d'ailleurs notre livre dit qu'il faut pardonner à ses ennemis et leur faire du bien, et vous voyez qu'au lieu de cela, ce méchant homme fait mourir ses prisonniers et les mange.

Il me prend une pensée, dit Jean, si nous pouvions tuer ce vilain animal, ils verroient bien que ce n'est pas un dieu. — Faisons mieux, reprit Marie, notre livre nous enseigne que Dieu accorde toujours les choses qu'on lui demande de bon cœur ; mettons-nous à genoux, prions-le de tuer lui-même le singe, alors on ne s'en prendra point à nous, et on ne nous fera point mourir.

Jean trouva ce que sa sœur lui disoit fort raisonnable ; ils se mirent donc tous deux à genoux, et dirent tout haut : Seigneur, qui pouvez tout ce que vous voulez, ayez, s'il vous plaît, la bonté de tuer ce singe, afin que ces pauvres gens connoissent que c'est vous qu'il faut adorer, et non pas lui. Ils étoient encore à genoux, lorsqu'ils entendirent jeter de grands cris : ils s'informèrent de ce qui y donnoit lieu, et ils apprirent que le grand singe, en sautant d'un arbre à l'autre, s'étoit cassé la jambe, et qu'on croyoit qu'il en mourroit. Les sauvages qui en avoient soin, et qui étoient comme ses prêtres, dirent au roi, lorsqu'il fut mort, que Marie et son frère étoient cause du malheur qui étoit arrivé, et qu'ils ne pourroient être heureux, qu'après que ces deux blancs auroient adoré leur dieu. Aussitôt on décida qu'on feroit un sacrifice au nouveau singe qu'on venoit de choisir ; que les deux blancs y assisteroient, et qu'après la cérémonie, Marie épouseroit leur roi ; que, s'ils refusoient de le faire, on les brûleroit tout vifs avec leurs livres, dont ils se servoient pour faire des enchantemens. Marie apprit cette résolution, et comme les prêtres lui disoient que c'étoit elle qui avoit fait mourir leur singe, elle répondit : « Si je l'avois fait mourir, n'est-il pas vrai que je serois plus puissante que lui ? Je serois donc bien stupide d'adorer quelqu'un qui ne seroit pas au-dessus de moi; le plus foible doit se soumettre au plus puissant, et par conséquent je mériterois plutôt les adorations du singe, que lui les miennes; cependant je ne veux pas vous tromper; ce n'est pas moi qui lui ai ôté la vie, mais notre Dieu, qui est le maître de toutes les créatures, et sans la permission duquel vous ne pourriez ôter un seul de mes cheveux. » Ce discours irrita les sauvages; ils attachèrent Marie et son frère à des poteaux, et se préparoient à les brûler, lorsqu'on leur apprit qu'un grand nombre de leurs ennemis venoient d'aborder dans l'île. Ils coururent pour les combattre, et furent vaincus. Les sauvages qui étoient vainqueurs, coupèrent les chaînes des deux enfans blancs, et les emmenèrent dans leur île, où ils devinrent esclaves du roi. Ils travailloient depuis le matin jusqu'au soir, et disoient : Il faut servir fidèlement notre maître pour l'amour de Dieu, et croire que c'est le Seigneur que nous servons; car notre livre dit expressément qu'il faut en agir ainsi.

Cependant ces nouveaux sauvages faisoient souvent la guerre, et comme leurs voisins, ils mangeoient leurs prisonniers. Un jour ils en prirent un grand nombre; car ils étoient fort vaillans. Il se trouva parmi ces prisonniers un homme blanc, et comme il étoit fort maigre, les sauvages résolurent de l'engraisser avant de le manger. Ils l'enchaînèrent dans une cabane, et chargèrent Marie de pourvoir à ses besoins. Comme elle savoit qu'il devoit être bientôt mangé, elle déploroit son sort; en le regardant tristement, elle dit : Mon Dieu, mon Dieu, ayez pitié de lui! Cet homme blanc, qui avoit été fort étonné en voyant une fille de la même couleur que lui, le fut bien davantage quand il lui entendit parler sa langue, et invoquer un seul Dieu. Qui vous a appris à parler français, lui dit-il, et à connoître le vrai Dieu? — Je ne savois pas le nom de la langue que je parle, lui répondit Marie; c'étoit la langue de ma mère, et elle me l'a apprise: quant à Dieu, nous avons deux livres qui en parlent, et nous le prions tous les jours. — Ah! ciel, reprit cet homme, en levant les mains et les yeux au ciel..... seroit-il possible? mais, ma fille, pourriez-vous me montrer les livres dont vous me parlez? — Je ne les ai pas, mais je vais chercher mon frère qui les garde, et il vous les montrera: en même-temps elle sortit, et revint bientôt après avec Jean, qui les apporta. L'homme blanc les ouvrit avec émotion, et ayant lu sur le premier feuillet: *Ce livre appartient à Jean Maurice*, il s'écria: Ah! mes chers enfans! est-ce vous que je revois! Venez embrasser votre père, et puissiez-vous me donner des nouvelles de votre mère! Jean et Marie, à ces paroles, se jetèrent dans ses bras en versant des larmes de joie. A la fin, Jean reprenant la parole, dit: « Je sens aux transports de mon cœur, que vous êtes mon père; cependant je ne conçois pas comment cela peut être, car ma mère m'a dit que vous étiez tombé dans le fond de la mer, et je sais à présent qu'il n'est pas possible d'y vivre. — Je tombai effectivement dans la mer, quand notre vaisseau s'entr'ouvrit, reprit Jean Maurice; mais m'étant saisi d'une planche, j'abordai heureusement dans une île, et je vous crus perdus. » Alors Jean lui raconta tout ce dont il put se souvenir; et son père pleura beaucoup quand il apprit la mort de sa femme. Marie pleura aussi, mais c'étoit pour un autre sujet. Hélas! s'écria-t-elle, à quoi sert d'avoir retrouvé notre père, puisqu'il doit être tué et mangé dans peu de jours? — Il faudra couper ses chaînes, reprit Jean, et nous nous sauverons tous les trois dans la forêt. — Et qu'y ferons-nous, mes pauvres enfans? répliqua Maurice; les sauvages nous attraperont, ou bien il faudra mourir de faim. — Laissez-moi faire, dit Marie, je sais un moyen infaillible de vous sauver.

Elle sortit en finissant ces paroles, et alla trouver le roi. Lorsqu'elle fut entrée dans sa cabane, elle se jeta à ses pieds, et lui dit : « Seigneur, j'ai une grande grace à vous demander; voulez-vous me promettre de me l'accorder? — Je vous le jure, reprit le roi, car je suis fort content de votre service. — Eh bien! vous saurez que cet homme blanc dont vous m'avez ordonné de prendre soin, est mon père et celui de Jean; vous avez résolu de le manger, et je viens vous représenter qu'il est vieux et maigre, et qu'en conséquence il ne sera pas fort bon, au lieu que je suis jeune et grasse; ainsi j'espère que vous voudrez me manger à sa place; je ne vous demande que huit jours, pour avoir le plaisir de le voir avant de mourir. — En vérité, reprit le roi, vous êtes une si bonne fille, que je ne voudrois pas pour toutes choses vous faire mourir; vous vivrez, et votre père aussi. Je vous avertis même qu'il vient ici tous les ans un vaisseau plein d'hommes blancs, auxquels nous vendons nos prisonniers; il arrivera bientôt, et je vous donnerai la permission de vous en aller.

Marie remercia beaucoup le roi, et dans son cœur elle rendoit grace à Dieu, qui lui avoit inspiré d'avoir compassion d'elle. Elle courut porter ces bonnes nouvelles à son père; et quelques jours après, le vaisseau dont le roi lui avoit parlé étant arrivé, elle s'embarqua avec son père et son frère. Ils abordèrent dans une grande île habitée par des Espagnols. Le gouverneur ayant appris l'histoire de Marie, dit en lui-même : Cette fille n'a pas un sou, et elle est bien brûlée du soleil; mais elle est si bonne et si vertueuse, qu'elle pourra rendre son mari plus heureux que si elle étoit riche et belle. Il pria Maurice de lui donner sa fille en mariage; il s'unit avec elle, et fit épouser une de ses parentes à Jean; en sorte qu'ils vécurent tous fort heureux dans cette île, admirant la sagesse de la providence, qui n'avoit permis que Marie fût esclave, que pour lui donner l'occasion de sauver la vie à son père.

Histoire d'Androclès et d'un lion.

Appion, surnommé Plistonice, étoit très-versé dans la littérature et dans la connoissance de toutes les parties de l'histoire grecque : on connoît et on estime le recueil complet qu'il a publié de toutes les merveilles d'Egypte, et de toutes celles que renferment ses annales. L'étalage affecté d'érudition et l'air de jactance de l'historien le font soupçonner d'un peu d'exagération dans ses récits, lorsqu'il cite ses lectures ou ses conversations. On ne peut cependant porter le même jugement sur le trait dont il fait mention au cinquième livre de ses Mémoires de l'Egypte, puisque le narrateur assure qu'il ne l'a lu ni ouï raconter nulle part, mais qu'à Rome lui-même il en a été témoin.

On donnoit au peuple, dit Appion, dans le grand cirque, le spectacle d'un combat de bêtes dans le plus grand appareil : comme je me trouvois à Rome, j'y courus. Les barrières levées, l'arène se couvre d'une foule d'animaux frémissans, monstres affreux, tous d'une hauteur et d'une férocité extraordinaires. On vit surtout bondir des lions d'une grandeur prodigieuse : un seul fixa tous les regards : une taille énorme, des élancemens vigoureux, des muscles enflés et roidis, une crinière flottante et hérissée, un rugissement sourd et terrible, faisoient frémir tous les rangs des spectateurs. Parmi les malheureux condamnés à disputer leur vie contre la rage de ces animaux affamés, parut un certain Androclès, autrefois esclave d'un proconsul. Dès que le lion l'aperçoit, dit l'écrivain, il s'arrête tout-à-coup, frappé d'étonnement; il s'avance d'un air adouci, comme s'il eût connu ce misérable; il l'approche en agitant la queue d'une manière soumise, comme le chien qui cherche à flatter; il presse le corps de l'esclave à demi-mort de frayeur, et lèche doucement ses pieds et ses mains. Les caresses de l'horrible animal rappellent Androclès à la vie; ses yeux éteints s'entr'ouvrent peu à peu, ils rencontrent ceux du lion. Alors, comme dans un renouvellement de connoissance, vous eussiez vu l'homme et le lion se donner les marques de la joie la plus vive et du plus tendre attachement. Rome entière, à ce spectacle, poussa des cris d'admiration; et César ayant demandé l'esclave : Pourquoi, lui dit-il, es-tu le seul que la fureur de ce monstre ait épargné? Daignez m'écouter, seigneur, dit Androclès; voici mon aventure : Pendant que mon maître gouvernoit l'Afrique en qualité de proconsul, les traitemens cruels et injustes que j'en essuyois tous les jours, me forcèrent enfin de prendre la fuite; et, pour échapper aux poursuites d'un maître qui commandoit en ce pays, j'allai chercher une solitude inaccessible parmi les sables et les déserts, résolu de me donner la mort de quelque manière, si je venois à manquer de nourriture. Les ardeurs intolérables du soleil au milieu de sa carrière brûlante, me firent chercher un asile. Je trouvai un antre profond et ténébreux, je m'y cachai : à peine y étois-je entré que je vis arriver ce lion; il s'appuyoit douloureusement sur une patte ensanglantée. La violence de ses tourmens lui arrachoit des rugissemens et des cris affreux. La vue du monstre rentrant dans son repaire, me glaça d'abord d'horreur; mais, dès qu'il m'eut aperçu, je le vis s'avancer avec douceur : il approche, me présente sa patte, me montre sa blessure, et semble me demander du secours. J'arrache une grosse épine enfoncée entre ses griffes; j'osai même en presser la plaie, et en exprimer tout le sang corrompu : enfin, pleinement remis de ma frayeur, je parvins à la purifier et à la dessécher. Alors l'animal soulagé par mes soins, et ne souffrant plus, se couche, met sa patte entre mes mains, et s'endort paisiblement. Depuis ce jour, nous avons continué à vivre ensemble pendant trois ans dans cette caverne. Le lion s'étoit chargé de la nourriture; il m'apportoit exactement les meilleurs morceaux des proies qu'il avoit déchirées; n'ayant point de feu, je les faisois rôtir aux plus grandes ardeurs du soleil. Cependant la société de cet animal et ce genre de vie commençant à m'ennuyer, je choisis l'instant où il étoit allé chasser; je m'éloigne de la caverne, et après trois jours de marche, je tombai entre les mains des soldats. Ramené d'Afrique à Rome, je parus devant mon maître, qui sur-le-champ me condamna à être dévoré; et je pense que ce lion, qui sans doute fut aussi pris, me témoigne actuellement sa reconnoissance. Tel est le discours qu'Appion met dans la bouche d'Androclès: sur-le-champ on l'écrit, on en fait part au peuple; ses cris redoublés obtinrent la vie de l'esclave et lui firent donner le lion. On voyoit Androclès, continue l'auteur, tenant son libérateur attaché à une simple courroie, marcher au milieu de Rome. Le peuple enchanté le couvrit de fleurs et le combla de largesses, en s'écriant: Voilà le lion qui a donné l'hospitalité à un homme, et voilà l'homme qui a guéri un lion.

ÉPITRE

DE M. RACINE, LE FILS,

A M.me la duchesse de Noailles, sur l'ame des bêtes.

Vous connoissez l'horreur des spectacles affreux
Dont les Romains faisoient le plus doux de leurs jeux.
Ce peuple qui donnoit, par un mépris bizarre,
A tout peuple étranger le titre de barbare,

Ne repaissoit ses yeux que des pleurs des mortels,
Et de sang arrosoit ses théâtres cruels.
Aux tigres, aux lions livrant des misérables,
Il se divertissoit de leurs cris lamentables;
Il exposoit aux ours des esclaves tremblans,
Pour en voir disperser tous les membres sanglans.
Le grave sénateur couroit à ces supplices,
Et la jeune Vestale en faisoit ses délices.
Un jour, un criminel entraîné dans ces jeux,
Victime du plaisir d'un peuple furieux,
Par les dents d'un lion tout écumant de rage,
Alloit, par son supplice, augmenter le carnage:
Quand le fier animal, sur le pâle captif
Attachant tout à coup un regard attentif,
S'approche, bat ses flancs, témoignage de joie,
Baisse les yeux, se couche et caresse sa proie.
Tout le cirque étonné fait retentir ses cris:
L'esclave rassuré rappelle ses esprits.
D'un tel événement chacun cherche la cause,
Lui-même à l'empereur en ces mots il l'expose:
Asservi sous le joug d'un esclavage affreux,
Rebuté des tourmens d'un maître rigoureux,
De sa maison funeste enfin je pris la fuite;
Et, pour mieux m'échapper à sa vive poursuite,
Je cherchai des déserts sablonneux et profonds,
Asiles fortunés à mes pas vagabonds.
Prêt à périr de faim dans ces climats sauvages,
Trop heureux d'éviter mon maître et ses outrages,
Dans un antre couché, rêvant à ma douleur,
Je laissois du soleil éteindre la chaleur,
Lorsque dans ma retraite entre un lion terrible:
Je crus ma mort certaine à cet aspect horrible,
Je poussois de grands cris dont tout l'antre trembloit.
De sa patte offensée un sang noir ruisseloit:
Il me voit, il s'approche en montrant sa blessure.
Je frémissois d'abord, enfin je me rassure;
Lui-même se taisant pour ne pas m'effrayer,
Me présentoit sa patte et sembloit me prier.
Je la prends, je l'essuie, et ma main courageuse
En arrache aussitôt l'épine dangereuse.
L'animal fatigué des tourmens dont il sort,
Sa patte entre mes mains, se repose et s'endort.
Mais après s'attachant à mon sort misérable,
Ce lion me devint un ami secourable.

Page 93.

Le bon fils.

A la chasse toujours courant dès le matin,
Il venoit avec moi partager son butin.
Enfin, las de traîner, sans autre compagnie,
Dans ces sombres déserts une fatale vie,
Je m'enfuis : insensé ! je courus au trépas.
Dans ma fuite bientôt surpris par des soldats,
Mon maître me revoit, et sa prompte justice
D'un esclave échappé prononça le supplice.
Sans doute qu'en ce temps le lion enchaîné,
Comme moi pour ces jeux ici fut amené ;
C'est ce même animal dont la reconnoissance
De mon service encor me rend la récompense :
C'est lui qui, tout à coup sensible à mes bienfaits,
A perdu sa fureur en revoyant mes traits.
L'empereur admira cette amitié nouvelle :
L'esclave, avec sa grace, eut ce lion fidèle,
Qui, partout de son maître accompagnant les pas,
De ses chères forêts oublia les appas.
Et, le voyant passer, chacun disoit à Rome :
Le voilà ce lion, si favorable à l'homme.

Le bon Fils.

Monsieur D..... allant joindre son régiment, il y a dix à douze ans, s'occupa, pendant sa route, à faire quelques recrues dont il avoit besoin pour compléter sa compagnie. Il trouva plusieurs hommes dans une petite ville où il demeura une semaine. La veille de son départ, il se présenta encore un jeune homme de la plus haute taille et de la figure la plus intéressante; il avoit un air de candeur et d'honnêteté qui prévenoit pour lui. M. D..... ne put s'empêcher, à la première vue, de souhaiter d'avoir cet homme dans sa compagnie; il le vit trembler en demandant qu'on l'engageât : il prit ce mouvement pour l'effet de la timidité, et peut-être de l'inquiétude que peut avoir un jeune homme qui sent le prix de la liberté, et qui ne la vend pas sans regret. Il lui montra ses soupçons, en tâchant de le rassurer. Ah ! Monsieur, lui répondit le jeune homme, n'attribuez pas mon désordre à d'indignes motifs, il ne vient que de la crainte d'être refusé ; vous ne voudriez peut-être pas de moi, et mon malheur seroit affreux : il lui échappa quelques larmes en achevant ces mots. L'officier ne manqua pas de l'assurer qu'il seroit enchanté de le satisfaire, et lui demanda vîte quelles étoient ses conditions. Je ne vous les propose qu'en tremblant, répondit le jeune homme ; elles vous dégoûteront peut-être. Je suis jeune, vous voyez ma taille, j'ai de la force, je me sens toutes les dispositions nécessaires pour servir ; mais la circonstance malheureuse dans laquelle je me trouve, me force de me mettre à un prix que vous trouverez sans doute exorbitant ; je ne puis rien en diminuer ; croyez que sans des raisons trop pressantes, je ne vendrois point mon service ; mais la nécessité m'impose une loi rigoureuse ; je ne puis vous suivre à moins de cinq cents livres, et vous me percez le cœur si vous me refusez. Cinq cents livres ! reprit l'officier, la somme est considérable, je l'avoue ; mais vous me convenez, je vous crois de la bonne volonté, je ne marchanderai pas avec vous ; je vais vous compter votre argent : signez, et tenez vous prêt à partir demain avec moi.

Le jeune homme parut pénétré de la facilité de M. D..... Il signa gaiement son engagement, et reçut les cinq cents livres avec autant de reconnoissance que s'il les avoit eues en pur don ; il pria son capitaine de lui permettre d'aller remplir un devoir sacré, et lui promit de revenir à l'instant. M. D..... crut remarquer quelque chose d'extraordinaire dans ce jeune homme : curieux de s'éclaircir, il le suivit sans affectation ; il le vit voler à la prison de la ville, frapper avec une vivacité singulière à la porte, et se précipiter dedans aussitôt qu'elle fut ouverte ; il l'entendit dire au geolier : Voilà la somme pour laquelle mon père a été arrêté : je la dépose entre vos mains : conduisez-moi vers lui, que j'aie le plaisir de briser ses fers. L'officier s'arrête un moment, pour lui donner le temps d'arriver seul auprès de son père, et s'y rend ensuite après lui. Il voit ce jeune homme dans les bras d'un vieillard, qu'il couvre de ses caresses et de ses larmes, à qui il apprend qu'il vient d'engager sa liberté pour lui procurer la sienne. Le prisonnier l'embrasse de nouveau. L'officier attendri s'avance : Consolez-vous, dit-il au vieillard, je ne vous enlèverai point votre fils, je veux partager le mérite de son action; il est libre ainsi que vous, et je ne regrette point une somme dont il a fait un si noble usage; voilà son engagement, je le lui remets. Le père et le fils tombèrent à ses pieds; le dernier refuse la liberté qu'on lui rend; il conjure le capitaine de lui permettre de le suivre : son père n'a plus besoin de lui, il ne pourroit que lui être à charge. L'officier ne peut le refuser. Le jeune homme a servi le temps ordinaire : il a toujours épargné sur sa paie quelques petits secours qu'il a fait passer à son père, et lorsqu'il a eu le droit de demander son congé, il en a profité pour aller servir ce vieillard, qu'il nourrit actuellement du travail de ses mains.

Le Cadet généreux.

Un marchand de Londres avoit deux fils; l'aîné, d'un mauvais cœur et d'un caractère dur, haïssoit son jeune frère, qui étoit plus aimable que lui, et d'un naturel doux et paisible; il n'étoit pas de mauvais traitement qu'il ne lui fît essuyer dès que l'occasion s'en présentoit; et les remontrances et les réprimandes du père ne purent lui faire changer de conduite. Le père avoit une fortune considérable dans le commerce; se sentant déjà vieux, il fit son testament, et par un partage des plus étranges, lui qui connoissoit ses deux enfans, qui aimoit le cadet, et blâmoit la dureté de l'aîné, il laissa à l'aîné tout son bien, avec tout ce qu'il avoit de fonds et de vaisseaux, le priant seulement de continuer le négoce et d'aider son jeune frère : il mourut quelque temps après. Dès que l'aîné se vit seul maître, il ne contraignit plus sa haine, et chassa de la maison son malheureux cadet, l'exposant à la merci du sort, sans lui donner aucun secours. Tant d'inhumanité dans un frère remplit le cœur du jeune homme d'indignation et d'amertume, il étoit découragé. Si mon frère me traite ainsi, disoit-il en pleurant, que dois-je donc attendre des étrangers ? Il falloit vivre, et la nécessité lui rendit le courage. Comme il étoit un peu au fait du commerce, il quitte Londres, et s'adresse à un négociant d'une ville voisine, à qui il offre ses services ; l'autre les accepte et le reçoit dans sa maison. Après quelques années d'épreuves, il lui reconnut tant de prudence, tant de vertus, et tant d'exactitude dans ses comptes, qu'il lui donna sa fille en mariage, et en mourant il lui laissa tous ses biens. Après la mort du beau-père, le gendre se trouvant assez riche, et n'étant point de ces ambitieux insatiables que la fureur d'amasser n'abandonne qu'aux bords du tombeau, plus jaloux de vivre en paix et de jouir de lui-même, il acheta dans une province éloignée de la capitale, une belle terre avec son château, s'y retira avec son épouse, et y vécut content avec honneur et bonne renommée.

Il est une providence qui punit toujours les cœurs barbares. L'aîné, depuis la mort du père, avoit continué le commerce, multiplié les entreprises, et long-temps tout réussit au gré de ses vœux ; mais il vint une année fatale ; ses pertes s'accumulèrent, une tempête engloutit tous ses vaisseaux, lorsqu'ils revenoient avec une riche cargaison. Dans le même temps plusieurs marchands qui avoient entre les mains ce qui lui restoit d'argent firent banqueroute, et pour comble d'infortune le feu prit à sa maison, consuma tout ce qu'il avoit d'effets, et le réduisit à la mendicité.

Dans cet horrible état, il ne lui restoit d'autre

ressource, pour ne pas périr de faim, que d'errer dans le pays, implorant l'assistance des ames charitables que le récit de ses malheurs pouvoit attendrir; il mangeoit le pain de la charité publique, dans les larmes et les remords.

« Où en serois-je à présent, se disoit-il en soupirant, si tous les hommes étoient aussi durs que moi? Ah! s'ils savoient comme j'ai traité mon frère, ils me repousseroient avec horreur : mon frère! mon frère! s'écria-t-il quelquefois dans le chemin, où es-tu? tu me maudis sans doute, et tu éprouves peut-être en ce moment les horreurs de la faim! que ne peux-tu me rencontrer et me voir : tu serois vengé! que ne puis-je en t'embrassant rompre avec toi ce morceau de pain qu'une mère pauvre et généreuse vient de me donner par la main de son jeune enfant! je serois consolé.... Hélas! si le hasard m'offroit à ses yeux, il ne reconnoîtroit jamais son aîné sous les lambeaux de la misère; il devroit pourtant espérer de m'y trouver, s'il croit qu'il soit un Dieu vengeur.

Un jour qu'il avoit fait plusieurs lieues, ayant à peine trouvé ce qu'il lui falloit pour se soutenir, il aperçut de loin un homme bien mis, se promenant dans une prairie voisine d'un joli château, dont il parut le seigneur; il s'avance, l'aborde, lui expose ses malheurs, ses besoins, et le conjure de lui accorder quelques secours. D'où êtes-vous, lui demanda l'étranger, et comment s'est fait cet enchaînement de revers qui vous a réduit à l'état où vous êtes? L'autre lui raconta son histoire en détail, ne supprimant que l'article de ses mauvais traitemens envers son frère : dans l'effusion de son récit, il fut tenté plus d'une fois de lui révéler tout, et d'avouer qu'il avoit bien mérité ses malheurs; mais la crainte et le besoin le retinrent, il craignit d'éteindre par cet aveu la pitié qu'il vouloit inspirer à ce seigneur; il en dit pourtant assez pour être reconnu de quiconque connoissoit sa famille. L'étranger, sans lui faire part de sa découverte, l'emmène au château, et ordonne à ses gens de le bien traiter et de lui préparer un logement pour la nuit. Le soir il raconte à sa femme l'aventure qui vient de lui arriver, et lui communique son dessein. Le pauvre dormit d'un sommeil profond et paisible toute la nuit, et le matin à son réveil, sa première pensée fut : « Que cet honnête homme est bienfaisant ! s'il n'est pas né riche, il méritoit de le devenir. » Quelques heures après, le maître l'envoie chercher. Quand il fut dans sa présence, il le fixa quelque temps avec attendrissement, et lui demanda s'il ne le connoissoit pas ? Non, répondit le pauvre. Hé quoi ! s'écria-t-il en pleurs, je suis ton frère ! En même temps il s'élance à son cou, et l'étreint tendrement dans ses bras. L'aîné, frappé d'étonnement, de confusion, de repentir, de reconnoissance et de joie, tombe à ses genoux, en s'écriant : Mon frère ! il les embrasse et les arrose de ses larmes, en lui demandant pardon. Il y a long-temps, lui répond son frère, que je t'ai pardonné ; oublie le passé : tu es riche, car je le suis ; vivons ensemble et aimons-nous. Oui, mon frère, je t'aimerai, lui répond l'aîné, d'une voix étouffée par les sanglots : mais je ne me pardonnerai jamais, je me souviendrai toujours de la manière dont je t'ai traité, et que c'est toi qui me soulages.

La dette de l'humanité.

Un jeune peintre, arrivé à Modène et manquant de tout, pria un gagne-petit de lui trouver un gîte à peu de frais, ou pour l'amour de Dieu ; l'artisan lui offrit la moitié du sien. On cherche en vain de l'ouvrage pour cet étranger ; son hôte ne se décourage point, il le défraie et le console. Le peintre tombe malade ; l'autre se lève plus matin et se couche plus tard, pour gagner davantage, et fournit en conséquence aux besoins du malade qui avoit écrit à sa famille... L'artisan le veilla pendant tout le temps de sa maladie, qui fut assez longue, et pourvut à toutes les dépenses nécessaires. Quelques jours après la guérison, l'étranger reçut de ses parens une somme assez considérable, et courut chez l'artisan pour le payer. Non, Monsieur, lui répondit son généreux bienfaiteur, c'est une dette que vous avez contractée envers le premier honnête homme que vous trouverez dans l'infortune! je devois ce bienfait à un autre, je viens de m'acquitter; n'oubliez pas d'en faire autant, dès que l'occasion s'en présentera.

Le Lion et l'Epagneul.

Pour voir à la tour de Londres les bêtes féroces, il falloit donner de l'argent à leur maître, ou apporter un chien ou un chat qui pût leur servir de nourriture. Quelqu'un prit dans une rue un épagneul noir, qui étoit très-joli; étant venu voir un énorme lion, il jeta dans sa cage le petit chien. Aussitôt la frayeur s'empare de ce petit animal; il tremble de tous ses membres, se couche humblement, rampe, prend l'attitude la plus capable de fléchir le courroux naturel au lion, et d'émouvoir ses dures entrailles. Cette bête féroce le tourne, le retourne, le flaire sans lui faire le moindre mal. Le maître jette au lion un morceau de viande, il refuse de le manger en regardant fixement le chien, comme s'il vouloit l'inviter à le goûter avant lui. L'épagneul revient de sa frayeur, il s'approche de cette viande, en mange, et dans l'instant le lion s'avança pour la partager avec lui. Ce fut alors qu'on vit naître entre eux une étroite amitié. Le lion, comme transformé en un animal doux et caressant, donnoit à l'épagneul des marques de la plus vive tendresse, et l'épagneul à son tour témoignoit au lion la plus extrême confiance. La personne qui avoit perdu ce petit chien, vint quelque temps après pour le réclamer. Le maître du lion la presse vivement de ne pas rompre la chaîne de l'amitié qui unit si étroitement ces deux animaux ; elle résiste à ses sollicitations. « Puisque cela est ainsi, répliqua le maître du lion, prenez vous-même votre chien ; car si je m'en chargeois, cette commission deviendroit pour moi trop dangereuse. » Le propriétaire de l'épagneul comprit bien qu'il falloit en faire le sacrifice. Au bout d'une année, le chien tomba malade et mourut ; le lion s'imagina pendant quelque temps qu'il dormoit ; il voulut l'éveiller, et l'ayant inutilement remué avec ses pattes, il s'aperçut alors que l'épagneul étoit mort ; sa crinière se hérisse, ses yeux étincellent : sa tête se redresse, sa douleur éclate avec fureur ; transporté de rage, tantôt il s'élance d'un bout de sa cage à l'autre, tantôt il en mord les barreaux pour les briser ; quelquefois il considère d'un œil consterné le corps mort de son tendre ami, et pousse des rugissemens épouvantables ; il étoit si terrible, qu'il faisoit sauter par ses coups de larges morceaux du plancher : on voulut écarter de lui l'objet de sa profonde douleur, mais ce fut inutilement, et il garda le petit chien avec grand soin ; il ne mangeoit pas même ce qu'on lui donnoit pour calmer ses transports furieux. Le maître alors jeta des chiens vivans dans sa cage ; il les mit en pièces ; enfin il se coucha, et mit sur son sein le corps de son ami, seul et unique compagnon qu'il eût sur la terre ; il resta dans cette situation pendant cinq jours, sans vouloir prendre de nourriture ; rien ne put modérer l'excès de sa tristesse : il languit et tomba dans une si grande foiblesse, qu'il en mourut : on le trouva la tête affectueusement penchée sur le corps de l'épagneul. Le maître pleura la mort de ces deux inséparables amis, et les fit mettre dans une même fosse. L'histoire nous présente-t-elle un exemple d'amitié plus parfaite ? Quel modèle à proposer ! il est la honte de ces hommes, dont le seul intérêt forme et rompt les liens qui les unissent.

Trait de générosité.

Le célèbre Maupertuis, qui accompagnoit le roi de Prusse à la guerre, fut fait prisonnier à la bataille de Malwitz, et conduit à Vienne. Le grand duc de Toscane, depuis empereur, vouloit voir un homme qui avoit une si grande réputation ; il le traita avec estime, et lui demanda s'il ne regrettoit pas quelqu'un des effets que les hussards lui avoient enlevés. Maupertuis, après s'être long-temps fait presser, avoua qu'il auroit voulu sauver une excellente montre de Grehan, dont il se servoit pour ses observations astronomiques. Le grand duc, qui en avoit une du même horloger, mais enrichie de diamans, dit au mathématicien français : c'est une plaisanterie que les hussards ont voulu faire ; ils m'ont rapporté votre montre ; la voilà, je vous la rends.

(*Année littéraire.*)

Trait de justice.

L'empereur se promenant seul dans les rues de Vienne, vêtu comme un simple particulier, rencontra une jeune personne tout éplorée, qui portoit un paquet sous son bras. — Qu'avez-vous, lui dit-il affectueusement ? que portez-vous ? où allez-vous ? ne pourrois-je calmer votre douleur ? — Je porte des hardes de ma malheureuse mère, répondit la jeune personne au prince, qui lui étoit inconnu, je vais les vendre ; c'est, ajouta-t-elle d'une voix entrecoupée, notre dernière ressource. Ah ! si mon père, qui versa tant de fois son sang pour la patrie, vivoit encore, ou s'il avoit obtenu la récompense due à ses services, vous ne me verriez pas dans cet état. Si l'empereur, répondit le monarque attendri, avoit connu vos malheurs, il les auroit adoucis, vous auriez dû lui présenter un mémoire, et employer quelqu'un qui lui eût exposé vos besoins. — Je l'ai fait, répliqua-t-elle, mais inutilement; le seigneur à qui je m'étois adressée, m'a dit qu'il n'avoit jamais pu rien obtenir. — On vous a déguisé la vérité, ajouta le prince, en dissimulant la peine qu'un tel aveu lui faisoit; je puis vous assurer qu'on ne lui aura pas dit un mot de votre situation, et qu'il aime trop la justice pour laisser périr la veuve et la fille d'un officier qui l'a bien servi : faites un mémoire, apportez-le moi demain au château, en tel endroit, à telle heure; si tout ce que vous dites est vrai, je vous ferai parler à l'empereur, et vous en obtiendrez justice. La jeune personne, en essuyant ses pleurs, prodiguoit des remercimens à l'inconnu, lorsqu'il ajouta : Il ne faut cependant pas vendre les hardes de votre mère; combien comptiez-vous en avoir? — Six ducats, dit-elle. — Permettez que je vous en prête douze, jusqu'à ce que nous ayons vu le succès de nos soins. A ces mots, la jeune fille vole chez elle, remet à sa mère les douze ducats avec les hardes, et lui fait part des espérances qu'un seigneur inconnu vient de lui donner, elle le dépeint, et des parens qui l'écoutoient reconnoissent l'Empereur dans tout ce qu'elle en dit. Désespérée d'avoir parlé si librement, elle ne peut se résoudre à aller le lendemain au château; ses parens l'y entraînent; elle y arrive tremblante, voit son souverain dans son bienfaiteur, et s'évanouit. Cependant le prince, qui avoit demandé la veille le nom de son père et celui du régiment dans lequel il avoit servi, avoit pris des informations, et avoit trouvé que tout ce qu'elle lui avoit dit étoit vrai. Lorsqu'elle eut repris ses sens, l'Empereur la fit entrer avec ses parens dans son cabinet, et lui dit de la manière la plus obligeante : Voilà, mademoiselle, pour madame votre mère, le brevet d'une pension égale aux appointemens qu'avoit monsieur votre père, dont la moitié sera reversible sur vous, si vous avez le malheur de la perdre; je suis fâché de n'avoir pas appris plutôt votre situation, j'aurois adouci votre sort. Depuis cette époque, ce prince a fixé un jour par semaine, où tout le monde est admis à son audience.

ANECDOTE

Sur les effets de l'éloquence de Massillon.

Massillon dut moins à des syllogismes, qu'à des mouvemens, les prodiges que l'antiquité doit envier à l'éloquence moderne. Lorsqu'il peint le petit nombre des élus, un frémissement agite ses nombreux auditeurs; la crainte resserre leur cœur, décolore leur visage, défigure leurs traits; un saisissement de frayeur s'empare de plus de trois mille hommes, qui se lèvent tous par un mouvement involontaire. Cette anecdote a été transcrite dans presque tous les ouvrages modernes qui traitent de l'éloquence; mais il est un trait qui ne fait pas moins d'honneur à Massillon, et qui n'est pas assez connu.

Le fameux Rollin conduit les pensionnaires du collége de Beauvais à S. Leu, où l'orateur devoit prêcher sur la *Sainteté du Chrétien;* ces enfans, en écoutant ce nouveau Chrysostôme, les yeux tantôt baissés, tantôt fixés sur le ministre de la divine parole, oublient la légèreté que semble excuser leur âge, parce qu'elle le caractérise; ils retournent à leur école, dans un silence profond, qui étonne et inquiète tous les passans: plusieurs de ces élèves se condamnent à des mortifications dont on est obligé de mitiger la rigueur. — Si Massillon n'eût parlé qu'à leur esprit, auroit-il fait cette impression sur leurs cœurs?

La probité récompensée.

Perrin avoit reçu le jour en Bretagne dans un village auprès de Vitré. Né pauvre, et ayant perdu son père et sa mère avant de pouvoir en bégayer les noms, il dut sa subsistance à la charité publique; il apprit à lire et à écrire, son éducation ne s'étendit pas plus loin. A l'âge de quinze ans, il servit dans une petite ferme, où on lui confia le soin des troupeaux. Lucette, une jeune paysanne du voisinage, fut dans le même temps chargée de ceux de son père; elle les conduisoit dans des pâturages, où elle voyoit souvent Perrin, qui lui rendoit tous les petits services qu'on peut rendre à son âge et dans sa situation. L'habitude de se voir, leurs occupations, leur bonté mutuelle, leurs soins officieux, les attachèrent l'un à l'autre. Perrin se proposa de demander Lucette en mariage à son père. Lucette y consentit, mais elle ne voulut pas être présente à cette visite. Elle devoit aller le lendemain à la ville; elle pria Perrin de choisir cet instant, et de venir le soir au-devant d'elle, pour lui apprendre comment il auroit été reçu.

Le jeune homme, au temps marqué, vola chez le père de Lucette, et lui déclara avec franchise qu'il aimoit sa fille, et qu'il voudroit bien l'épouser. Tu aimes ma fille? interrompit brusquement le vieillard: tu voudrois l'épouser! Y songes-tu, Perrin? comment feras-tu? as-tu des habits à lui donner, une maison pour la recevoir, et du bien pour la nourrir? Tu sers; tu n'as rien; Lucette n'est pas assez riche pour fournir à ton entretien et au sien. Perrin, ce n'est pas ainsi qu'on se met en ménage. — J'ai des bras, je suis fort, on ne manque jamais de travail, quand on l'aime; et que ne ferai-je pas quand il s'agira de soutenir Lucette! jusqu'à présent j'ai gagné cent écus tous les ans, j'en ai amassé vingt, ils feront les frais de la noce : j'en travaillerai davantage, mes épargnes augmenteront, je pourrai prendre une petite ferme : les plus riches habitans de notre village ont commencé comme moi ; pourquoi ne réussirois-je pas comme eux ? — Eh bien, tu es jeune, tu peux attendre encore, deviens riche, et ma fille est à toi ; mais jusqu'à ce moment, ne m'en parle pas.

Perrin ne put obtenir d'autre réponse ; il courut chercher Lucette, il la rencontra bientôt : il étoit triste : elle lut sur son visage la nouvelle qu'il venoit lui annoncer. -- Mon père t'a donc refusé ? — Ah ! Lucette, que je suis malheureux d'être né si pauvre ! mais je n'ai pas perdu toute espérance, ma situation peut changer : ton mari n'auroit rien épargné pour te procurer de l'aisance ! ferois-je moins pour devenir ton mari ? Va, nous serons unis un jour : conserve-moi toujours ton cœur, souviens-toi que tu me l'as donné.

En parlant ainsi, ils étoient toujours sur la route de Vitré ; la nuit qui s'avançoit, les pressoit de regagner leurs maisons ; ils alloient fort vite. Perrin fait un faux pas, et tombe ; en se relevant, ses mains cherchent ce qui a causé sa chute ; c'étoit un sac assez pesant ; il le ramasse ; curieux de savoir ce qu'il contient, il entre avec Lucette dans un champ où brûloient encore des racines auxquelles les laboureurs avoient mis le feu pendant le jour ; et à la clarté qu'elles répandent, il ouvre le sac, et y trouve de l'or. Que vois-je ! s'écria Lucette ; ah ! Perrin, tu es devenu riche ! — Quoi, Lucette ! je pourrois te posséder ? le ciel favorable à nos desirs, m'auroit-il envoyé de quoi satisfaire ton père, et nous rendre heureux ? Cette idée verse la joie dans leurs ames ; ils contemplent avidement leur trésor : puis après s'être regardés un moment avec tendresse, ils se mettent en chemin pour aller sur-le-champ le montrer au vieillard ; ils étoient près de sa maison, lorsque Perrin s'arrête. Nous n'attendons notre bonheur que de cet or, dit-il à Lucette, mais est-il à nous ? sans doute il appartient à quelque voyageur; la foire de Vitré vient de finir; un marchand, en retournant chez lui, l'a vraisemblablement perdu; dans ce moment où nous nous livrons à la joie, il est peut-être en proie au désespoir le plus affreux. — Ah! Perrin, ta réflexion est terrible! le malheureux gémit sans doute; pouvons-nous jouir de son bien? Le hasard nous l'a fait trouver, mais le retenir est un vol. — Tu me fais frémir!...... nous allions le porter à ton père, il nous auroit rendus heureux.... mais peut-on l'être du malheur d'autrui? Allons voir M. le recteur (c'est le noms que les Bretons donnent à leurs curés), il a toujours eu mille bontés pour moi, il m'a placé dans la ferme, et je ne dois rien faire sans le consulter.

Le recteur étoit chez lui; Perrin lui remit le sac qu'il avoit trouvé, et avoua qu'il l'avoit regardé d'abord comme un présent du ciel; il ne cacha pas son amitié pour Lucette, et l'obstacle que sa pauvreté mettoit à leur union. Le pasteur l'écoute avec bonté; il les regarde l'un et l'autre; leur procédé l'attendrit; il voit toute l'ardeur de leur tendresse, et admire la probité qui lui est encore supérieure; il applaudit à leur action : Perrin, conserve toujours les mêmes sentimens, le ciel te bénira, nous retrouverons le maître de cet or, il récompensera ta probité; j'y joindrai quelques-unes de mes épargnes; tu posséderas Lucette, je me charge d'obtenir l'aveu de son père; vous méritez d'être l'un à l'autre : si l'argent que tu déposes entre mes mains n'est point réclamé, c'est un bien qui appartient aux pauvres; tu l'es, je croirai suivre l'ordre du ciel en te le rendant, il en a déjà disposé en ta faveur.

Les deux jeunes gens se retirèrent satisfaits d'avoir fait leur devoir, et remplis des douces espérances qu'on leur donnoit. Le recteur fit crier dans sa paroisse le sac qu'on avoit perdu; il le fit ensuite afficher à Vitré et dans tous les villages voisins. Plusieurs hommes avides se présentèrent; mais aucun n'indiqua la somme, ni aucune espèce de monnoie, ni le sac qui la contenoit.

Pendant ce temps, le recteur n'oublia pas qu'il avoit promis à Perrin de s'occuper de son bonheur; il lui fit avoir une petite ferme, la monta de bestiaux et des instrumens nécessaires au labourage, et deux mois après il le maria avec Lucette. Les deux époux, au comble de leurs vœux, remercièrent avec ardeur le ciel et le recteur. Perrin étoit laborieux, Lucette s'occupoit de son ménage; ils étoient exacts à payer le propriétaire de leur ferme, ils vivoient médiocrement du surplus, et se trouvoient heureux.

L'or perdu ne fut pas réclamé pendant deux ans; le recteur ne jugea pas qu'il fallût attendre davantage, il le porta au couple vertueux qu'il avoit uni : « Mes enfans, leur dit-il, jouissez du bienfait de la Providence, et n'en abusez pas : ces douze mille livres sont actuellement sans produit, vous pouvez en faire usage; si par hasard vous en découvrez le maître, vous devez sans doute les lui rendre : faites-en un emploi qui, les changeant seulement de nature, n'en diminue point la valeur. » Perrin suivit ce conseil; il se proposa d'acquérir la ferme qu'il tenoit à bail; elle étoit à vendre; on l'estimoit un peu plus de 12,000 livres, mais en payant comptant on pouvoit espérer de l'avoir à ce prix : cet argent, qu'ils ne regardoient que comme un dépôt, ne pouvoit être mieux placé; et si le maître se retrouvoit un jour, il n'auroit pas à se plaindre.

Le recteur approuva ce projet; l'acquisition fut bientôt faite; le fermier devenu propriétaire, donna une plus grande valeur à son terrain; ses champs mieux cultivés devinrent plus fertiles : il vécut dans cette douce aisance qu'il avoit eu l'ambition de procurer à Lucette. Deux enfans bénirent successivement leur union; ils prenoient plaisir à se voir revivre dans ces tendres gages de leur amour. En revenant des champs, Perrin trouvoit sa femme qui venoit au-devant de lui et lui présentoit ses enfans; il les embrassoit l'un et l'autre, les quittoit pour serrer son épouse dans ses bras, puis revenoit encore à eux, pour les accabler tour-à-tour de caresses; l'un essuyoit la sueur dont son front étoit couvert, l'autre essayoit de le soulager du poids du hoyau qu'il portoit. Perrin sourioit de ses foibles efforts, le caressoit de nouveau, et rendoit graces au ciel, qui lui avoit donné une épouse tendre, et des enfans qui lui ressembloient.

Quelques années après, le vieux recteur mourut; Perrin et Lucette le pleurèrent; ils songeoient avec attendrissement à ce qu'ils lui devoient. Cet événement les fit réfléchir sur eux-mêmes : nous mourrons aussi, disoient-ils; notre ferme restera à nos enfans; elle n'est pas à nous : si celui à qui elle appartient revenoit, il en seroit privé pour toujours : nous emporterions le bien d'autrui au tombeau. Ils ne pouvoient soutenir cette idée; leur délicatesse leur fit écrire une déclaration, qu'ils déposèrent entre les mains du nouveau recteur, et qu'ils firent signer par les plus notables habitans du village : cette précaution qu'ils jugeoient nécessaire pour assurer une restitution à laquelle ils croyoient leurs enfans obligés, les tranquillisa.

Il y avoit dix ans qu'ils étoient établis. Perrin, après un travail pénible, revenoit un jour dîner avec son épouse; il vit passer sur la grande route deux hommes dans une voiture qui versa à quelques pas de lui; il courut porter du secours, il offrit les chevaux de sa charrue pour transporter les malles; il pria les voyageurs de venir se reposer chez lui : ils n'étoient point blessés. Ce lieu m'est bien funeste, s'écria l'un d'eux, je n'y puis passer sans éprouver des malheurs : j'y ai fait, il y a douze ans, une perte assez considérable : je revenois de la foire de Vitré, j'emportois douze mille francs en or, que j'ai perdus. Comment, lui dit Perrin qui l'écoutoit avec attention, avez-vous négligé de faire des recherches pour les trouver? — Cela ne me fut pas possible; je me rendois à Lorient, où je devois m'embarquer pour les Indes : le temps pressoit; le vaisseau prêt à mettre à la voile, ne m'auroit pas attendu; je ne pus faire des perquisitions, sans doute inutiles, qui, en retardant mon départ, m'auroient apporté un préjudice beaucoup plus grand que la perte que j'avois faite.

Ce discours fit tressaillir Perrin; il s'empresse davantage auprès du voyageur; il le conjure d'accepter l'asile qu'il lui offre. Sa maison étoit la plus prochaine et la plus propre habitation du village : on cède à ses instances; il marche le premier pour montrer le chemin; il rencontre bientôt sa femme qui, selon son usage, venoit au-devant de lui; il lui dit d'aller promptement préparer un dîner pour ses hôtes : en attendant le repas, il leur présente des rafraîchissemens, et fait tomber la conversation sur la perte dont l'un s'est plaint; il ne doute point que ce ne soit à lui qu'il doit une restitution. Il va chercher le nouveau recteur, l'informe de ce qu'il vient d'apprendre, l'invite à partager le dîner de ses hôtes, et à leur tenir compagnie. Celui-ci l'accompagne, et ne cesse d'admirer la joie que ce bon paysan a d'une découverte qui doit le ruiner.

On dîne : les voyageurs satisfaits ne savent comment reconnoître l'accueil que leur fait Perrin; ils admirent son petit ménage, son bon cœur, sa franchise, l'air ouvert de Lucette, sa candeur, son activité; ils caressent les enfans. Perrin, après le repas, leur montre sa maison, son potager, sa bergerie, ses bestiaux, les entretient de ses champs et de leur produit; tout cela vous appartient, dit-il ensuite au premier voyageur; lorsque ce que vous avez perdu est tombé entre mes mains, voyant qu'il n'étoit pas réclamé, j'en ai acheté cette ferme, dans le dessein de la remettre un jour à celui qui y a de véritables droits; elle est à vous : si j'étois mort avant de vous trouver, monsieur le recteur a un écrit qui constate votre propriété.

L'étranger surpris lit l'écrit qu'il lui remet; il regarde Perrin, Lucette et ses enfans : où suis-je, s'écrie-t-il enfin, et que viens-je d'entendre? quel procédé! quelle vertu! quelle noblesse! et dans quel état les trouvé-je! Avez-vous quelqu'autre bien que cette ferme? ajouta-t-il. Non; mais si vous ne la vendez pas, vous aurez besoin d'un fermier, et j'espère que vous me donnerez la préférence. — Votre probité mérite une autre récompense; il y a douze ans que j'ai perdu la somme que vous avez trouvée, depuis ce temps Dieu a béni mon commerce; il s'est étendu, il a prospéré; je ne me suis pas long-temps aperçu de ma perte, cette restitution aujourd'hui ne me rendroit pas plus riche : vous méritez cette petite fortune : la Providence vous en a fait présent, ce seroit l'offenser que de vous l'ôter; conservez-la, je vous la donne; vous pouvez la garder, je ne la réclamois point; quel homme eût agi comme vous!

Il déchira aussitôt l'écrit qu'il tenoit dans ses mains. Une si belle action, ajouta-t-il, ne doit point être ignorée; il n'est pas besoin de nouvel acte pour assurer ma cession, votre propriété et celle de vos enfans; je le ferai cependant écrire pour perpétuer le souvenir de vos sentimens et de votre honnêteté.

Perrin et Lucette tombèrent aux pieds du voyageur; il les releva et les embrassa. Un notaire qui fut mandé, écrivit cet acte, le plus beau qu'il eût rédigé de sa vie. Perrin versoit des larmes de tendresse et de joie. Mes enfans, s'écria-t-il, baisez la main de votre bienfaiteur; Lucette, ce bien est à nous, et nous pouvons en jouir sans trouble et sans remords.

Du courage de l'Amitié.

Deux matelots, l'un Espagnol et l'autre Français, étoient dans les fers à Alger; le premier s'appeloit Antonio, Roger étoit le nom de son compagnon d'esclavage. Le hasard voulut qu'ils fussent employés aux mêmes travaux. L'amitié est la consolation des malheureux; Antonio et Roger en éprouvèrent toutes les douceurs; ils se communiquèrent leurs peines et leurs regrets : ils parloient ensemble de leur famille, de leur patrie, de la joie qu'ils ressentiroient, si jamais ils étoient libres; ils pleuroient enfin dans le sein l'un de l'autre, et cet adoucissement leur suffisoit pour porter leurs chaînes avec plus de courage, et pour soutenir les fatigues auxquelles ils étoient condamnés.

Ils travailloient à la construction d'un chemin qui traversoit une montagne. L'Espagnol un jour s'arrête, laisse tomber languissamment ses bras, et jette un long regard sur la mer : « Mon ami, dit-il à Roger, avec un profond soupir, tous mes vœux sont au bout de cette vaste étendue d'eau : que ne puis-je la franchir avec toi? Je crois toujours voir ma femme et mes enfans qui me tendent les bras du rivage de Cadix, ou qui donnent des larmes à ma mort. » Antonio étoit absorbé dans cette image accablante; chaque fois qu'il revenoit à la montagne, il promenoit sa vue mélancolique sur cet immense espace qui le séparoit de son pays : il formoit les mêmes regrets.

Un jour il embrasse avec transport son camarade; j'aperçois un vaisseau, mon ami, tiens, regarde, ne le vois-tu pas comme moi? il n'abordera pas ici, parce qu'on évite les parages barbaresques; mais demain, si tu veux, Roger, nos maux finiront, nous serons libres. Oui, demain ce navire passera à environ deux lieues du rivage, et alors du haut de ces rochers nous nous précipiterons dans la mer, et nous atteindrons le vaisseau, ou nous périrons; la mort n'est-elle pas préférable à une cruelle servitude? Si tu peux te sauver, répond Roger, je supporterai avec plus de résignation mon malheureux sort; tu n'ignores pas, Antonio, combien tu m'es cher! cette amitié qui m'attache à toi, ne finira qu'avec ma vie; je ne te demande qu'une seule grace, mon ami; va trouver mon père..... si le chagrin de ma perte et sa vieillesse ne l'ont pas fait mourir, dis-lui..... Que j'aille trouver ton père, mon cher Roger; eh! que prétends-tu faire? me seroit-il possible d'être heureux, de vivre un seul instant, si je te laissois dans les fers?..... Mais, Antonio, je ne sais pas nager, et tu le sais, toi. — Je sais t'aimer, répart l'Espagnol, en fondant en larmes, serrant avec chaleur Roger contre sa poitrine; mes jours sont les tiens; nous nous sauverons tous deux; va, l'amitié me prêtera des forces tu te tiendras attaché à cette ceinture. — Il est inutile, Antonio, d'y penser; je ne saurois m'exposer à faire périr mon ami; l'idée seule m'inspire de l'horreur; cette ceinture m'échapperoit, ou je t'entraînerois avec moi, je serois la cause de ta perte. — Eh bien, Roger, nous.... Mais pourquoi former ces craintes, je te l'ai dit, l'amitié soutiendra mon courage, je t'aime trop pour qu'elle ne fasse pas des miracles; cesse de combattre mon dessein, je l'ai résolu; je m'aperçois que les monstres qui nous gardent nous épient, il y a de nos compagnons même qui seroient assez lâches pour nous trahir. Adieu, j'entends la cloche qui nous rappelle; il faut nous séparer; adieu, mon cher Roger, à demain.

Ils sont renfermés dans leur bagne. Antonio étoit rempli de son projet; il se voyoit déjà franchissant la Méditerranée, libre et dans le sein de ses compatriotes; il étoit dans les bras de sa femme et de ses enfans. Roger se présentoit un tableau bien différent: son ami, victime de sa générosité, emporté avec lui au fond de la mer, périssant enfin, quand peut-être, en ne s'occupant que de sa seule conservation, il eût pu se sauver et être rendu à une famille qui, selon les apparences, gémissoit et souffroit de son esclavage. Non, se disoit dans son cœur l'infortuné Français, je ne céderai point aux sollicitations d'Antonio: je ne lui causerai point la mort, pour prix de cette amitié si généreuse qu'il m'a vouée: il sera libre; mon malheureux père apprendra du moins que je vis encore, que je l'aime toujours : hélas ! je devois être l'appui de sa vieillesse, le consoler; je lui étois nécessaire : peut-être, dans ce moment, expire-t-il dans l'indigence, en desirant de voir et d'embrasser son fils...... Allons, qu'Antonio soit heureux, je mourrai avec moins de douleur.

On ne vint point le lendemain à l'heure ordinaire, tirer les esclaves de la prison : l'Espagnol étoit dévoré d'impatience, et Roger ne savoit s'il devoit se réjouir, ou s'affliger de ce contre-temps. Enfin on les rend à leurs travaux; ils ne pouvoient se parler, leur maître, ce jour-là, les avoit accompagnés. Antonio se contentoit de regarder Roger et de soupirer; quelquefois il lui montroit des yeux la mer, et ne pouvoit, à cet aspect, contenir des mouvemens qui étoient prêts à lui échapper. Le soir arrive, ils se trouvent seuls : Saisissons le moment, s'écrie l'Espagnol, en s'adressant à son compagnon, viens. — Non, mon ami, jamais je ne pourrai me résoudre à exposer ta vie; adieu, adieu, adieu..... Antonio, je t'embrasse pour la dernière fois; sauve-toi, je t'en conjure, ne perds pas de temps; souviens-toi toujours de notre tendre amitié : je te prie seulement de me rendre le service que tu m'as promis à l'égard de mon père; il doit être bien vieux, bien à plaindre; va le consoler; s'il avoit besoin de quelques secours..... mon ami.....

A ces mots, Roger tomba dans les bras d'Antonio, en versant un torrent de pleurs; son ame étoit déchirée. — Tu pleures, Roger; ce n'est pas des pleurs qu'il faut, c'est du courage; une minute, nous sommes perdus; peut-être ne retrouverons-nous jamais l'occasion; choisis; ou laisse-toi conduire, ou je me brise la tête sur ces rochers.

Le Français se jette aux genoux de l'Espagnol, veut encore lui faire des représentations, lui montrer les risques infaillibles qu'il court, s'il s'obstine à vouloir le sauver avec lui; Antonio le regarde tendrement, l'embrasse, gagne le sommet du rocher, s'élance avec lui dans la mer. Ils vont d'abord au fond, reviennent ensuite au-dessus des flots. Antonio s'arme de toutes ses forces; nage en retenant Roger, qui s'emble s'opposer aux efforts de son ami, et craindre de l'entraîner dans sa chute.

Les personnes qui étoient dans le vaisseau restoient frappées d'un spectacle qu'elles ne pouvoient distinguer : elles croyoient qu'un monstre marin s'approchoit du navire. Un nouvel objet détourne leur curiosité : on aperçoit une chaloupe qui s'empressoit de quitter le rivage, et de poursuivre avec précipitation ce qu'on avoit pris pour quelque poisson monstrueux; c'étoient les soldats préposés à la garde des esclaves, qui brûloient de reprendre Antonio et Roger. Celui-ci les voit venir, et, en même-temps, il jette les yeux sur son ami, qui commençoit à s'affoiblir; il fait un effort et se détache d'Antonio, en disant : On nous poursuit, sauve-toi, et laisse-moi périr, je retarde ta course. A peine eut-il dit ces mots, qu'il tombe au fond de la mer. Un nouveau transport d'amitié ranime l'Espagnol; il s'élance vers le Français, le reprend au moment qu'il périssoit, et tous les deux disparoissent.

La chaloupe, incertaine de quel côté poursuivre sa route, s'étoit arrêtée; tandis qu'une barque détachée du navire, alloit reconnoître ce qu'ils n'avoient fait qu'entrevoir; les flots recommencent à s'agiter; on distingue enfin deux hommes, dont l'un, qui tenoit l'autre embrassé, s'efforçoit de nager vers la barque. On fait force de rames pour voler à leur secours. Antonio est prêt à laisser échapper Roger; il entend qu'on lui crie de cette barque, il serre son ami, fait de nouveaux efforts, et saisit d'une main défaillante un des bords de la barque. Il est prêt à retomber, on les retient tous deux : les forces d'Antonio étoient épuisées, il n'a que le temps de s'écrier : Qu'on porte du secours à mon ami, je me meurs; et toutes les horreurs de la mort se répandent sur son visage. Roger, qui étoit évanoui, ouvre les yeux, lève la tête, et voit Antonio étendu à ses côtés, et ne donnant plus aucun signe de vie ; il s'élance sur son corps, l'embrasse, l'inonde de ses larmes, pousse mille cris : Mon ami, mon bienfaiteur, c'est moi qui suis ton assassin ! mon cher Antonio, tu ne m'entends plus ; c'est donc là la récompense de m'avoir sauvé la vie? Ah! qu'on se hâte de me l'ôter, cette vie malheureuse, je ne puis plus la supporter, j'ai perdu mon ami.

Roger veut se poignarder ; on lui arrache une épée dont il s'étoit saisi ; il apprend au milieu des sanglots, les détails de son aventure aux gens de la barque, il retomboit toujours sur le corps d'Antonio ; ne m'empêchez point de mourir : oui, mon ami, je vais te suivre, ajoutoit-il, en couvrant le corps pâle de ses baisers et de ses larmes. Ayez pitié de moi, au nom de Dieu, laissez-moi mourir.

Le ciel qui sans doute est touché des larmes des hommes, lorsqu'elles sont sincères, semble donner une marque signalée de sa bonté en faveur d'un sentiment si rare. Antonio jette un soupir, Roger pousse un cri de joie ; on se réunit à lui pour donner du secours au malheureux Espagnol ; enfin il lève un œil mourant ; ses premiers regards cherchent à se fixer sur le Français ; à peine l'a-t-il aperçu, qu'il s'écrie : J'ai pu sauver mon cher Roger !

La barque arrive au vaisseau, ces deux hommes inspirent une sorte de respect à l'équipage, tant la vertu a des droits sur tous les cœurs ! ils excitent un intérêt puissant ; tous se disputent le plaisir de les obliger. Roger arrivé en France court dans les bras de son père, qui pensa expirer d'un excès de joie, et il fut nommé gondolier de Versailles. L'Espagnol à qui on avoit offert un poste très-avantageux pour un homme de son état, aima mieux rejoindre sa femme et ses enfans : mais l'absence ne diminua rien de son amitié ; il demeura en correspondance de lettres avec Roger. Ces lettres sont des chefs-d'œuvres de naïveté et de sentiment ; on pourra un jour les rendre publiques, pour l'honneur d'un sentiment qui a produit tant d'actions héroïques.

LETTRE DE M. LE COMTE DE T***,

Concernant la famille des Fleuriot, connus en Lorraine sous le nom de Valdajou.

A une lieue et demie de Plombières, et dans la partie des Vosges qui touche à la Franche-Comté, un vallon assez spacieux, formé par plusieurs gorges réunies, montre un aspect riant, où l'on reconnoît une culture assidue et dirigée avec industrie.

Une seule famille partagée en quatre ou cinq habitations, élevée dans les mêmes principes, reconnoissant un chef dans le plus ancien et le plus éclairé de ses membres, s'occupe sans cesse du bien public, de l'éducation de ses enfans, du soulagement des malheureux, et de l'agriculture.

Cette famille, dont le nom est Fleuriot, est plus connue encore sous celui de Valdajou, nom que porte le pays et le hameau qu'elle habite.

Depuis très-long-temps les chefs de cette famille ont exercé principalement la partie de chirurgie qui sert à réparer les fractures et les luxations des os. Leurs succès continuels leur ont mérité la réputation d'habileté; une grande piété, une charité immense leur ont bien justement acquis celle de gens vertueux.

Une modestie singulière, une tendresse vraiment fraternelle règnent dans cette heureuse famille, qui est maintenant assez nombreuse et assez éloignée de sa souche commune, pour ne plus contracter d'alliances étrangères.

Le feu duc Léopold, touché des vertus constantes des Fleuriot, et reconnoissant que dans tous leurs actes ils avoient sans cesse mérité la couronne civique, et avoient prouvé la noblesse de leur ame par leurs bienfaits et leur désintéressement, Léopold voulut les ennoblir.

Les familles s'assemblèrent, et les chefs d'une voix unanime, remercièrent leur souverain de la grace qu'il vouloit leur faire, et se dispensèrent de l'accepter... Nos enfans, disent-ils, dans leur réponse, également sage et soumise, nos enfans ne penseront peut-être pas comme nous : enivrés de leur noblesse, ils se dispenseront de servir les pauvres ; ils dédaigneront de cultiver nos héritages ; la bénédiction de Dieu de ne se répandra plus sur leurs travaux ; ils se désuniront, ils cesseront d'être heureux : ils refusèrent donc les lettres de noblesse qu'on leur offroit, et celle de leur ame n'a jamais dégénéré.

Les succès presque prodigieux des cures opérées par les Fleuriot ont souvent excité l'envie et la jalousie de leurs voisins.

La première fois que j'allai à Plombières je m'informai particulièrement de cette famille. Je commandois alors dans cette partie de la Lorraine : il me fut aisé d'approfondir les détails que je voulois connoître.

Les uns me parlèrent des Fleuriot avec autant d'amour que d'admiration ; un très-petit nombre de gens que je croyois devoir être les plus éclairés, voulut jeter un vernis de superstition et d'ignorance sur la manière avec laquelle les Fleuriot en usoient dans leurs opérations. Je crus cependant les rapports qui leur étoient les plus favorables ; je me fis un honneur et un devoir d'examiner les faits par moi-même, pour me mettre en droit de les dévoiler.

Une étude assez suivie que j'ai faite dès ma jeunesse de l'anatomie, me mettoit à portée de distinguer la science réelle d'avec le prestige.

Je fus au Valdajou, sans faire annoncer mon arrivée : un habit uni, un seul domestique qui me suivoit, rien ne leur annonca que l'abord d'un étranger, arrivé par hasard au milieu de leurs habitations.

Tout m'édifia, tout m'attendrit en entrant dans

une de leurs premières maisons; je me refuse avec peine au plaisir de décrire la propreté et l'ordre qui y régnoient, l'honnêteté de ceux qui l'habitoient; j'y reconnus tous les traits les plus simples et les plus touchans de la véritable hospitalité. Mon but étoit de connoître le degré d'instruction où les plus habiles étoient parvenus dans un art fondé sur une science exacte et réelle. Après m'être rafraîchi, et avoir admiré tout ce qui étoit du ressort de l'économie rurale et du gouvernement intérieur de la famille, je demandai s'ils avoient quelques livres. Ils me dirent que leurs livres étoient assemblés dans une maison peu distante qu'occupoit un des anciens chefs de la famille. Ils m'y conduisirent; j'y fus reçu par un homme âgé, respectable, et qui, sous un air rustique, me montra des mœurs douces et polies. Il me fut facile d'entrer en matière avec lui; je lui demandai quels principes de son art il avoit étudiés. Il me répondit : les bons livres, la nature et l'expérience ont été les seuls maîtres de mes pères; je n'en ai pas eu d'autres, et cette tradition passera à mes enfans. Il m'ouvrit alors un grand cabinet simplement orné, mais riche par ce qu'il contenoit. J'y trouvai les meilleurs livres de chirurgie, anciens et modernes, qui soient connus, j'y trouvai des squelettes d'hommes et de femmes, de quatre ou cinq âges différens; des squelettes démontés, dont les pièces confondues ensemble, pouvoient être rejointes et remontées par une main experte; j'y trouvai des mannequins artistement faits, qui offroient une miologie complète.

C'est ici, me dit-il, que nous nous formons à la science nécessaire pour soulager nos frères; nous apprenons en même temps à nos enfans à lire et à connoître ce qu'ils disent. Ceux qui ont de la disposition connoissent ces os, ces muscles avant l'âge de dix ans; ils savent les démonter et replacer chaque pièce. Voici une grande armoire où toutes les espèces de bandages et des ligatures propres aux différentes parties, sont étiquetées, et où leur usage est défini. Nous leur apprenons de bonne heure à appliquer la pratique à la théorie : la plupart de ces chèvres que vous voyez, nos chiens mêmes en sont souvent les victimes : l'espèce de cruauté que nous exerçons sur ces animaux, en éteint le germe dans le cœur de nos enfans, que nous excitons à devenir sensibles à leurs plaintes, et à les soulager; bientôt ils apprennent à les guérir. Voilà toutes les leçons que j'ai reçues, celles que nous donnons à nos enfans, et la bénédiction de Dieu se répand sur nos soins.

Je ne puis exprimer le respect et l'attendrissement dont je me sentis saisi : j'embrassai ce vertueux vieillard; je me fis connoître, et je le priai de me dire si je pouvois lui être utile, à lui ou à quelqu'un de sa famille.

Il étendit la main vers les habitations, les champs et les jardins qui les entouroient : Ce que vous voyez, me dit-il, suffit à nos besoins; la providence a béni nos soins, et nous avons même de quoi soulager les malheureux; ce qu'on nous offriroit au-delà de nos petits frais nécessaires, nous seroit inutile; il nous deviendroit peut-être nuisible, en excitant la cupidité dans nos enfans. » Mais, Monsieur, ajouta-t-il, vous avez le bonheur d'être grand officier de Stanislas, notre cher et auguste souverain; daignez lui dire que toutes nos familles élèvent leurs vœux au ciel pour la conservation de ses jours précieux, et que les Fleuriot ne cesseront jamais de travailler à se rendre utiles aux malheureux, pour mériter d'être comptés dans le nombre des meilleurs sujets du plus bienfaisant de tous les souverains.

Oraison funèbre d'un Paysan.

Ce ne sont pas ces grands surchargés d'honneurs et de titres; ce ne sont pas ces riches qui, fiers de leur opulence, ont insolemment abusé de la situation des hommes honnêtes et pauvres, qu'ils ont lâchement fait servir au monstrueux accroissement de leur fortune; ce ne sont point ces ingrats heureux, qui, éblouis par leurs propres succès, ont impunément offensé, méconnu, violé les droits de l'amitié; ce ne sont point ces êtres importuns, incommodes, tyrans, qui laissent à leur mort le plus grand vide dans la société, et les regrets les plus cuisans à effacer; ce sont ces ames paisibles, tendres, douces, honnêtes, qui savent obliger sans faire valoir leurs services; ces hommes officieux qui savent obliger sans avilir le plus noble des sentimens par la plus lâche des passions, l'intérêt; ce sont ces hommes utiles, par qui les autres existent, et qu'on dédaigne, qui méritent à leur mort les regrets des cœurs sensibles; et tel fut celui qui fixoit l'attention publique dans le village où je me trouvois par hasard il y a quelques jours. Je fus fort étonné de voir tous les habitans de ce village, les yeux baignés de larmes, l'air triste et consterné, entrer silencieusement dans l'église. Ce spectacle me frappa, je les suivis. Je vis au milieu d'un temple lugubre, le cadavre d'un vieillard habillé en paysan, dont les cheveux blancs et l'air encore respectable annonçoient la candeur. Quand tous les assistans furent placés, le ministre du lieu monta en chaire, et prononça cette courte oraison funèbre, que je gravai dans ma mémoire.

« Mes chers concitoyens, l'homme que vous voyez n'étoit rien moins que riche, et cependant il a été pendant près de quatre-vingt-dix années le bienfaiteur de ses semblables : il étoit fils d'un laboureur; dans sa plus tendre jeunesse, ses foibles mains s'essayèrent à conduire la charrue : ses jambes n'eurent pas plutôt acquis la force nécessaire, qu'on le vit suivre son père dans les sillons qu'il traçoit. Aussitôt que son corps eut pris son développement, et qu'il put se flatter d'être assez instruit, il se chargea du travail de son père, afin que celui-ci se reposât. Depuis ce jour, le soleil l'a toujours trouvé dans les champs ou dans les jardins, occupé à labourer, ou à semer, ou à planter, ou à voir recueillir aux autres la récompense de son industrie. Il a défriché pour les autres, plus de deux mille arpens d'un terrain ingrat, qui paroissoit voué à la stérilité, qui rapporte maintenant, et sans lui, continuera de rapporter dorénavant, parce qu'il l'a mis en valeur. C'est lui qui a planté la vigne qu'on voit avec tant de surprise dans ce canton; c'est lui qui a planté ces arbres fruitiers qui ornent et enrichissent ce village. Ce ne fut pas par avarice qu'il fut infatigable, je vous l'ai dit : ce n'étoit pas pour lui qu'il semoit et qu'il labouroit, c'étoit par amour pour le travail et pour obliger les hommes, même ceux qui le désobligeoient, qu'il ne cessa de travailler. Il avoit deux principes dont il ne se départit jamais : le premier, que l'homme est fait pour travailler; le second, que Dieu bénit le travail de l'homme, ne fût ce que par l'intérieure satisfaction de l'homme voué au travail. Il se maria vers la fin du printemps de son âge : il eut une femme qu'il aima plus que lui-même, des enfans qu'il chérit autant que son épouse : son sort ni sa situation gênée ne l'inquiétoient point; c'étoit le sort de sa femme et de vingt enfans; il les éleva au travail et à la vertu, et eut soin, à mesure qu'ils sortoient de l'adolescence, de les marier à des femmes honnêtes et laborieuses; c'étoit lui qui, la joie peinte sur le front, les conduisoit aux pieds des autels. Tous ses petits-fils ont été élevés sur les genoux de leur grand-père, et vous savez, chers auditeurs, qu'il n'est aucun d'eux qui ne donne les plus belles espérances. Les jours de réjouissances, il étoit le premier à faire annoncer le moment des divertissemens, et sa voix, ses gestes, ses regards respiroient, inspiroient la gaîté. Vous vous souvenez tous de sa candeur, du bon sens et du jugement qui caractérisoient ses propos : il aimoit l'ordre par un sentiment intérieur; il ne refusoit ses services à personne; il s'affectoit des calamités publiques, des malheurs particuliers, il aimoit sa patrie, et son cœur ne cessoit de faire des souhaits pour sa prospérité; il haïssoit les méchans, et vivoit avec eux comme s'ils eussent été gens de bien; ils le trompoient, il ne l'ignoroit pas, et leur laissoit l'avilissante satisfaction de croire qu'il ne s'apercevoit pas qu'on abusoit indignement de sa bonne foi; ils le trompoient encore, il gardoit le silence, et restoit en apparence aussi paisible qu'il le pouvoit. Ce fut ainsi que, déçu dans ses espérances, il parvint à la vieillesse; ses jambes trembloient sous le poids de son corps; il gravissoit les montagnes pour conduire ses petits-fils et leur donner des instructions, d'après sa longue expérience. Sa mémoire le servoit fidèlement, et il se rappeloit à propos les observations utiles qu'il avoit eu occasion de faire pendant le cours de sa longue vie. Il étoit l'arbitre des gens de bien; sa probité ne fut jamais suspectée même par ceux qu'il condamnoit. La veille de sa mort, il rassembla sa postérité, et dit : Mes enfans, je vais me réunir à celui qui est la source de tout bien, je l'aurai perpétuellement; je meurs sans chagrin et sans regret. Que mon enterrement ne vous occupe pas; ne vous détournez pas des travaux plus pressans; continuez les opérations de la journée, et portez-moi en terre après le coucher du soleil.

« Mes chers auditeurs, mes amis, mes enfans, dit le pasteur en terminant cette oraison funèbre, avant de confier à la terre les cheveux blancs qui ont été si long-temps l'objet de votre juste vénération, considérez la dureté de ses mains, considérez les marques honorables de son travail. » Alors le ministre descendant de la chaire, souleva une des mains du cadavre, et cette main, d'un volume considérable, sembloit invulnérable à la pointe des ronces ou au tranchant du caillou; il la baisa respectueusement, et toute l'assemblée en fit autant. Des enfans le portèrent en terre, étendu sur trois bottes de paille, et l'on plaça sur sa tombe un plantoir, une bêche et un soc. »

Jeannot et Colin.

Toutes les grandeurs de ce monde ne valent pas un bon ami.

Jeannot et Colin apprenoient à lire chez le magister du même village; Jeannot étoit fils d'un marchand de mulets, et Colin devoit le jour à un brave laboureur. Ces deux jeunes enfans s'aimoient beaucoup; et ils avoient ensemble les petites familiarités dont on se ressouvient toujours avec agrément quand on se rencontre ensuite dans le monde.

Le temps de leurs études étoit sur le point de finir, quand un tailleur apporta à Jeannot un habit de velours à trois couleurs, avec une veste de Lyon de fort bon goût; le tout étoit accompagné d'une lettre à monsieur de la Jeannotière. Colin admira l'habit, et ne fut point jaloux; mais Jeannot prit un air de supériorité qui affligea Colin. Dès ce moment, Jeannot n'étudia plus, se regarda au miroir, et méprisa tout le monde. Quelque temps après, un valet de chambre arrive en poste, et apporte une seconde lettre à monsieur le marquis de la Jeannotière; c'étoit un ordre de monsieur son père, de faire venir monsieur son fils à Paris. Jeannot monta en chaise en tendant la main à Colin, avec un sourire de protection assez noble. Colin sentit son néant, et pleura; Jeannot partit dans toute la pompe de sa gloire.

Il faut savoir que monsieur Jeannot père, à force d'intrigues, avoit acquis assez rapidement des biens immenses dans les entreprises; bientôt on ne l'appela que monsieur de la Jeannotière; il y avoit même déjà six mois qu'il avoit acheté un marquisat, lorsqu'il retira de l'école monsieur le marquis son fils, pour le mettre à Paris dans le beau monde.

Colin, toujours tendre, écrivit une lettre de compliment à son ancien camarade : le petit marquis ne lui fit point de réponse; Colin en fut malade de douleur.

Monsieur de la Jeannotière vouloit donner une éducation brillante à son fils; mais madame la marquise ne voulut pas qu'il apprît le latin, parce qu'on ne jouoit la comédie et l'opéra qu'en français : elle empêcha aussi qu'on ne lui apprît la géographie, parce que, disoit-elle, les postillons sauront bien trouver, sans qu'il s'en embarrasse, le chemin de ses terres. Après avoir examiné de cette manière toutes les sciences utiles, il fut décidé que le jeune marquis apprendroit à danser.

On imagine bien qu'éloigné de toutes les études qui doivent occuper un jeune homme, il fut bientôt conduit par l'oisiveté dans le libertinage. Il dépensa des sommes immenses à rechercher de faux plaisirs, pendant que ses parens s'épuisoient encore davantage à vivre en grands seigneurs.

Une jeune veuve de qualité, qui n'avoit qu'une fortune médiocre, voulut bien se résoudre à mettre en sûreté les grands biens de monsieur et de madame de la Jeannotière, en se les appropriant, et en épousant le jeune marquis. Une vieille voisine proposa le mariage. Les parens, éblouis de la splendeur de cette alliance, acceptèrent avec joie la proposition. Tout étoit déjà prêt pour les noces; et le jeune marquis, aux genoux de sa belle, recevoit déjà les complimens de leurs amis communs, lorsqu'un valet-de-chambre de sa mère arriva tout effaré. Voici bien d'autres nouvelles, dit-il, des huissiers déménagent la maison de Monsieur et de Madame; tout est saisi par des créanciers : on parle de prise-de-corps, et je vais faire mes diligences pour être payé de mes gages. Voyons un peu, disoit le marquis, ce que c'est que ça. Oui, dit la veuve, allez punir ces coquins; allez vîte. Il y court; il arrive à la maison; son père étoit déjà emprisonné; tous les domestiques avoient fui chacun de son côté, en emportant tout ce qu'ils avoient pu : sa mère étoit seule, sans secours, sans consolation, noyée dans les larmes; il ne lui restoit rien que le souvenir de sa fortune et de ses folles dépenses.

Après que le fils eut long-temps pleuré avec sa mère, il lui dit enfin : ne nous désespérons pas, cette jeune veuve m'aime éperduement : elle est plus généreuse encore que riche; je réponds d'elle, je vais la chercher, et je vous l'amène. Il retourne donc chez sa maîtresse. Quoi! c'est vous, lui dit-elle, monsieur de la Jeannotière! que venez-vous faire ici? abandonne-t-on ainsi sa mère? Allez chez cette pauvre femme, et dites-lui que je lui veux toujours du bien : j'ai besoin d'une femme-de-chambre, je lui donnerai la préférence.

Le marquis stupéfait, la rage dans le cœur, alla chez ceux qu'il avoit vu venir le plus familièrement dans la maison de son père; ils le reçurent tous avec une politesse étudiée, et en ne lui donnant que de vagues espérances. Il apprit mieux à connoître le monde dans une demi-journée, que dans tout le reste de sa vie.

Comme il étoit plongé dans l'accablement du désespoir, il vit avancer une chaise roulante à l'antique, espèce de tombereau couvert avec des rideaux de cuir, suivi de quatre charrettes énormes, toutes chargées. Il y avoit dans la chaise un jeune homme grossièrement vêtu; c'étoit un visage rond et frais, qui respiroit la douceur et la gaieté : sa petite femme, brune et assez grossièrement agréable, étoit cahotée à côté de lui. La voiture n'alloit pas comme le char d'un petit-maître. Le voyageur eut tout le temps de contempler le marquis immobile, abîmé dans sa douleur. Eh, mon Dieu ! s'écria-t-il, je crois que c'est là Jeannot. A ce nom, le marquis lève les yeux ; la voiture s'arrête. C'est Jeannot lui-même, c'est Jeannot. Le petit homme rebondi ne fit qu'un saut, et court embrasser son ancien camarade. Jeannot reconnut Colin : la honte et les pleurs couvrirent son visage. Tu m'as abandonné, lui dit Colin ; mais tu as beau être grand seigneur, je t'aimerai toujours. Jeannot, confus et attendri, lui conta en sanglotant une partie de son histoire. Viens dans l'hôtellerie où je loge, me conter le reste, lui dit Colin : embrasse ma petite femme, et allons dîner ensemble.

Ils vont tous trois à pied, suivis du bagage..... Qu'est-ce donc que tout cet attirail?..... vous appartient-il? — Oui, tout est à moi et à ma femme ; nous arrivons du pays, je suis à la tête d'une bonne manufacture de fer étamé et de cuivre ; j'ai épousé la fille d'un riche négociant en ustensiles nécessaires aux grands et aux petits : nous travaillons beaucoup, Dieu nous bénit, nous n'avons pas changé d'état, nous sommes heureux, nous aiderons notre ami Jeannot. Ne sois plus marquis : toutes les grandeurs de ce monde ne valent pas un bon ami. Tu reviendras avec moi au pays ; je t'apprendrai le métier, il n'est pas bien difficile ; je te mettrai de part, et nous vivrons gaiement dans le coin de la terre où nous sommes nés.

Jeannot, éperdu, se sentoit partagé entre la douleur et la joie, la tendresse et la honte, et il se disoit tout bas : Tous mes amis du bel air m'ont trahi, et Colin, que j'ai méprisé, vient seul à mon secours : quelle instruction ! La bonté d'ame de Colin développa dans le cœur de Jeannot le germe d'un bon naturel, que le monde n'avoit pas encore étouffé : il sentit qu'il ne pouvoit abandonner son père et sa mère. Nous aurons soin de ta mère, dit Colin ; et quant à ton bonhomme de père qui est en prison, j'entends un peu les affaires, et je me charge des siennes. Il vint effectivement à bout de le tirer des mains de ses créanciers. Jeannot retourna dans sa patrie avec ses parens, qui reprirent leur première profession : il épousa une sœur de Colin, laquelle étant de même humeur que le frère, le rendit très-heureux : et Jeannot le père, et Jeannote la mère, et Jeannot le fils virent que le bonheur n'est pas dans la vanité.

Trait consolant pour l'humanité.

Un jeune aspirant à l'état ecclésiastique, né pauvre et sans moyens, obligé de faire un voyage qui devoit décider de son sort, et ne sachant comment l'entreprendre, crut devoir s'adresser à l'administration de l'hôpital de Poitiers : il pensoit peut-être que les hôpitaux étant destinés au soulagement de tous ceux qui souffrent, les administrateurs, par leur économie, peuvent chercher à se mettre en état de faire du bien indistinctement, lorsque l'occasion s'en présente, parce que c'est toujours remplir le but de leur établissement. Comme cet infortuné exposoit ses besoins à l'un des administrateurs, il entendit la voix d'un soldat malade et languissant, dans un lit voisin, qui lui dit : Monsieur l'abbé, j'ai vingt-une livres, en voilà dix-huit qui peuvent vous aider; si je guéris, je trouverai bien le moyen de rejoindre mon régiment; un peu de malaise est bientôt passé, et le bien que l'on fait donne de la force et du courage. Il est bien fâcheux que l'on n'ait pas conservé le nom de ce soldat. C'est dans la classe obscure des citoyens que l'on trouve le plus souvent des cœurs sensibles; et dans ceux-là la bienfaisance est peut-être la plus touchante et la plus respectable.

L'Enfant gâté.

Une dame d'esprit avoit un fils, et craignoit si fort de le rendre malade en le contredisant, qu'il étoit devenu un petit tyran, et entroit en fureur à la moindre résistance qu'on osoit faire à ses volontés les plus bizarres. Le mari de cette dame, ses parens, ses amis lui représentoient qu'elle perdoit ce fils chéri : tout étoit inutile. Un jour qu'elle étoit dans sa chambre, elle entendit son fils qui pleuroit dans la cour : il s'égratignoit le visage de rage, parce qu'un domestique lui refusoit une chose qu'il vouloit. Vous êtes bien impertinent, dit-elle à ce valet, de ne pas donner à cet enfant ce qu'il vous demande; obéissez-lui tout-à-l'heure. Par ma foi, madame, répondit le valet, il pourroit crier jusqu'à demain, qu'il ne l'auroit pas. A ces mots, la dame devint furieuse et prête à tomber en convulsions; elle court, et passant dans une salle où étoit son mari avec quelques-uns de ses amis, elle le prie de la suivre et de mettre dehors l'impudent qui lui résiste. Le mari, qui étoit ausssi foible pour sa femme, qu'elle l'étoit pour son fils, la suit en levant les épaules, et la compagnie se met à la fenêtre, pour voir de quoi il étoit question. Insolent, dit-il au valet, comment avez-vous la hardiesse de désobéir à Madame, en refusant à l'enfant ce qu'il vous demande. — En vérité, monsieur, dit le valet, madame n'a qu'à le lui donner elle-même; il y a un quart-d'heure qu'il a vu la lune dans un sceau d'eau, et il veut que je la lui donne. A ces paroles, la compagnie et le mari ne purent retenir de grands éclats de rire; la dame elle-même, malgré sa colère, ne put s'empêcher de rire aussi, et fut si honteuse de cette scène, qu'elle se corrigea, et parvint à faire un aimable enfant de ce petit être maussade et volontaire. Bien des mères auroient besoin d'une pareille aventure.

La passion du Jeu.

On m'a montré quelqu'un dont la physionomie, quoique altérée, annonçoit un grand caractère. Celui qui me le fit remarquer, m'en parla dans ces termes : « Regardez bien, me dit-il, vous avez sous les yeux un phénomène de force et de foiblesse; cet homme, qui se survit à lui-même, a cultivé jusqu'à trente ans, avec le plus grand succès, les sciences et les lettres; un pas de plus, il en doubloit les bornes. Etant tombé dans un cercle de joueurs, il y prit le goût du jeu, qui bientôt se convertit en rage : malgré mes prières et mes larmes, il perdit en peu de temps tout ce qu'il possédoit.

Comme il avoit de la force, il fut sans désespoir. C'en est fait, dit-il, j'ai joué mon reste hier au soir, je suis ruiné. Je fis pour lui ce qu'il auroit fait pour moi. Je voulus le consoler : Vous souffrez ? lui dis-je. — Je souffre, mais je ne suis pas triste, parce que je sais me résigner. Adieu, je ne vous reverrai plus ; respectez mes malheurs, et surtout ma volonté, le seul bien qui me reste.

L'année révolue, je reçois un billet et de l'argent ; je cours chez mon ami, je le trouve assis au milieu de ses livres, et dans l'attitude d'un homme absorbé par de profondes méditations. Je l'embrasse, je le félicite sur son nouvel état ; il venoit d'hériter. Je me flatte, lui dis-je, que désormais vous saurez jouir, et que.... — Je ne jouerai pas davantage, me répliqua-t-il froidement. — Quel triomphe pour la philosophie et pour les lettres ! — Elles n'y gagneront rien, je ne lis plus, je ne pense plus, je n'ai plus de desirs.

Il tomba dans un morne silence; un instant après, ses yeux se ranimèrent, je les vis briller de leur ancien feu, j'écoutai. — Le ressort de mon ame s'est brisé, mon ami : tandis que je luttois contre un penchant plus fort que moi, j'ai tenté de substituer d'autres passions à ma passion fatale : celle-ci renaissoit toujours, ou plutôt elle ne m'a pas laissé un instant de relâche : finissons, je n'ai plus la force de parler ni d'entendre.

En me quittant, il me serra la main et me regarda d'un œil sec; car il n'avoit plus de larmes. Maintenant il me connoît à peine; depuis vingt ans, il languit dans la même inertie. »

Trait de la jeunesse de Turenne.

Le vicomte de Turenne étoit d'une complexion très-délicate dans son enfance, et sa constitution fut toujours foible jusqu'à l'âge de douze ans, ce qui fit dire à son père qu'il ne seroit jamais en état de soutenir les travaux de la guerre. Le jeune héros, pour le forcer à penser différemment, prit, à l'âge de dix-huit ans, la résolution de passer une nuit sur le rempart de Sedan. Le chevalier Vassignac, son gouverneur, après l'avoir long-temps cherché, le trouva sur l'affût d'un canon, où il s'étoit endormi. Il s'attacha beaucoup à la lecture de l'histoire, et surtout à celle des Grands Hommes qui s'étoient distingués par les vertus et les talens militaires. Il fut frappé du caractère d'Alexandre le Grand; le génie de ce conquérant plut au jeune vicomte, que son ambition auroit peut-être porté aux entreprises les plus éclatantes, s'il eût vécu dans ces temps où la valeur seule autorisoit les hommes à troubler la paix de l'univers. Il prenoit plaisir à lire Quint-Curce, et à raconter aux autres les faits héroïques qu'il avoit

Page 130.

Trait de la jeunesse de Turenne.

lus. Pendant ces récits, on voyoit son génie s'animer, ses yeux étinceler, et alors son imagination échauffée forçoit la difficulté naturelle qu'il avoit à parler. Un officier s'avisa un jour de lui dire que l'histoire de Quint-Curce n'étoit qu'un roman; le jeune prince en fut vivement piqué. La duchesse de Bouillon, pour se divertir, fit signe à l'officier de continuer à le contredire; la dispute s'échauffa, le héros naissant se mit en colère, quitta brusquement la compagnie, et fit appeler secrètement l'officier en duel, qui accepta la proposition, pour amuser la duchesse de Bouillon, charmée de voir dans son fils des marques d'un courage précoce. Le lendemain, le vicomte sortit de la ville, sous prétexte d'aller à la chasse; étant arrivé au lieu du rendez-vous, il y trouva une table dressée. Comme il rêvoit à ce que signifioit cet appareil, la duchesse de Bouillon parut avec l'officier, et dit à son fils, qu'elle venoit servir de second à celui contre qui il vouloit se battre. Les chasseurs se rassemblèrent, on servit le déjeûné, la paix fut faite, et le duel se changea en partie de chasse.

Plaisirs simples, vrais plaisirs.

Je parle du plaisir; c'est dans le cœur des enfans qu'il en faut chercher la fleur, et quelquefois au sein de la médiocrité, qui se dégoûte rarement des choses naturelles.

La dernière nuit que j'étudiai les joueurs, acheva de me dévoiler leur triste caractère; j'en fus puni: Ce sont des furieux, me disois-je; qu'ils se ruinent, qu'ils s'égorgent. Consterné de cette indifférence, craignant d'avoir perdu ma sensibilité, j'abandonnai cet air contagieux.

Le jour luisoit à peine, j'étois seul, et le silence de la nature ne m'inspiroit plus rien. Je m'éloignai de la ville vers le milieu de la journée; j'aperçus un hameau, sur les confins duquel une vaste prairie m'offroit les pauvres et les riches mêlés et confondus ensemble; ils célébroient l'hymen de la vertu.

Le seigneur venoit de marier une fille, la plus belle du canton et aussi la plus honnête; car ses rivales, ou plutôt ses compagnes, l'avoient proclamée telle d'une voix unanime. Je ne me lassois pas de regarder et d'admirer; tous les visages resplendissoient d'une joie pure; j'y voyois tant de bonté, que tout le monde me parut beau.

On disposoit des jeux, bien différens de ceux que je fuyois; l'humanité triomphoit dans ces jeux champêtres, la bienfaisance y présidoit, et toutes deux, de concert, en avoient fait les frais. Tout-à-coup le vent souffle, le tonnerre gronde, un nuage affreux dérobe le jour, chacun se sauve.

Je me réfugiai dans une grange, où l'on ne distinguoit les objets qu'à la lueur des éclairs. Regardant autour de moi, je n'aperçus que des enfans : qu'ils étoient affligés! je tâchois de les consoler; ils soupiroient : Prenez patience, le beau temps reviendra. — D'aujourd'hui nous ne reverrons le soleil; demain plus de fête. — Prenez patience, vous dis-je, il ne tardera pas à reparoître. Tous les yeux se tournèrent du côté de l'astre éclipsé.

Déjà quelques pâles rayons coloroient les bords du nuage; je vis enfin l'espoir du plaisir renaître avec le jour; je vis les fronts s'éclaircir à mesure que le soleil se dégageoït, et j'entendis mes enfans le saluer d'un cri de joie, d'un cri qui retentira toujours au fond de mon cœur.

Le signal est donné, les jeux commencent et continuent jusqu'à la nuit. Voilà le plaisir, m'écriai-je! c'est ainsi qu'il se prépare et s'accomplit.

Courage et bienfaisance d'un Paysan.

La grandeur d'ame ne suppose pas nécessairement une haute naissance ; les sentimens généreux se trouvent souvent dans les classes les plus basses des citoyens. Un paysan de la Fionie vient d'en fournir un exemple qui mérite d'être connu. Le feu avoit pris au village qu'il habite ; il courut porter des secours aux lieux où ils étoient nécessaires ; tous ses soins furent vains, l'incendie fit des progrès rapides : on vint l'avertir qu'il avoit gagné sa maison. Il demanda si celle de son voisin étoit endommagée ; on lui dit qu'elle brûloit, mais qu'il n'avoit pas un moment à perdre, s'il vouloit conserver ses meubles : J'ai des choses plus précieuses à sauver, répliqua-t-il sur-le-champ ; mon malheureux voisin est malade et hors d'état de s'aider lui-même, sa perte est inévitable s'il n'est pas secouru, et je suis sûr qu'il compte sur moi. Aussitôt il vole à la maison de cet infortuné, et sans songer à la sienne, qui faisoit toute sa fortune, il se précipite à travers les flammes qui gagnoient déjà le lit du malade. Il voit une poutre embrasée, prête à s'écrouler sur lui ; il tente d'aller jusque-là, il espère que sa promptitude lui fera éviter ce danger, qui sans doute eût arrêté tout autre ; il s'élance auprès de son voisin, le charge sur ses épaules, et le conduit heureusement en un lieu de sûreté.

La chambre économique de Copenhague, touchée de cet acte d'humanité peu commun, vient d'envoyer à ce paysan un gobelet d'argent, rempli d'écus danois ; la pomme du couvercle est surmontée d'une couronne civique, aux côtés de laquelle pendent deux médaillons, sur lesquels cette action est gravée en peu de mots. Plusieurs particuliers lui ont fait aussi des présens, pour l'indemniser de la perte de sa maison et de ses effets; leur bienfaisance mérite des éloges. Récompenser la vertu, c'est encourager les hommes à la pratiquer.

Le Vieillard désintéressé.

CERTAINS beaux esprits, soi-disant philosophes, n'ont guère vu que de la sottise et de l'impuissance dans la modération. Au risque de passer pour un sot, je vais opposer aux joueurs la conduite d'un simple paysan, qui avoit assez de bon sens pour croire que l'on peut être content de son sort quand on a ce qu'il faut, et que rien ne sauroit dédommager de ce qui touche le cœur.

Un bon vieillard étoit plus libre, avoit plus d'ame que tous ces magnifiques brocanteurs. Ce vieillard jouissoit, non loin de la maison d'un parvenu, d'une cabane entourée de quelques arpens de terre, et vivoit en paix, sans desirer les richesses de son voisin. Les superbes regards de celui-ci étant choqués de la cabane située à l'entrée de son parc, il fit appeler le sage qui l'habitoit. — Sais-tu bien que ma fortune est faite? — Et vous, monsieur, savez-vous bien que le bon Dieu, mes deux bras et mon champ ne m'ont jamais laissé manquer de rien? que j'ai travaillé long-temps, bien long-temps; qu'aujourd'hui je me repose, et que mon fils me nourrit, afin que ses enfans le nourrissent à son tour? — Fort bien; mais il s'agit de me vendre ta cabane. — Y songez-vous? c'est le père de mon grand-père qui l'a rebâtie, et cela, avant qu'il fût question de votre château. — Bonhomme, je le veux, point de réplique. — Point de réplique? J'y suis né, les miens y sont morts, j'y veux mourir aussi. Monseigneur, ne vous fâchez pas, j'ai quatre-vingt-dix ans passés, peut-être que mon fils...... mais non, il a du cœur, vous le savez : il n'a pas voulu entrer à votre service, parce qu'il auroit été valet chez vous, et qu'il étoit maître chez nous.

Traité d'amitié fraternelle.

Le fils d'un riche négociant de Londres s'étoit livré dans sa jeunesse à tous les excès ; il irrita son père, dont il méprisa les avis ; le vieillard près de finir sa carrière fait un acte par lequel il déshérite son jeune fils, et meurt. Dorval, instruit de la mort de son père, fait de sérieuses réflexions, rentre en lui-même, et pleure ses égaremens passés. Il apprend bientôt qu'il est déshérité : cette nouvelle n'arrache de sa bouche aucun murmure injurieux à la mémoire de son père ; il la respecte jusque dans l'acte le plus désavantageux à ses intérêts ; il dit seulement ces mots : Je l'ai mérité. Cette modération parvient aux oreilles de Geneval, son frère, qui, charmé de voir le changement de mœurs de Dorval, va le trouver, l'embrasse, et lui adresse ces paroles à jamais mémorables : Mon frère, par un testament, notre père commun m'a institué son légataire universel ; mais il n'a voulu exclure que l'homme que vous étiez alors, et non celui que vous êtes aujourd'hui ; je vous rends la part qui vous est due.

L'Ami fidèle.

Un homme respectable, après avoir joué un grand rôle à Paris, y vivoit dans un réduit obscur, victime de l'infortune, et si indigent, qu'il ne subsistoit que des aumônes de la paroisse : on lui remettoit chaque semaine la quantité de pain suffisante pour sa nourriture ; il en fit demander davantage. Le curé lui écrit pour l'engager à passer chez lui ; il vient. Le curé s'informe s'il vit seul. Et avec qui, monsieur, répondit-il voudriez-vous que je vécusse ? je suis malheureux, vous le voyez, puisque j'ai recours à la charité, et tout le monde m'a abandonné, tout le monde !... Mais, monsieur, continua le curé, si vous êtes seul, pourquoi demandez-vous plus de pain que ce qui vous est nécessaire ? L'autre paroît déconcerté ; il avoue avec peine qu'il a un chien. Le curé ne laisse pas de poursuivre ; il lui fait observer qu'il n'est que le distributeur du pain des pauvres, et que l'honnêteté exige absolument qu'il se défasse de son chien. Eh ! monsieur, s'écria en pleurant l'infortuné, si je m'en défais, qui est-ce qui m'aimera ? Le pasteur, attendri jusqu'aux larmes, tire sa bourse, et la lui donne en disant : Prenez, monsieur, ceci m'appartient.

Anecdote sur Fénélon.

De retour à Cambrai, Fénélon confessoit assidument et indistinctement dans sa métropole, toutes les personnes qui s'adressoient à lui, il disoit la messe tous les samedis. Un jour il aperçut, au moment où il alloit monter à l'autel, une femme fort âgée qui paroissoit vouloir lui parler : il s'approche d'elle avec bonté, et l'enhardit par sa douceur à s'exprimer sans crainte : Monseigneur, lui dit-elle en pleurant, et en lui présentant une pièce de douze sols, je n'ose pas, mais j'ai beaucoup de confiance dans vos prières ; je voudrois vous prier de dire la messe pour moi ; donnez, lui répondit Fénélon, en recevant son offrande, votre aumône sera agréable à

Dieu. Messieurs, dit-il ensuite aux prêtres qui l'accompagnoient pour le servir à l'autel, apprenez à honorer votre ministère. Après la messe, il fit remettre à cette femme une somme assez considérable, et lui promit de dire une seconde messe le lendemain à son intention.

Le chien d'Aubry de Mont-Didier.

Sous le règne de Charles V, roi de France, un nommé Aubry de Mont-Didier, passant seul dans la forêt de Bondy, fut assassiné et enterré au pied d'un arbre. Son chien resta plusieurs jours sur sa fosse, et ne la quitta que pressé par la faim; il vient à Paris, chez un ami intime de son malheureux maître, et par ses tristes hurlemens, semble lui annoncer la perte qu'il a faite. Après avoir mangé, il recommence ses cris, va à la porte, tourne la tête pour voir si on le suit, revient à cet ami de son maître, le tire par l'habit, comme pour lui marquer de venir avec lui. La singularité des mouvemens de ce chien, sa venue sans son maître, qu'il ne quittoit jamais; ce maître, qui tout d'un coup a disparu, et peut-être cette distribution de justice et d'événemens, qui ne permet guère que les crimes restent long-temps cachés, tout cela fit qu'on suivit ce chien. Dès qu'on fut au pied de l'arbre, il redoubla ses cris en grattant la terre, comme pour faire signe de chercher en cet endroit. On y fouilla, et on y trouva le corps de cet infortuné Aubry. Quelque temps après, ce chien aperçut par hasard l'assassin, que tous les historiens nomment le chevalier Macaire: il lui saute à la gorge, et on a bien de la peine à lui faire lâcher prise: chaque fois qu'il le rencontre, il l'attaque et le poursuit avec fureur; l'acharnement de ce chien, qui n'en veut qu'à cet homme, commence à paroître extraordinaire. On se rappelle l'affection qu'il avoit marquée pour son maître, et en même temps plusieurs occasions où ce chevalier Macaire avoit donné des preuves de sa haine et de son envie contre Aubry de Mont-Didier : quelques circonstances augmentèrent les soupçons. Le roi, instruit de tous les discours qu'on tenoit, fait venir ce chien, qui paroît tranquille jusqu'au moment qu'apercevant Macaire, au milieu d'une vingtaine d'autres courtisans, il aboie et cherche à se jeter sur lui.

Dans ce temps-là on ordonnoit le combat entre l'accusateur et l'accusé, lorsque les preuves du crime n'étoient pas convaincantes : on nommoit ces sortes de combats : *Jugement de Dieu ;* parce qu'on étoit persuadé que le ciel auroit plutôt fait un miracle, que de laisser succomber l'innocence. Le roi, frappé de tous les indices qui se réunissoient contre Macaire, jugea qu'il échéoit gage de bataille : c'est-à-dire, qu'il ordonna le duel entre le chevalier et le chien. Le champ clos fut marqué dans l'île de Notre-Dame qui n'étoit alors qu'un terrain vide et inhabité.

Macaire étoit armé d'un gros bâton, le chien avoit un tonneau percé pour sa retraite et les relancemens. On le lâche, aussitôt il court, tourne autour de son adversaire, évite ses coups, le menace, tantôt d'un côté, tantôt d'un autre, le fatigue, et enfin se lance, le saisit à la gorge, et l'oblige à faire l'aveu de son crime, en présence du roi et de toute sa cour.

La mémoire de ce chien a mérité d'être conservée à la postérité, par un monument qui subsiste encore sur la cheminée de la grande salle du château de Montargis ; mais nous ajoutons qu'il faut savoir que ce trait d'histoire y est effectivement consigné, le temps ayant presque détruit le tableau sur lequel il est représenté.

ANECDOTE

Sur Marie-Thérèse, impératrice.

La bienfaisance et l'humanité sont des vertus héréditaires dans l'auguste maison d'Autriche : c'est Marie-Thérèse qui a formé elle-même le cœur de ses enfans : ils ont hérité de ses vertus.

Quel exemple d'humanité, de bienfaisance et de bonté ne leur donnoit-elle pas, lorsqu'étant à Laxembourg, elle y reçut un message de la part d'une femme âgée de cent huit ans, qui pendant plusieurs années n'avoit pas manqué de se présenter le jour du jeudi saint, pour être au nombre des pauvres auxquels S. M. I. et R. lavoit les pieds! Depuis deux ans ses infirmités l'avoient empêchée de se rendre au palais; elle fit dire à l'impératrice, qu'elle avoit le plus vif regret de n'avoir pu se trouver à cette pieuse cérémonie, non à cause de l'honneur qu'elle auroit reçu, mais parce qu'elle avoit été privée du bonheur de voir une souveraine adorée. L'impératrice reine, touchée du message et des sentimens de cette bonne femme, se rendit elle-même dans le village qu'elle habitoit; elle ne dédaigna pas d'entrer dans une misérable cabane; elle la trouva sur un grabat, où la retenoient ses infirmités, compagnes inséparables de l'âge. Vous regrettez de ne m'avoir pas vue, lui dit avec bonté cette généreuse princesse; consolez-vous, ma bonne, je viens vous voir.

Exemple frappant de patience et de modération d'un gouverneur chargé d'un enfant capricieux et gâté.

Pour se disculper des vices d'une éducation négligée, un gouverneur prétexte les caprices de l'enfant; il a tort : le caprice des enfans n'est jamais l'ouvrage de la nature, mais d'une mauvaise discipline : c'est qu'ils ont obéi ou commandé; et j'ai dit cent fois qu'il ne falloit ni l'un ni l'autre. Votre élève n'aura donc des caprices, que ceux que vous lui aurez donnés : il est juste que vous portiez la peine de vos fautes. Mais, direz-vous, comment y remédier? cela se peut encore avec une meilleure conduite et beaucoup de patience.

Je m'étois chargé, durant quelques semaines, d'un enfant accoutumé, non seulement à faire ses volontés, mais encore à les faire faire à tout le monde, par conséquent plein de fantaisies. Dès le premier jour, pour mettre à l'essai ma complaisance, il voulut se lever à minuit, au plus fort de mon sommeil; il saute à bas de son lit, prend sa robe de chambre et m'appelle. Je me lève, j'allume la chandelle; il n'en vouloit pas davantage. Au bout d'un quart d'heure, le sommeil le gagne, et il se recouche content de son épreuve. Deux jours après, il la réitère avec le même succès, et de ma part sans le moindre signe d'impatience. Comme il m'embrassoit en se recouchant, je lui dis très-posément : Mon petit ami, cela va fort bien, mais n'y revenez plus. Ce mot excita sa curiosité, et dès le lendemain, voulant voir comment j'oserois lui désobéir, il ne manqua pas de se relever à la même heure et de m'appeler. Je lui demandai ce qu'il vouloit. Il me dit qu'il ne pouvoit dormir. Tant pis, repris-je, et je me tins coi. Il me pria d'allumer la chandelle. — Pourquoi faire? et je me tins coi. Ce ton laconique commençoit à l'embarrasser; il s'en fut à tâtons chercher le fusil, qu'il fit semblant de battre, et je ne pouvois m'empêcher de rire, en l'entendant se donner des coups sur les doigts. Enfin, bien convaincu qu'il n'en viendroit pas à bout, il m'apporta le briquet à mon lit. Je lui dis que je n'en avois que faire; et me tournai de l'autre côté. Alors il se mit à courir étourdiment par la chambre, criant, chantant, faisant beaucoup de bruit, se donnant à la table et aux chaises des coups qu'il avoit grand soin de modérer, dont il ne laissoit pas de crier bien fort, espérant de me causer de l'inquiétude; tout cela ne prenoit pas; et je vis que, comptant sur de belles exhortations ou sur de la colère, il ne s'étoit nullement arrangé pour ce sang froid.

Cependant, résolu de vaincre ma patience à force d'opiniâtreté, il continua son tintamare avec un tel succès, qu'à la fin je m'échauffai, et pressentant que j'allois tout gâter par un emportement hors de propos, je pris mon parti d'une autre manière : je me levai sans rien dire; j'allai au fusil, que je ne trouvai pas; il me le donne en pétillant de joie d'avoir triomphé de moi; je bats le fusil, j'allume la chandelle, je prends par la main mon petit bonhomme, je le mène tranquillement dans un cabinet voisin, dont les volets étoient bien fermés, et où il n'y avoit rien à casser : et je l'y laisse sans lumière : puis fermant sur lui la porte à clef, je retourne me coucher, sans lui avoir dit un seul mot. Il ne faut pas demander si d'abord il y eut du vacarme; je m'y étois attendu, je ne m'en émus point. Enfin le bruit s'appaise, j'écoute, je l'entends s'arranger, je me tranquillise. Le lendemain, j'entre au jour dans le cabinet, je trouve mon petit mutin couché sur un lit de repos, et dormant d'un profond sommeil, dont, après tant de fatigues, il devoit avoir grand besoin.

L'affaire ne finit pas là : la mère apprit que l'enfant

avoit passé les deux tiers de la nuit hors de son lit : aussitôt tout fut perdu, c'étoit un enfant autant que mort : voilà l'occasion bonne pour se venger, il fit le malade, sans prévoir qu'il n'y gagneroit rien. Le médecin fut appelé ; malheureusement pour la mère, le médecin étoit un plaisant qui, pour s'amuser de ses frayeurs, s'appliquoit à les augmenter ; cependant il me dit à l'oreille : Laissez-moi faire je vous promets que l'enfant sera guéri pour quelque temps de la fantaisie d'être malade. En effet, la diète et la chambre furent prescrites, et il fut recommandé à l'apothicaire. Je soupirois de voir cette pauvre mère ainsi la dupe de tout ce qui l'environnoit, excepté moi seul qu'elle prit en haine, précisément parce que je ne la trompois pas.

Après des reproches assez durs, elle me dit que son fils étoit délicat ; qu'il étoit l'unique héritier de sa famille, qu'il falloit le conserver à quelque prix que ce fût, et qu'elle ne vouloit pas qu'il fût contrarié. En cela, j'étois bien d'accord avec elle ; mais elle entendoit par le contrarier, ne lui pas obéir en tout. Je vis qu'il falloit prendre avec la mère le même ton qu'avec l'enfant. Madame, lui dis-je assez froidement, on a besoin de moi ailleurs pour quelque temps. Le père appaisa tout ; la mère écrivit au précepteur de hâter son retour ; et l'enfant voyant qu'il ne gagneroit rien à troubler mon sommeil, ni à être malade, prit enfin le parti de dormir lui-même et de se bien porter.

Mais il voulut se venger un jour du repos qu'il étoit forcé de me donner la nuit. Je me prêtai de bon cœur à tout, et je commençai par bien constater à ses propres yeux le plaisir que j'avois à lui complaire ; après cela, quand il fut question de le guérir de sa fantaisie, je m'y pris autrement.

Il falloit d'abord le mettre dans son tort, et cela ne fut pas difficile. Sachant que les enfans ne songent jamais qu'au présent, je pris sur lui le facile avantage de la prévoyance ; j'eus soin de lui procurer au logis un amusement que je savois être extrêmement de son goût, et dans le moment où je le vis le plus enjoué, j'allai lui proposer un tour de promenade : il me renvoya bien loin ; j'insistai, il ne m'écouta pas ; il fallut me rendre ; il nota précieusement en lui-même ce signe d'assujétissement.

Le lendemain ce fut mon tour. Il s'ennuya, j'y avois pourvu ; moi, au contraire, je paroissois profondément occupé. Il n'en falloit pas tant pour le déterminer ; il ne manqua pas de venir m'arracher à mon travail, pour le mener promener au plus vîte. Je refusai, il s'obstina. Non, lui dis-je, en faisant votre volonté, vous m'avez appris à faire la mienne ; je ne veux pas sortir. Eh bien ! reprit-il vivement, je sortirai tout seul. Comme vous voudrez ; et je reprends mon travail.

Il s'habille, un peu inquiet de voir que je le laissois faire, et que je ne l'imitois pas : prêt à sortir, il vient me saluer ; je le salue : il tâche de m'alarmer par le récit des courses qu'il va faire : à l'entendre, on eût cru qu'il alloit au bout du monde. Sans m'émouvoir, je lui souhaite un bon voyage. Son embarras redouble ; cependant il fait une bonne contenance, et prêt à sortir, il dit à un laquais de le suivre. Le laquais, déjà prévenu, répond qu'il n'a pas le temps, et qu'occupé par mes ordres, il doit m'obéir plutôt qu'à lui. Pour le coup, l'enfant n'y est plus. Comment concevoir qu'on le laisse sortir seul, lui qui se croit l'être important à tous les autres, et pense que le ciel et la terre sont intéressés à sa conservation ? Cependant il commence à sentir sa foiblesse, il comprend qu'il va se trouver seul au milieu de gens qui ne le connoissent pas : il voit d'avance les risques qu'il va courir : l'obstination seule le soutient encore ; il descend l'escalier fort lentement et interdit ; il entre enfin dans la rue, se consolant un peu du mal qui peut lui arriver, par l'espoir qu'on m'en rendra responsable.

C'est là que je l'attendois ; tout étoit préparé d'avance; et comme il s'agissoit d'une espèce de scène publique, je m'étois muni du consentement du père. A peine avoit-il fait quelques pas, qu'il entendit à droite et à gauche différens propos sur son compte. Voisin, le joli monsieur! où va-t-il ainsi tout seul? Je veux le prier d'entrer chez nous. — Voisine, gardez-vous-en bien; ne voyez-vous pas que c'est un petit libertin qu'on a chassé de la maison de son père, parce qu'il ne vouloit rien savoir? Il ne faut pas savoir retirer les libertins; laissez-le aller où il voudra aller. — Eh bien donc! que Dieu le conduise; je serois fâchée qu'il lui arrivât malheur. Un peu plus loin, il rencontra des polissons à peu près de son âge, qui l'agacent et se moquent de lui : plus il avance, plus il trouve d'embarras. Seul et sans protection, il se voit le jouet de tout le monde, et il éprouve avec beaucoup de surprise, que son nœud d'épaule et son parement d'or ne le font pas plus respecter.

Cependant un de mes amis qu'il ne connoissoit pas, et que j'avois chargé de veiller sur lui, me le ramena souple, confus, et n'osant lever les yeux. Pour achever le désastre de son expédition, précisément lorsqu'il rentroit, son père descendoit pour sortir, et le rencontra sur l'escalier. Il fallut dire d'où il venoit et pourquoi je n'étois pas avec lui. Le pauvre enfant eût voulu être à cent pieds sous terre. Sans s'amuser à lui faire une longue réprimande, le père lui dit plus sèchement que je ne m'y serois attendu : Quand vous voudrez sortir seul, vous en êtes le maître; mais comme je ne veux point de bandit dans ma maison, quand cela vous arrivera, ayez soin de n'y plus rentrer.

Pour moi, je le reçus sans reproches et sans railleries, mais avec un peu de gravité; et de peur qu'il ne soupçonnât que tout ce qui s'étoit passé n'étoit qu'un jeu, je ne voulus pas le mener promener le même jour. Le lendemain, je vis avec plaisir qu'il passoit avec moi d'un air de triomphe devant les mêmes gens qui s'étoient moqués de lui la veille, pour l'avoir rencontré tout seul. On conçoit bien qu'il ne menaça plus de sortir sans moi.

C'est par ce moyen et d'autres semblables que, pendant le peu de temps que je fus avec lui, je vins à bout de lui faire faire tout ce que je voulois, sans rien lui prescrire, sans rien lui défendre, sans sermons, sans exhortations, sans l'ennuyer de leçons inutiles; aussi, tant que je parlois, il étoit content; mais mon silence le tenoit en crainte, il comprenoit que quelque chose n'alloit pas bien, et toujours la leçon lui venoit de la chose même.

Trait qui n'a pas besoin d'éloge.

Une pauvre veuve de Poitiers avoit un fils, que la misère destinoit comme elle à être domestique. Cet enfant profite d'un établissement où on enseigne gratuitement la jeunesse dans un talent honnête et utile : son émulation est récompensée par ses progrès; il mérite ensuite d'obtenir une place où il peut vivre gracieusement : s'il est sage, il a le moyen de devenir citoyen recommandable; mais pour se rendre à sa destination, pour y paroître et s'y maintenir convenablement, selon sa situation actuelle, il a besoin d'un vêtement, de linge et d'autres petits secours. Sa mère est hors d'état de les lui fournir. Un ancien domestique du voisinage, qui n'est ni le parent, ni le parrain de cet enfant, mais qui connoît la pauvreté et l'honnêteté de la mère, et l'émulation du jeune homme, instruit de l'embarras de l'un et de l'autre, qui pouvoit faire manquer la fortune du dernier, si personne ne l'aidoit sur-le-champ, porte à cette femme cinquante écus, et lui dit : Tenez, habillez votre fils, qu'il parte, et recommandez-lui d'être bon sujet; il me rendra cette somme lorsqu'il le pourra; s'il ne le peut pas, je la lui donne, pourvu qu'il vous soulage dans votre vieillesse.

De l'éducation relativement à la passion du jeu; conduite d'un père envers son fils, anecdote arrivée à Riom.

Entrez dans la plupart des maisons, vous y verrez les enfans rôder autour des tables, y dévorer des yeux l'or et l'argent que le père et la mère, dont ils partagent les passions, disputent aux étrangers.

Caresser les enfans dans le gain, les repousser dans la perte, se servir de leurs mains pour mêler les cartes, pour remuer les dés, ou choisir des billets de loterie, n'est-ce pas souffler dans ces jeunes ames les premières étincelles de la fureur du jeu? n'est-ce pas fonder leur témérité future sur des idées fausses et pusillanimes?

Que les instituteurs, faits pour prévenir, retarder ou corriger les inclinations nuisibles, apprennent à leurs élèves à se servir du peu d'argent qu'on leur accorde, jamais à le risquer, surtout aux jeux de hasard. Le parti le plus sûr, dit Locke, est de leur interdire les cartes et les dés. Ce n'est pas la théorie de la morale qui manque, c'est l'art de l'inculquer par des signes sensibles et frappans.

Un vrai philosophe, consulté par le roi de Suède, vient de conseiller à ce vertueux monarque de faire construire des monumens qui rappellent sans cesse à ses sujets combien la vertu est auguste, et le vice abject. Ce philosophe veut que les grands chemins, que les places publiques, les villages, les entrées des villes, les portiques des temples présentent de toutes parts ces utiles monumens.

Je voudrois, dit V., qu'on criât les atrocités juridiques, comme on crie les heures dans quelques pays;

et moi, pour inspirer à la jeunesse l'aversion de tout ce qui est bas ou criminel, je voudrois qu'au lieu de citer à tout propos des maximes dénuées de persuasion, on eût recours à des exemples puisés, selon les occurences, dans les diverses conditions des hommes de nos jours.

« Parle-t-on d'un menteur, d'un prodigue ou d'un avare, me disoit un père de famille, qui savoit comment l'esprit se fausse et le cœur se gâte : avant de le définir à mes enfans, je les leur montre en action, j'imprime de bonne heure dans ces tendres cerveaux la physionomie et la difformité de chaque vice, afin qu'ils s'en ressouviennent un jour, afin qu'ils le reconnoissent de loin, et que, s'ils se laissent séduire, ils n'échappent pas du moins aux remords salutaires. Je ne fais pas grand bruit, ajoutoit-il, autant que je le puis. Je les instruis par signe; tenez, soit qu'ils sortent, soit qu'ils rentrent, voilà par où ils passent. »

J'aperçus des haillons, tristes dépouilles d'un joueur qualifié; les plus viles ressources l'avoient dégradé, la misère la plus honteuse l'avoit lentement consumé. Au bas de ce *tableau parlant* on lisoit ces mots : *Dernier habit d'un tel.* Le reste faisoit mention de sa naissance, des grands biens qu'il avoit perdus, et de l'impuissance de ses regrets.

Un citoyen recommandable par ses lumières et par son zèle pour tout ce qui a rapport au bien public, observoit dernièrement que l'éducation ne finit pas avec les maîtres; qu'il en est une seconde, non moins essentielle que la première, laquelle exige de la part des parens beaucoup d'attention et de sagacité. Peu de gens, disoit-il, voudront imiter le procédé d'un riche habitant de la ville de Riom, qui, voyant son fils prêt à s'oublier au jeu, le laissa faire. Ce jeune homme perdit une somme assez considérable : « Je la paierai, lui dit son père, parce que l'honneur m'est plus cher que l'argent; cependant expliquons-nous : vous aimez le jeu, mon fils, et moi, les pauvres; j'ai moins donné depuis que je songe à vous pourvoir; je n'y songe plus. Un joueur ne doit point se marier; jouez tant qu'il vous plaira, mais à cette condition : je déclare qu'à chaque perte nouvelle, les infortunés recevront de ma part autant d'argent que j'en aurai compté pour acquitter de semblables dettes; commençons dès aujourd'hui. » La somme fut sur-le-champ portée à l'hôpital, et le jeune homme n'a pas récidivé.

Apologue allemand.

La générosité consiste surtout à faire du bien à ses ennemis, c'est le sujet de cet apologue de monsieur Lichwer. Un honnête père de famille, chargé de biens et d'années, voulut régler d'avance sa succession entre ses trois fils, et leur partager ses biens, le fruit de ses travaux et de son industrie. Après en avoir fait trois portions égales, et avoir assigné à chacun son lot, il me reste, ajouta-t-il, un diamant de grand prix; je le destine à celui de vous qui saura mieux le mériter par quelque action noble et généreuse, et je vous donne trois mois pour vous mettre en état de l'obtenir. Aussitôt les trois fils se dispersent; mais ils se rassemblent au temps prescrit : ils se présentent devant leur juge, et voici ce que raconte l'aîné : mon père, durant mon absence un étranger s'est trouvé dans des circonstances qui l'ont obligé de me confier toute sa fortune; il n'avoit de moi aucune sûreté par écrit, et n'auroit été en état de produire aucune preuve, aucun indice même du dépôt; mais je le lui remis fidèlement : cette fidélité n'est-elle pas quelque chose de louable? Tu as fait, mon fils, lui répondit le vieillard, ce que tu devois faire; il y auroit de quoi mourir de honte, si l'on étoit capable d'en agir autrement, car la probité est un devoir; ton action est une action de justice, ce n'est point une action de générosité. Le second fils plaida sa cause à son tour, à peu près en ces termes : Je me suis trouvé pendant mon voyage, sur le bord d'un lac; un enfant venoit imprudemment de s'y laisser tomber; il alloit se noyer, je l'en ai tiré, et lui ai sauvé la vie aux yeux des habitans d'un village que baignent les eaux de ce lac; ils pourront attester la vérité du fait. A la bonne heure, interrompit le père, mais il n'y a point encore de noblesse dans cette action, il n'y a que de l'humanité. Enfin, le dernier des trois frères prit la parole : Mon père, dit-il, j'ai trouvé mon ennemi mortel qui, s'étant égaré la nuit, s'étoit endormi sans le savoir sur le penchant d'un abîme; le moindre mouvement qu'il eût fait au moment de son réveil, ne pouvoit manquer de le précipiter; sa vie étoit entre mes mains : j'ai pris soin de l'éveiller avec les précautions convenables, et l'ai tiré de cet endroit fatal. Ah! mon fils, s'écria le bon père avec transport, en l'embrassant tendrement, c'est à toi, sans contredit, que la bague est due.

Histoire d'un Religieux.

Un religieux fut mandé, il y a quarante ans, pour disposer à la mort un voleur de grand chemin; on l'enferma avec le patient dans une petite chapelle. Pendant qu'il faisoit ses efforts pour l'exciter au repentir de son crime, il s'aperçut que cet homme étoit distrait, et l'écoutoit à peine. Mon cher ami, lui dit-il, pensez-vous que, dans quelques heures, il faudra paroître devant Dieu : eh! qui peut vous distraire d'une affaire pour vous de si grande importance? Vous avez raison, mon père, lui dit le patient; mais je ne puis m'ôter de l'esprit qu'il ne tiendroit qu'à vous de me sauver la vie, et une telle pensée est bien capable de me donner des distractions. Comment m'y prendrois-je pour vous sauver la vie, lui répondit le religieux? et quand cela seroit en mon pouvoir, pourrois-je hasarder de le faire, et vous donner par-là occasion d'accumuler vos crimes? S'il n'y a que cela qui vous arrête, répondit le patient, vous pouvez compter sur ma parole; j'ai vu le supplice de trop près pour m'y exposer de nouveau. Le religieux fit ce que nous eussions fait, vous et moi, en pareille occasion; il se laissa attendrir, et il ne fut plus question que de savoir comment il faudroit s'y prendre. La chapelle où ils étoient, n'étoit éclairée que par une fenêtre qui étoit proche du toit, et élevée de plus de quinze pieds : vous n'avez, dit le criminel, qu'à mettre votre chaise sur l'autel, que nous pouvons transporter au pied du mur; vous monterez sur la chaise, et moi sur vos épaules, d'où je pourrai gagner le toit. Le religieux se prêta à cette manœuvre, et resta ensuite tranquillement sur la chaise, après avoir remis à sa place l'autel qui étoit portatif. Au bout de trois heures, le bourreau qui s'impatientoit, frappa à la porte, et demanda au religieux ce qu'étoit devenu le criminel : il faut que ce soit un ange, répondit froidement le religieux; car, foi de prêtre, il est sorti par cette fenêtre. Le bourreau qui perdoit à ce compte, après avoir demandé au religieux s'il se moquoit de lui, courut avertir les juges. Ils se transportèrent à la chapelle, où notre homme assis, leur montra la fenêtre, les assura en conscience que le patient s'étoit envolé par-là, et que peu s'en étoit fallu qu'il ne se recommandât à lui, le prenant pour un ange; qu'au surplus, si c'étoit un criminel, ce qu'il ne comprenoit pas, après ce qu'il lui avoit vu faire, il n'étoit pas fait pour en être le gardien. Les magistrats ne purent conserver leur gravité vis-à-vis du sang-froid de ce bon homme, et ayant souhaité un bon voyage au patient, se retirèrent. Vingt ans après, ce religieux passant par les Ardennes, se trouva égaré dans le temps que le jour finissoit; une façon de paysan l'ayant examiné attentivement, lui demanda où il vouloit aller, et l'assura que, s'il vouloit le suivre, il le meneroit dans une ferme qui n'étoit pas fort éloignée, et où il pourroit tranquillement passer la nuit. Le religieux se trouva fort embarrassé; la curiosité avec laquelle cet homme l'avoit regardé, lui donnoit des soupçons; mais considérant que, s'il avoit quelques mauvais desseins, il ne lui seroit pas possible d'échapper de ses mains, il le suivit en tremblant : sa peur ne fut pas de longue durée, il aperçut la ferme dont le paysan lui avoit parlé; et cet homme, qui en étoit le maître, dit en entrant à sa femme de tuer un chapon avec les meilleurs poulets de sa basse-cour, de bien régaler son hôte. Pendant qu'on préparoit le souper, le paysan rentra suivi de huit enfans, à qui il dit : Mes enfans, remerciez ce bon religieux, sans lui vous ne seriez pas au monde, ni moi non plus : il m'a sauvé la vie. Le religieux se rappela alors les traits de cet homme, et reconnut le voleur duquel il avoit favorisé l'évasion. Il fut accablé des caresses et des actions de graces de la famille; et lorsqu'il fut seul avec cet homme, il lui demanda par quel hasard il se trouvoit si bien établi. Je vous ai tenu ma parole, lui dit le voleur; et déterminé à vivre en honnête homme, je vins en demandant l'aumône jusqu'à ce lieu, qui est celui de ma naissance; j'entrai au service du maître de cette ferme, et ayant gagné les bonnes graces de mon maître par ma fidélité et mon attachement, il me fit épouser sa fille, qui étoit unique. Dieu a béni les efforts que j'ai faits pour être homme de bien, j'ai amassé quelque chose; vous pouvez disposer de moi et de tout ce qui m'appartient, et je mourrai content à présent que je vous ai vu, et que je puis vous prouver ma reconnoissance. Le religieux lui dit qu'il étoit trop payé du service qu'il lui avoit rendu, puisqu'il faisoit un si bon usage de la vie qu'il lui avoit conservée; il ne voulut rien accepter de ce qu'on lui offroit, mais il ne put jamais refuser au paysan de rester quelques jours chez lui, où il fut traité comme un prince ; ensuite ce bon homme le força de se servir au moins d'un de ses chevaux pour achever sa route, et ne voulut point le quitter qu'il ne fût sorti des chemins dangereux qui sont en grand nombre dans ces quartiers.

Belle vengeance d'un jeune soldat.

Pendant le siége de Namur, que les puissances alliées contre la France firent au commencement du siècle dernier, on connut dans le régiment du colonel Hamilton, un bas-officier qu'on appeloit Union, et un soldat nommé Valentin : ces deux hommes étoient rivaux, et les querelles particulières que leur amour avoit fait naître, les rendirent ennemis irréconciliables. Union, qui se trouvoit l'officier de Valentin, saisissoit toutes les occasions possibles de le tourmenter, et de faire éclater son ressentiment : le soldat souffroit tout sans résistance ; mais il disoit quelquefois qu'il donneroit sa vie pour être vengé de ce tyran. Plusieurs mois s'étoient passés dans cet état, lorsqu'un jour ils furent commandés l'un et l'autre pour l'attaque du château : les Français firent une sortie, où l'officier Union reçut un coup de feu dans la cuisse. Il tomba ; et comme les Français pressoient de toutes parts les troupes alliées, il s'attendoit à être foulé aux pieds. Dans ce moment, il eut recours à son ennemi : Ah ! Valentin, s'écria-t-il, peux-tu m'abandonner ? Valentin, à sa voix, court précipitamment à lui, et, au milieu du feu des Français, il mit l'officier sur ses épaules, et l'enleva courageusement à travers le danger jusqu'à la hauteur de l'abbaye de Salsire. Dans cet endroit, un boulet de canon le tua lui-même, sans toucher à l'officier. Valentin tomba mort sous le corps de son ennemi qu'il venoit de sauver; celui-ci, oubliant alors sa blessure, se releva en s'arrachant les cheveux, et se rejetant sur ce corps défiguré : Ah! Valentin, s'écrie-t-il, en rompant un silence mille fois plus touchant que les larmes les plus abondantes, Valentin, est-ce pour moi que tu meurs, pour moi qui te traitois avec tant de barbarie? Je ne pourrai pas te survivre, je ne le veux pas..... non. Il fut impossible de séparer Union du cadavre sanglant de Valentin, malgré les efforts qu'on fit pour l'en arracher; enfin on l'enleva tenant toujours embrassé le corps de son bienfaiteur, et pendant qu'on les portoit ainsi l'un et l'autre dans les rangs, tous leurs camarades, qui connoissoient leur inimitié, pleuroient à la fois de douleur et d'admiration. Lorsqu'Union fut ramené dans sa tente, on pansa de force la blessure qu'il avoit reçue; mais le jour suivant, ce malheureux, appelant toujours Valentin, meurt accablé de regrets. M. Stéel, qui rapporte ce fait dans ses ouvrages, propose en même-temps ce problême à résoudre : Lequel de ces deux infortunés fit paroître plus de générosité, ou celui qui exposa sa vie pour son ennemi, ou celui qui ne voulut pas survivre à son bienfaiteur? Si l'on nous demande notre sentiment, nous croyons que l'officier Union dut cet enthousiasme de la vertu qui l'enflamma, à l'héroïsme de son ennemi; et l'imitateur n'est jamais si grand que le modèle. Il est certain, d'ailleurs, que le soldat Valentin auroit été capable de faire ce que fit l'officier Union; mais nous pouvons douter que celui-ci se fût exposé à une mort presqu'inévitable, pour sauver la vie à son ennemi.

Apologue.

Un jeune prince très-puissant régnoit dans les Indes; il étoit d'une fierté qui pouvoit devenir funeste à ses sujets et à lui-même. On essaya en vain de lui représenter que l'amour de ses sujets est toute la force et toute la puissance du souverain; ces sages remontrances ne servirent qu'à faire périr leurs auteurs dans les tourmens. Un bramine, ou philosophe, dans le dessein de lui indiquer cette vérité, sans toutefois s'exposer au même péril, imagina le jeu des échecs, où le roi, quoique la plus importantes de toutes les pièces, est impuissant pour attaquer et même pour se défendre contre ses ennemis, sans le secours de ses sujets et de ses soldats. Le monarque étoit né avec beaucoup d'esprit; il se fit lui-même l'application de cette leçon utile, changea de conduite, et par là prévint les malheurs qui le menaçoient. La reconnoissance du jeune prince lui fit laisser au bramine le choix de la récompense. Celui-ci demanda autant de grains de blé qu'en pourroit produire le nombre des cases de l'échiquier, en doublant toujours depuis la première jusqu'à la soixante-quatrième, ce qui lui fut accordé sur-le-champ et sans examen; mais il se trouva, par le calcul, que tous les trésors et les vastes empires du prince ne suffiroient point pour remplir l'engagement qu'il venoit de contracter. Alors notre philosophe saisit cette occasion pour lui représenter combien il importe aux rois de se tenir en garde contre ceux qui les entourent; combien ils doivent craindre que l'on abuse de leurs meilleures intentions.

Anecdote philosophique.

L'HISTOIRE n'est pas toujours, comme on le pense communément, à la portée des enfans : voici une anecdote qui le prouve ; c'est M. R.... qui la rapporte dans son traité de l'Education. J'étois, dit-il, allé passer quelques jours à la campagne, chez une bonne mère de famille, qui prenoit grand soin de ses enfans et de leur éducation : un matin j'étois présent aux leçons de l'aîné ; son gouverneur qui l'avoit très-bien instruit de l'histoire ancienne, reprenant celle d'Alexandre, tomba sur le trait du médecin Philippe qu'on a mis en tableau, et qui sûrement en valoit bien la peine. Le gouverneur, homme de mérite, fit sur l'intrépidité d'Alexandre plusieurs réflexions qui ne me plurent point ; mais j'évitai de le combattre, pour ne pas le décréditer dans l'esprit de son élève. A table, on ne manqua pas, selon la méthode française, de faire babiller le petit bonhomme. La vivacité naturelle à son âge, et l'attente d'un applaudissement sûr lui firent débiter mille sottises, tout à travers desquelles partoient de temps en temps quelques mots heureux, qui faisoient oublier le reste. Enfin, vint l'histoire du médecin Philippe ; il la raconta fort nettement et avec beaucoup de grace. Après l'ordinaire tribut d'éloges qu'exigeoit la mère, et qu'attendoit le fils, on raisonna sur ce qu'il avoit dit. Le plus grand nombre blâma la témérité d'Alexandre ; quelques-uns, à l'exemple du gouverneur, admiroient sa fermeté, son courage, ce qui me fit comprendre qu'aucun de ceux qui étoient présens, ne voyoit en quoi consistoit la véritable beauté de ce trait. Pour moi, lui dis je, il me paroît que s'il y a le moindre courage, la moindre fermeté dans l'action d'Alexandre, elle n'est qu'une extravagance.

Alors tout le monde se réunit et convint que c'étoit une extravagance. J'allois répondre et m'échauffer, quand une femme qui étoit à côté de moi, et qui n'avoit pas ouvert la bouche, se pencha vers mon oreille, et me dit tout bas: Tais-toi, J.-J., ils ne t'entendront pas. Je la regardai, je me frappai, et je me tus. Après le dîner, soupçonnant, sur plusieurs indices, que mon jeune docteur n'avoit rien compris du tout à l'histoire qu'il avoit si bien racontée, je le pris par la main, je fis avec lui un tour de parc, et l'ayant questionné tout à mon aise, je trouvai qu'il admiroit plus que personne le courage si vanté d'Alexandre: mais savez-vous où il trouvoit ce courage? uniquement dans celui d'avaler d'un seul trait un breuvage d'un mauvais goût, sans hésiter, sans marquer la moindre répugnance. Le pauvre enfant, à qui on avoit fait prendre une médecine, il n'y avoit pas quinze jours, et qui ne l'avoit prise qu'avec une peine infinie, en avoit encore le déboire à la bouche: la mort, l'empoisonnement, ne passoient dans son esprit que pour des sensations désagréables, et il ne concevoit pas pour lui d'autre poison que du séné. Cependant il faut avouer que la fermeté du héros avoit fait une grande impression sur son jeune cœur, et qu'à la première médecine qu'il lui faudroit avaler, il avoit bien résolu d'être un Alexandre. Sans entrer dans des éclaircissemens qui passoient évidemment sa portée, je le confirmai dans ces dispositions louables, et je m'en retournai, riant en moi-même de la haute sagesse des pères et des maîtres qui pensent apprendre l'histoire aux enfans. Quelques lecteurs mécontens du *tais-toi, Jean-Jacques*, demanderont, je le prévois, ce que je trouve enfin de si beau dans l'action d'Alexandre? Infortunés! s'il faut vous le dire, comment le comprendrez-vous? C'est qu'Alexandre croyoit à la vertu; c'est qu'il y croyoit sur sa tête, sur sa propre vie; c'est que sa grande ame étoit faite pour y croire: oh! que cette médecine avalée étoit une belle profession de foi! non, jamais mortel n'en fit une plus sublime: s'il est quelque moderne Alexandre, qu'on me le montre à de pareils traits.

Anecdote française.

Un capitaine turc fut pris par un des vaisseaux de la flotte de M. Du Quesne, lorsqu'il alloit bombarder Alger, et rendu six semaines après, pendant une négociation qui s'ouvrit, mais qui ne procura point la paix. Quelque temps après, M. le comte de Choiseul fut pris par des chaloupes algériennes. M. Du Quesne fait d'inutiles efforts pour obtenir sa liberté; le capitaine turc pris avant le bombardement, par le vaisseau sur lequel servoit M. le comte de Choiseul, et rendu par M. Duquesne, se jette aux pieds du bey d'Alger, offre sa fortune pour sauver M. le comte de Choiseul, mais inutilement: on l'attacha au canon. Le capitaine, désespéré, l'embrasse étroitement, et s'adressant au canonnier: Feu, lui dit-il, puisque je ne puis sauver mon bienfaiteur, je mourrai avec lui. A ce spectacle, le peuple se calme, et la reconnoissance conserve M. le comte de Choiseul.

Anecdote précieuse sur Louis XVI, âgé de vingt ans.

Je me souviendrai toujours de ce bon mot de Louis XVI, recueilli par quelqu'un qui l'avoit entendu. Ce monarque, âgé de vingt ans, dit à la fin du premier carême qu'il avoit passé sur le trône: « Je me suis tiré de celui-ci sans peine, mais j'aurai un peu plus de mérite le carême prochain » : « Et en quoi donc, sire, lui dit un courtisan? » « C'est, reprit le roi, parce que je n'ai eu cette année que le mérite de l'abstinence; j'aurai de plus celui du jeûne le carême prochain, puisque j'aurai atteint vingt-un ans ». — Le jeûne! sire, il est incompatible avec vos occupations et vos exercices; après le travail vous allez à la chasse; et comment pouvez-vous jeûner sans altérer votre santé? La chasse, répliqua le pieux monarque, est pour moi un délassement, mais je changerai de récréation, s'il le faut; car le plaisir doit céder au devoir. Le carême suivant, le roi a chassé, mais il a jeûné en même-temps.

L'illustre voyageur dont la France a admiré, il y a peu de temps, la véritable grandeur et la noble simplicité, nous a laissé sur un autre objet une leçon non moins frappante: il étoit allé le jour de l'Ascension à l'imprimerie royale, dans la vue de s'instruire en conférant avec celui qui en dirigeoit les travaux. Les ouvriers, prévenus la veille de l'heure à laquelle il devoit s'y rendre, l'avoient précédé et s'étoient mis à l'ouvrage. Il en marqua son mécontentement et sa surprise; il fit plus, il voulut qu'ils cessassent à l'instant leur travail. Quel exemple de la part d'un prince qui joint tant de qualités héroïques à tant de religion!

Si de pareils traits doivent faire rougir dans un certain monde tant de petits esprits qui veulent passer pour des esprits forts, quel effet produiront-ils sur des hommes qui, par état, devroient se montrer les plus fidèles observateurs des préceptes, et qui quelquefois, par leur manière de vivre, enseignent aux autres à les violer. A Dieu ne plaise que par le trait que je vais citer, je prétende faire la satire de tous les ministres de l'autel, dont un si grand nombre m'ont tant de fois édifiés, et que j'ai tant de raisons pour respecter! mais ne dissimulons pas ce qui fait la honte de quelques-uns, et par opposition, l'éloge d'une quantité d'autres, qui sont éloignés de leur ressembler. Un de mes parens, assez jeune encore, et qui ne se pique pas d'une grande réforme, venant faire son service à Versailles, rencontra sur la route deux chaises de poste qui se suivoient à très-peu de distance; dans l'une étoit un de nos jeunes grands-vicaires, et dans l'autre un chanoine d'une insigne métropole, tous deux de sa connoissance. Il les passe, et arrive à l'auberge, où il trouve leurs domestiques, qui ordonnoient séparément pour chacun d'eux, à-peu-près le même souper, c'est-à-dire, ce qu'il y avoit de recherché en gibier pour la saison. C'étoit un jour maigre. Il attend qu'ils soient servis, et les visitant l'un après l'autre: Eh quoi! leur dit il, je me fais commander en maigre un souper, parce que c'est aujourd'hui un vendredi, je ne trouve presque rien, je fais mauvaise chère, je me contrains et ne fais, après tout, que ce que je dois; et vous qui me devez l'exemple, vous vous faites servir ces mets dont votre table est couverte! en vérité je serois bien dupe, si en vous entendant prêcher je n'avois d'autres motifs de croire que ceux que me fournit votre conduite.

Ministres peu sages! dans l'esprit de la plupart des hommes foibles, ou mal instruits, vous déshonorez la religion, vous perdez toute la considération qui est due à votre état: on vous persiffle dans le monde, on vous méprise, et vous ne vous en doutez pas.

Le Vieillard religieux, ou la nuit.

Le soir d'un beau jour d'été, fatigué de la chaleur, je sortis pour respirer le frais: le soleil tout en feu quittoit l'horizon, et les ombres descendant des montagnes, s'étendoient déjà dans la plaine.

Bientôt je perdis de vue le hameau que j'habite,

et les forges tonnantes, où d'un œil épouvanté, l'on voit les fils de Vulcain, armés de longues tenailles, tirer de la fournaise embrasée le fer étincelant et le plonger dans l'onde frémissante.

Les bergers ramenoient de tous côtés leurs troupeaux nombreux, en jouant de la flûte et du chalumeau; les bœufs revenoient du labour à pas tardifs. J'errois dans la campagne, et je n'entendois plus qu'au loin le bruit des lourds marteaux, tombant à coups redoublés sur les enclumes résonnantes. Insensiblement j'avançois et m'éloignois toujours. Il est si doux de se trouver seul dans des lieux qu'on aime, et de s'abandonner à ses rêveries! Je prolongeois ainsi ma promenade, sans m'apercevoir que la nuit régnoit déjà depuis long-temps; mais loin de m'effrayer, qu'elle me parut intéressante! et qu'il est délicieux de jouir du spectacle d'une belle nuit!

L'air étoit pur, le ciel n'étoit obscurci d'aucun nuage, de brillantes étoiles embellissoient sa voûte d'azur, un beau clair de lune, partout répandu, donnoit aux objets champêtres un charme nouveau. Ce demi-jour, cette lumière incertaine, mêlés au loin à l'ombre des bois et des côteaux, inspiroient une douce mélancolie.

Tout reposoit dans la nature; à peine on entendoit murmurer dans la prairie le foible ruisseau qui l'arrose. Combien ce calme universel, ce vaste silence attendrissoit mon ame, et la pénétroit de sentimens augustes et religieux!

Je m'arrêtai devant un lac superbe, uni comme une glace, et bordé de saules et de peupliers, entre lesquels on aperçoit quelques chaumières isolées: avec quel ravissement, à la faveur des rayons argentés du flambeau de la nuit, je contemplois la magnifique voûte des cieux, renversée et reproduite toute entière dans ce vaste bassin, et les arbres qui sembloient s'alonger et fuir, et leurs feuillages, qu'agitoit un vent frais, balancés et flottant dans le miroir fidèle de l'onde tranquille!

J'allai m'asseoir dans un bosquet voisin, pour considérer à loisir tant de merveilles ; et là je me livrois à toutes les réflexions que peut inspirer un spectacle si doux, lorsque le son d'une voix vint tirer mon ame de l'enchantement où elle étoit plongée. Cette voix me paroissant peu éloignée, j'écartai sans bruit les branches épaisses, qui me laissèrent entrevoir non loin de moi un homme d'un grand âge.

Sa tête presque chauve, son visage noble et serein, sa barbe ondoyante et blanchie par ses longues années, imprimoient un saint respect. Il étoit à genoux sous un chêne, dont le tronc, vainqueur du temps, produisoit encore des jets vigoureux. Les yeux élevés vers le ciel, il parloit vivement. J'écoutai en silence, et j'entendis cette prière majestueuse et touchante, qui partoit d'un cœur tout plein de la divinité qu'il invoquoit.

« O toi, dont la nature entière manifeste avec tant de grandeur l'existence et le pouvoir infini ; père des hommes, du haut de ce trône sublime qu'environnent des chœurs innombrables d'esprits purs qui vivent de ton amour, qui brûlent de tes feux, et célèbrent sans cesse sur des harpes ravissantes tes louanges divines, daigne un moment écouter un foible mortel, et recevoir son hommage.

» Au milieu du silence de la nuit, j'élève ma voix, et je viens adorer cette Intelligence éternelle qui m'a tiré du néant.

» L'univers, grand Dieu! est ton temple. Eclairés, le jour, par le soleil éblouissant, qui est ton image, et parsemés pendant la nuit, d'étoiles étincelantes, qui forment ta couronne, les cieux immenses sont la voûte de ce temple magnifique, et l'homme innocent et pur en est le prêtre.

» Oh! comment d'insensés mortels ont-ils pu méconnoître cette sagesse visible, universelle, qui gouverne le monde avec tant d'éclat? Comment à l'aspect de ces globes rayonnans qui roulent au-dessus des nues, des mers profondes qui embrassent la terre et rapprochent les nations, de ces trésors répandus avec tant de profusion sur sa surface et dans ses entrailles; comment donc, environnés de tant de prodiges, en ont-ils oublié l'auteur?

» Je te bénis, Dieu suprême, de m'avoir fait naître dans les champs, loin des cités corrompues, et d'avoir éloigné de mon cœur l'orgueil et l'ambition : grace à ta bonté paternelle, je jouis depuis un siècle des seuls vrais biens de la vie, la paix de l'ame, et l'heureuse médiocrité.

» Jamais tu n'as cessé de me prodiguer les dons de ton amour; mes derniers jours encore sont tous marqués par tes bienfaits : d'abondantes moissons remplissent mes greniers; tu arroses mes prairies, tu donnes la fécondité à mes troupeaux, tu fertilises mes vignobles, ta main couvre mes arbres de fleurs et de fruits, que n'ont jamais ravagés le violent Africus, ni l'Auster orageux.

» Pour comble de félicité, tu m'as conservé ma compagne paisible et nos deux enfans dont la tendresse fait le charme de nos vieux jours : mon Dieu, je n'ai plus rien à desirer, que de mourir avant eux.

» Je le sens, je touche au terme de ma carrière; bientôt j'irai mêler ma cendre à celle de mes pères. Quand on m'aura descendu dans leur tombeau, protecteur de ma longue vie, je te recommande mes enfans, prends pitié de leur tendre mère; veille du haut des cieux sur des têtes si chères : ô mon Dieu, ne les abandonne jamais! »

En achevant ces mots, ses yeux s'emplirent de larmes, de profonds soupirs s'exhaloient de son cœur; il respiroit à peine. Je crus voir alors je ne sais quoi de divin briller sur le front de ce vieillard vénérable. Il se leva, et d'un pas tranquille se retira dans sa demeure, où je l'entendis encore bénir longtemps l'Etre suprême.

Cependant l'aurore éclatante se disposoit à ouvrir les portes du ciel; les oiseaux voltigeant dans les arbres touffus, commençoient à gazouiller; déjà les lapins, s'élançant de leurs terriers, couroient dans les vastes prairies, blanchies par la rosée, et broutoient le serpolet, tandis que le renard glapissant poursuivoit dans les bois le lièvre épouvanté.

Déjà le diligent laboureur atteloit à la charrue ses bœufs mugissans; déjà les brebis, s'échappant en foule de l'étable, se répandoient en bêlant dans la campagne, suivies des chiens qui aboyoient, et des bergères chantant des airs rustiques; le front couronné de rubis et de rayons d'or, le soleil sortoit du sein de l'onde, et lançoit ses premiers feux : l'ame émue et ravie de ce que j'avois vu, de ce que je venois d'entendre, je me levai, et regagnai tranquillement mon réduit champêtre.

Belle leçon d'un monarque à son fils.

Un roi, plein d'humanité pour ses sujets, avoit un fils d'un caractère tout opposé; se croyant d'une autre nature que le commun des hommes, il traitoit les peuples et les grands eux-mêmes avec un ton de hauteur et de dureté qui les révoltoit. Son père, craignant qu'il ne les rendît malheureux lorsqu'il seroit sur le trône, et que, las de sa domination, ils ne se soulevassent contre lui, travailloit en vain à lui faire perdre son orgueil et sa fierté. Un jour qu'il témoignoit sa peine à un de ses courtisans, ce confident zélé prit sur lui, avec le consentement du roi, de corriger le jeune prince. Il saisit la circonstance où la princesse son épouse venoit de lui donner un fils. La nuit suivante, il fit mettre un autre enfant qui venoit de naître, à côté de celui-ci, après avoir pris les précautions nécessaires pour ne pas risquer de les confondre. Le prince, à son réveil, n'a rien de plus pressé que de courir au berceau de son fils : quelle est sa surprise, lorsqu'il y voit deux enfans tout-à-fait semblables, et n'ayant aucune marque extérieure qui les distingue! De l'étonnement, il passe à tous les éclats de l'emportement et de la fureur. Le roi survint, attiré par ses cris : « Eh quoi, mon fils, lui dit-il, déjà prévenu par son confident, vous est-il si difficile de discerner quel est ici l'enfant qui vous appartient? Votre sang, qui coule dans ses veines, peut-il lui laisser rien de commun avec les autres mortels? La nature n'a-t elle pas imprimé en lui des caractères de supériorité et de grandeur, auxquels il soit impossible de se méprendre? Et ce fils de l'héritier présomptif de ma couronne peut-il ressembler au dernier de ses sujets? » Le jeune prince comprit aisément le sens de ces paroles, et devint aussi affable et aussi humain que l'étoit son père.

M. le Dauphin, père de Louis XVI, a fait à nos princes, dès leurs plus tendres années, une leçon non moins forte, et plus touchante encore. Il fit apporter en leur présence les registres de la paroisse sur laquelle ils avoient été baptisés. « Vous voyez, leur dit-il, votre nom précédé et suivi d'une foule de noms obscurs : comme hommes, vous vous trouvez ici confondus avec une foule d'autres hommes; vous l'êtes également comme chrétiens : c'est qu'en effet, sous ces deux rapports, qui forment en vous ce qu'il y a de plus grand, tous les hommes sont vos égaux. »

Punition et récompense d'un jeune Officier français.

Un jeune officier français se trouvant sur la Meuse, devant une place qu'on alloit forcer, ne se donna pas la patience d'attendre le signal pour l'assaut. Il sortit de son rang, monta à la brèche, et y causa une si grande épouvante, que les assiégés, qui ne le croyoient pas seul, abandonnèrent la brèche; ce qui entraîna la prise de la place. Le marquis de Créqui en étant instruit, fit venir devant lui le jeune officier. Au lieu des louanges auxquelles il s'attendoit, le maréchal le fit lier et garroter, et après qu'il eut été promené en cet état plusieurs jours à la suite du camp, il fut mis en prison et condamné à mort, pour être sorti de son rang et pour avoir agi sans ordres. On le conduisit jusqu'au lieu du supplice, où se trouva le général, qui lui accorda sa grace, lui donna une chaîne d'or, un cheval d'Espagne, et le garda près de lui, afin de récompenser sa bravoure, après avoir puni sa témérité.

Reconnoissance, générosité et modestie d'un pauvre jeune homme.

Un jeune homme de dix-huit ans, élevé à Paris, dans l'hôpital des Enfans-Trouvés, où il avoit été baptisé sous le nom de *Pierre*, fut envoyé avec d'autres, au sortir de l'enfance, à Saint-Quentin, pour y être nourri moyennant une légère rétribution. On vint, il y a environ cinq ans, retirer les enfans des mains de ceux qui s'en étoient chargés. Pierre, redoutant le séjour d'un hôpital, trouva le moyen de s'échapper et de revenir à Saint-Quentin. Un traiteur de cette ville, touché de sa jeunesse et de sa misère, le recueillit dans sa maison, et lui apprit son métier, sans autre vue que de faire une bonne action. Il vient d'en recevoir la récompense. Un créancier exigea, il y a quinze jours (écrivoit-on d'Amiens, le sept octobre mil sept cent quatre-vingt), le paiement d'une somme modique que lui devoit le bienfaiteur de Pierre. Ce particulier, dénué de fonds, résolut, pour faire honneur à sa dette, et se mettre à l'abri des poursuites dont il étoit menacé, de vendre une partie de son argenterie. Il appelle l'enfant trouvé, lui confie sa situation et son désespoir, et le charge de vendre ses effets. Cette nouvelle décide Pierre; il dit au traiteur de ne point se presser de vendre son argenterie, et qu'il va travailler à le tirer d'embarras par d'autres moyens. Sans s'expliquer davantage, le jeune homme va trouver M. de Fronsure, colonel au corps royal d'artillerie, s'engage dans le régiment d'Auxone, reçoit le prix de sa liberté, et l'apporte à son bienfaiteur. Tenez, lui dit-il, il y a long-temps que j'ai envie de servir le roi, et pour vous prouver que je ne suis point ingrat, je viens de me satisfaire; acquittez votre dette.

Le traiteur et sa femme, fondant en larmes, embrassent le jeune homme, et veulent le forcer de reprendre son argent; mais rien ne peut ébranler sa résolution : il vient de partir, emportant l'estime de cette ville.

Cet acte de bienfaisance en a fait naître un autre qui mérite d'être cité. L'officier lut, dans la chambre du jeune soldat, l'article du Mercure qui le concernoit; il convint que tout y étoit rapporté dans la plus exacte vérité; mais le modeste silence qu'il avoit gardé jusqu'alors sur une conduite qui lui fait tant d'honneur, est un nouveau trait qui ne mérite pas moins la publicité, que la reconnoissance qu'il a exercée envers ses bienfaiteurs. Plein d'admiration pour les belles qualités de ce jeune homme, son régiment s'est chargé de lui procurer des maîtres et des instructions qui le mettent à même de remplir un état conforme à sa façon de penser.

Trait de patience.

Les mères Spartiates, à la nouvelle de la mort de leurs enfans tués dans un combat, non seulement ne versoient aucune larme, mais elles sentoient de la joie. La nature, dans ces sortes d'occasions, auroit dû cependant se faire entrevoir davantage, et l'amour de la patrie n'étouffer pas tout-à-fait les sentimens de la tendresse maternelle.

Un de nos généraux à qui, dans l'ardeur du combat, on apprit que son fils venoit d'être tué, parla bien sagement : Songeons, dit-il maintenant, à vaincre l'ennemi, demain je pleurerai mon fils.

Un autre, c'étoit M. de Saint-Hilaire, lieutenant-général de l'artillerie, eut un bras emporté du même coup de canon, qui tua M. de Turenne. Son fils s'étant mis à pleurer et à crier : Taisez-vous, mon enfant, lui dit-il, et en lui montrant M. de Turenne étendu mort : voilà celui qu'il faut pleurer.

Sentir vivement ses malheurs, et cependant étouffer les murmures de la nature qui souffre; entrer dans les jugemens adorables d'une providence, qui, ou jalouse de ses droits, en punit les prévaricateurs, ou tendre et bienfaisante, sous l'apparence de la sévérité, conduit ceux qu'elle aime par des voies difficiles, au terme heureux qu'elle leur a marqué; voilà les traits d'une patience vraiment héroïque, et dont la religion seule est le principe.

Le moyen le plus assuré pour se délivrer des afflictions, disoit un grand génie, c'est de prendre plaisir à y rester tant qu'il plaira à Dieu de nous y laisser.

Henri IV demandoit un jour au duc de Sully, son confident, s'il n'étoit pas bien malheureux, après avoir essuyé dans sa jeunesse plus de malheurs lui seul que tous les rois de France n'en avoient éprouvé, de ne pouvoir jouir d'aucun plaisir durant le cours de sa plus brillante fortune; de ne point posséder le cœur de sa femme; d'avoir pour ennemis la plupart de ceux qu'il avoit comblés de bienfaits. Tous ces malheurs, lui répondit le duc, ne seroient rien, si vous n'y ajoutiez pas celui d'y être trop sensible.

Jamais destinée ne fut plus cruelle que celle de la reine, mère de Louis XIII : après avoir été sur le plus beau trône de l'univers, obligée de se retirer en Angleterre, pour se mettre à l'abri de l'indignation de son fils, elle en fut chassée par le crédit du cardinal de Richelieu ; elle se réfugia enfin à Cologne, où elle mourut dans une extrême misère, avec une résignation au-dessus de son sexe et de son âge.

Précautions contre la colère.

Athénodore, fameux philosophe, originaire de Tharse, prit la liberté de donner à l'empereur Auguste un remède assez plaisant pour guérir son emportement : il lui conseilla, dès qu'il se sentiroit échauffé, de réciter les vingt-quatre lettres de l'alphabet grec, afin qu'en appliquant son esprit à d'autres objets, la vivacité de sa colère pût s'amortir dans cet intervalle de temps. Il voulut lui faire entendre que la réflexion est un moyen sûr pour réprimer les premiers mouvemens de cette passion impétueuse, contre lesquels on ne peut être trop en garde.

François d'Estampes, marquis de Mauni, entra dans le cabinet de Louis XIII, qui donnoit audience au cardinal de Richelieu, et répondit aux questions du roi en bégayant. Le roi, qui bégayoit aussi, crut que Mauni le contrefaisoit; le prenant par le bras, il vouloit le faire tuer par ses gardes. Heureusement le cardinal appaisa le roi, et lui dit : Votre Majesté ne sait donc pas que Mauni est né bègue? de grace, pardonnez-lui un défaut dont il n'est pas même responsable à Dieu. Louis XIII, honteux de sa promptitude, embrassa Mauni, et l'aima toujours depuis. Si le cardinal ne se fût point trouvé présent, l'infortuné marquis, qui ne pouvoit se servir de sa langue pour s'excuser, alloit être victime d'une offense imaginaire, et d'un emportement aveugle et déraisonnable.

La douceur et l'humanité estimables surtout dans les grands.

La colère et la fierté, loin d'être les prérogatives des grands, en sont l'abus et l'opprobre; ils ne méritent plus d'être les maîtres de leurs sujets dès qu'ils oublient qu'ils en sont les pères.

Charles VI étoit doux, affable, et ne refusoit audience à personne; il n'oublioit jamais les services qu'on lui avoit rendus; quelque sujet qu'il eût de se fâcher, il ne maltraita jamais qui que ce soit; attentif à ne pas ajouter foi aux rapports qu'on lui faisoit, persuadé que la passion ne pouvoit prévenir les gens de bien : « J'aime mieux, disoit-il, ne pas croire le mal où il est, que de m'exposer à le croire où il n'est pas. »

On rapporta un jour à ce prince qu'un homme qu'il avoit comblé de graces, avoit mal parlé de lui : « Cela ne peut pas être, répliqua-t-il, je lui ai fait du bien. » Le même roi, dans une bataille contre les Flamands, qui se donna au commencement de son règne, fâché de voir beaucoup de ses gens tués, vouloit s'avancer et charger lui-même; mais le duc de Bourgogne l'en ayant empêché : « Ah! faut-il, s'écria ce prince, demeurer les bras croisés, tandis que tant de braves gens meurent pour mon service?

Un célèbre avocat déclama publiquement contre la personne et le gouvernement de Philippe II : on le mit en prison. L'affaire ayant été portée au conseil du monarque, il lui accorda sa liberté : « C'est un fou, ajouta-t-il, puisqu'il parle mal d'un prince qu'il ne connoît pas, et qui ne lui a jamais fait aucun mal. »

Louis XII aimoit à entendre dire ses vérités, sans jamais se fâcher; sa bonté naturelle étouffa le juste ressentiment qu'il devoit avoir contre ceux qui avoient attenté à sa liberté et même à sa vie, sous le gouvernement de la dame de Baujeu. Le duc René de Lorraine, pour flatter la passion de cette impétueuse princesse, l'avoit souverainement offensé; néanmoins, lorsqu'il fut parvenu à la royauté, il le mena à son sacre, et lui fit représenter l'un des douze ducs et pairs dans cette auguste cérémonie. Comme le duc avoit des prétentions sur la Provence, il voulut bien se soumettre au jugement des commissaires nommés pour examiner son droit, et il en chargea leur conscience, pour décharger la sienne.

Henri IV ne se portoit jamais que malgré lui à des actions de rigueur, et se faisoit un vrai plaisir de plaindre le coupable en punissant le crime. Il pardonna au comte d'Auvergne, qui, de concert avec les ducs de Biron et de Bouillon, avoient conspiré contre sa personne.

On ne peut faire mieux connoître l'excellent caractère de ce grand prince, qu'en rapportant un entretien qu'il eut avec le duc de Sully, qui retournoit à son château après une violente maladie causée par des blessures. Henri IV alla droit à lui, et en l'abordant : « Mon ami, lui dit-il, je suis bien aise de vous voir avec un meilleur visage que je ne m'y attendois, et j'aurai une plus grande joie, si vous m'assurez que vous ne courez point risque de la vie, ni d'être estropié. Le duc remercia le roi de ses bontés, et lui répondit qu'il s'estimoit heureux d'avoir souffert pour un si bon maître. Vaillant chevalier, répliqua le roi, j'avois eu toujours très-bonne opinion de votre courage, et conçu de bonnes espérances de votre vertu; mais vos actions signalées et votre réponse modeste ont surpassé mon attente; et partant en présence de ces princes, capitaines et grands chevaliers qui sont ici près de moi, je vous embrasse des deux bras : adieu, mon ami, portez-vous bien, et vous assurez que vous avez un bon maître.

Il n'y a guère eu de favori qu'on ait plus déchiré par des satires de toute espèce, que le cardinal Mazarin. Supérieur à toutes ces injures, il lisoit ou se faisoit lire tout ce qu'on écrivoit contre lui. Comme un juge indifférent, d'un air froid et tranquille, il disoit : Cette pièce est bonne, celle-là est fade : celle-ci est délicate, cette autre est outrée et mal entendue. Il donna une grosse abbaye à un poëte, qui l'avoit outragé par ses vers.

M. de Colbert ayant appris qu'un certain poëte avoit fait un sonnet injurieux contre lui, demanda si le roi y étoit offensé; on lui dit que non : Je ne le suis donc pas, répondit le sage ministre.

Un intendant de province avoit fait construire avec des dépenses incroyables, de magnifiques chemins, et planter des allées d'arbres d'une beauté admirable; il fallut, pour le juste alignement de ses ouvrages, rogner et couper des terres appartenant à divers particuliers : un de ceux-ci, à qui on avoit donné des lettres de recommandation pour ce même intendant qu'il ne connoissoit pas, dans une affaire qu'il avoit, vint à Paris, et se trouva par hasard dans une maison où il étoit. Ce magistrat, curieux d'apprendre par lui-même ce qu'on pensoit sur son compte dans la principale ville de son département, demanda à ce bourgeois ce qu'on y disoit de lui : « Rien de bon, lui répliqua-t-il aussitôt; il m'a enlevé la moitié d'une maison et mon jardin tout entier, qui m'étoient fort utiles, pour redresser et élargir un chemin dont je n'ai que faire. »

» On m'a dit, continua-t-il, que votre intendant ne se faisoit guère aimer. » — Point du tout, repartit le bourgeois; en effet, il faudroit avoir de l'amitié à revendre, pour en accorder à quelqu'un qui nous traite si mal. » L'intendant prit congé du bourgeois, qui le lendemain l'étant allé voir, fut surpris de reconnoître la personne sur le compte et en présence de laquelle il s'étoit si librement expliqué la veille; il ne put cacher son embarras. L'intendant se contenta d'en sourire, et l'appuyant de tout son crédit, lui fit gagner son procès.

Henri IV reçut le maréchal de Biron, son plus redoutable ennemi, avec la même bonté que s'il n'eût jamais eu aucun sujet de se plaindre. Le roi même étoit plus inquiet que le courtisan : Voilà un homme bien malheureux, dit-il à un de ses plus fidèles courtisans, que le maréchal; c'est grand dommage : j'ai envie de lui pardonner; d'oublier tout ce qui s'est passé, et de lui faire autant de bien que jamais; il me fait pitié, et mon cœur ne se peut porter à faire du mal à un homme qui a du courage, qui m'a si longtemps servi, qui m'a été si familier. La douceur étoit le fond du caractère de cet excellent prince.

On ne peut pas faire du bien à tout moment, mais on peut toujours dire des choses qui plaisent : *Labia nostra nobis sunt.* Louis XIV s'en étoit fait une heureuse habitude, c'étoit entre lui et sa cour un commerce continuel, de tout ce que la majesté peut avoir de graces, sans jamais la dégrader. Le comte de Marivaux, lieutenant-général, homme brusque, et qui n'avoit pas même adouci son caractère dans la cour d'un prince si affable et si poli, avoit perdu un bras dans une action, et se plaignoit au roi, qui l'avoit pourtant assez bien récompensé, en lui disant : « Je voudrois avoir perdu l'autre bras et ne plus servir votre majesté. » J'en serois bien fâché pour vous et pour moi, répondit Louis XIV. Ce discours fut suivi d'une grace qu'il lui accorda.

Un jour que M. de Nesmond, archevêque de Toulouse, haranguoit Louis XIV, la mémoire lui manqua. Le roi lui dit avec bonté : Je suis bien aise, Monsieur, que vous me donniez le temps de goûter les belles choses que vous me dites. »

Le jour qu'un officier français arriva à Vienne, l'impératrice lui demanda s'il croyoit que la princesse de L*** qu'il avoit vue la veille, fût la plus belle personne du monde. Madame, répondit l'officier, je le croyois hier.

Il est rare que cet esprit de modération et de douceur, qui devroit être le lien de la société civile, règne surtout parmi les savans et les gens de lettres. Racine étoit fort amer dans ses railleries, et avoit naturellement l'esprit moqueur, quoique tempéré par un grand fonds de probité et de religion ; ses amis mêmes ne trouvoient point grace auprès de lui, quand il leur échappoit quelque chose qui pût lui donner prise. Boileau ayant avancé un jour, par mégarde, une proposition qui n'étoit pas juste, à l'Académie des inscriptions, Racine tomba rudement sur son ami, et alla jusqu'à l'insulter. Boileau se contenta de lui dire : « Je conviens que j'ai tort ; mais j'aime encore mieux l'avoir, que d'avoir si orgueilleusement raison que vous l'avez. » Que cette sage retenue est louable !

Louis XII, prince qui aimoit autant ses sujets qu'il en étoit aimé, n'entendoit partout où il alloit, que des crie de joie, formés dans le cœur avant que de passer par la bouche. Que de louanges sans flatteries! On le vit plus d'une fois les larmes aux yeux, quand la nécessité le forçoit d'imposer le moindre subside sur son peuple, qu'il ménageoit avec la tendresse d'un vrai père.

Philippe de Valois disoit ordinairement que le plus grand trésor des rois doit être dans le cœur de ses sujets, et qu'il aimoit mieux être le roi des Français, que de la France.

Charles VIII avoit beaucoup de bonté, d'humanité et de politesse à l'égard de tout le monde. Il ne se trouve point qu'en toute sa vie il ait chassé aucun de ses domestiques, ni offensé de la moindre parole aucun de ses sujets.

Le prince de Conti disoit souvent que, quand même la religion n'obligeroit pas de regarder les hommes comme nos frères, il suffit d'être né homme, pour être touché du malheur de ses semblables. De là, à la prise de Neufchâtel, où la place, emportée d'assaut, sembloit autoriser le carnage et la fureur du soldat, combien de victimes innocentes arracha-t-il des bras de la mort? Combien arrêta-t-il de ces actions barbares que ne demande plus la victoire, mais qu'inspire la cruauté; apprenant aux Allemands à mêler la valeur qui leur est commune avec nous, à l'humanité qui nous est propre! De là, le lendemain du combat de Steinkerque, il vint sur le champ de bataille, encore tout couvert de morts et de mourans; fit transporter tous les blessés sans distinction de Français et d'ennemis; assura à une infinité de malheureux la vie ou le salut, et força les ennemis même de bénir dans le héros qui sut les vaincre, le libérateur qui les sauva. Rien ne donne plus d'éclat à la valeur, que de la voir jointe à la clémence.

La liberté et la hardiesse, nécessaires quelquefois avec les Grands.

Il y a des occasions où la liberté et la hardiesse sont nécessaires, et font plus d'impression sur les grands, surtout quand on a pour soi la raison et la justice.

Henri VIII, roi d'Angleterre, s'étant brouillé avec le roi de France, François Ier, résolut de lui envoyer un ambassadeur, et de le charger pour ce prince de paroles fières et menaçantes. Il choisit pour cela un évêque anglais, dans lequel il avoit beaucoup de confiance, et qu'il croyoit très-propre à l'exécution de ce dessein. Le prélat ayant appris le sujet de son ambassade, et craignant pour sa vie, s'il traitoit François Ier avec la fierté que son maître exigeoit, lui représenta le danger auquel il l'exposoit, et le pria instamment de ne pas lui donner cette commission. « Ne craignez rien, lui dit Henri VIII, si le roi de France vous faisoit mourir, je ferois couper la tête à tous les Français qui seroient dans mes états. Je vous crois, sire, répondit l'évêque ; mais permettez-moi de vous dire que, de toutes les têtes que vous auriez fait couper, il n'y en a pas une qui revînt si bien sur mon corps que la mienne.

Henri IV ayant eu l'imprudente foiblesse de faire une promesse de mariage à mademoiselle d'Entragues, qui fut depuis appelée la marquise de Verneuil, consulta le duc de Sully sur cette démarche : lisez, lui dit ce prince, en l'abordant, dites-moi sincèrement ce que vous pensez. Le duc, outré de la trop grande facilité du roi, et ne doutant point qu'on ne fît un jour un fatal usage de cet écrit, le déchira. « Etes-vous fou, Sully, lui dit le roi, sans se mettre en colère. Si je le suis, répartit avec liberté le favori, votre Majesté montre par cet écrit qu'elle est encore plus folle que moi. Je viens de faire le devoir d'un fidèle serviteur, et vous, Sire, vous voulez faire ce qui ne convient jamais à un grand roi. »

CHARLES IX aimoit à tuer des animaux et à tremper ses mains dans leur sang ; il se faisoit un plaisir de couper le cou aux ânes qu'il rencontroit dans la campagne. Il voulut un jour abattre la tête à un beau mulet qui appartenoit à un de ses favoris, nommé Lansac. Ce seigneur demanda grace pour son mulet, et l'obtint par ces paroles hardies : Sire, quel différent peut-il être survenu entre votre majesté et mon mulet ?

Être en garde contre l'orgueil, le dédain et l'arrogance.

LE grand Turenne étoit ennemi juré des airs insultans ; il ne pouvoit souffrir qu'on se moquât de personne : à la cour, comme à l'armée, lorsqu'il arrivoit quelque nouveau débarqué, dont on vouloit se divertir, il prenoit d'abord son parti d'un air qui imposoit aussitôt silence à tout le monde, quelque démangeaison qu'on eût de railler.

UN jeune gentilhomme arrivant un jour à l'armée, après l'avoir salué, lui demanda où il mettoit les chevaux. A cette question, tous ceux qui étoient présens se mirent à rire de la manière du monde la plus mortifiante pour ce gentilhomme. Mais monsieur de Turenne prenant un ton sérieux : C'est donc, leur dit-il, une chose bien étonnante, qu'un homme qui n'est jamais venu à l'armée, n'en sache pas les usages? n'y a-t-il pas bien de l'esprit à se rire de lui, parce qu'il ne sait pas des choses qu'il ne peut savoir, et qu'au bout de huit jours il saura aussi bien que vous?

Il ordonna ensuite à son écuyer d'avoir soin des chevaux de ce gentilhomme, et de l'instruire des autres choses nécessaires.

Louis XI étoit humble en paroles, selon le rapport de Philippe de Comines; il parloit indistinctement à toutes sortes de personnes, et ne faisoit point acception d'état. Il répondoit ordinairement aux reproches qu'on lui faisoit de ne pas garder assez son rang et sa dignité : « Lorsque l'orgueil chemine devant, honte et dommage suivent de bien près. »

Louis XIV aimoit les louanges, et il est à souhaiter qu'un roi les aime, parce qu'alors il s'efforce de les mériter ; mais il ne les recevoit pas toujours, quand elles étoient trop fortes. L'académie française, qui lui rendoit compte des sujets qu'elle proposoit pour ses prix, lui fit voir celui-ci : *Quelle est de toutes les vertus du roi celle qui mérite la préférence ?* Le roi rougit, et ne voulut pas qu'un tel sujet fût traité. Il fit encore supprimer les inscriptions fastueuses dont Charpentier, de l'académie française, avoit chargé les tableaux du célèbre Lebrun, dans la galerie de Versailles.

Quand le roi Jean, fait prisonnier du prince de Galles, dans la fameuse bataille de Poitiers, parut devant le vainqueur, on eût dit qu'il l'étoit lui-même. Le prince anglais donna un magnifique souper dans sa tente au roi et à tous les prisonniers de distinction; il le servit pendant tout le repas, et ne voulut jamais se mettre à table, quelque prière que le roi lui en pût faire. Je ne suis, disoit-il, assez suffisant pour me seoir à table de si grand prince et de si vaillant homme que le corps du roi est. Il tâchoit de le consoler, en lui disant que, quoique vaincu, il avoit, par ses actions héroïques, acquis plus de gloire que le vainqueur. On lui rendit tous les honneurs du triomphe quand il entra dans Londres; il étoit monté sur un cheval blanc richement enharnaché, ayant à son côté le prince de Galles, vêtu fort modestement, et monté sur une petite haquenée. Le roi, la reine et toute la cour d'Angleterre le reçurent avec beaucoup d'amitié et de respect. Quand ils virent que la mauvaise fortune ne l'avoit point abattu, ils augmentèrent leur estime pour lui, et adoucirent sa servitude par toutes sortes de déférences et d'honnêtetés.

Il semble que la Providence ait pris plaisir à ménager, plus de trois siècles après, aux descendans de ce monarque français, l'occasion de se venger de tant de politesse et de bontés, dans la postérité de cet excellent prince anglais.

En effet, Jacques II, roi d'Angleterre, successeur de Charles II, son frère aîné, ayant été chassé de ses Etats par le prince d'Orange, son gendre, vint avec sa femme et le prince de Galles son fils, encore enfant, implorer la protection de Louis XIV. Cette reine malheureuse fut étonnée de la manière dont elle fut reçue. Le roi alla au-devant d'elle, et l'aborda en lui disant : « Je vous rends, madame, un triste service, mais j'espère vous en rendre bientôt de plus grands et de plus heureux. » Il la conduisit au château de Saint-Germain, où elle trouva le même service qu'auroit eu la reine de France, tout ce qui sert à la commodité et au luxe, des présens de toutes espèces, en argent, en or, en vaisselle, en bijoux et en étoffes : il y avoit parmi tous ces présens une bourse de dix mille louis d'or sur sa toilette.

Les mêmes attentions furent observées pour son mari, qui arriva un jour après elle : on lui régla six cent mille francs par an, pour l'entretien de sa maison. Outre les présens sans nombre qu'on lui fit, il eut les officiers du roi et ses gardes. Toute cette réception fut peu de chose en comparaison des préparatifs qu'on fit pour le rétablir sur son trône.

Saint Louis, maître de cette fougue impétueuse qui emporte les jeunes courages, parloit, dans les premiers et violens momens de la victoire, un langage de paix à l'ennemi qui lui demandoit une trève :

« Allez; je veux bien vous l'accorder, et je souhaite que vous en profitiez. »

L'adulation, l'écueil des grands.

La vérité perce bien rarement les nuages que forment l'autorité des grands et la flatterie de leurs courtisans. Saint Louis n'eut point de flatteurs, parce qu'il n'aima point ses fautes. Environné d'un nombre d'amis saints et fidèles, il les établissoit les censeurs de sa conduite. Il chercha dans les gens de bien cette droiture de cœur, cette sincérité de lèvres, cette liberté désintéressée qu'on ne sauroit trouver qu'en un seul : il vouloit être instruit sans être flatté. La vérité n'est odieuse qu'à ceux qui craignent de la connoître.

Saint Louis, évêque de Toulouse, fut ennemi de l'adulation : pour connoître la vérité, et pour avancer dans la perfection, il avoit chargé un frère mineur qui l'accompagnoit toujours, de l'avertir de ses fautes. Ce frère ayant un jour usé de cette permission en présence de plusieurs personnes, qui en paroissoient mécontentes : « C'est pour mon bien qu'il l'a fait, dit le saint évêque, et je l'ai voulu ainsi. Comme l'amitié ne doit rien taire, on doit prendre en bonne part tout ce qui en vient. Ecouter les flatteurs et fermer l'oreille à la vérité, c'est se perdre. »

François Ier eût été le plus grand des rois, si la trop haute opinion de lui-même, que lui donnèrent ses belles qualités, ne l'eût pas laissé envelopper par les flatteries des courtisans, qui lui gâtèrent l'esprit, et le répandirent presque tout au-dehors dans de vaines dépenses et de fastueuses apparences. Heureusement, dix ou douze ans avant sa mort, il ouvrit les yeux, et vit qu'en effet il ne gouvernoit pas, et qu'il n'y avoit que son nom qui agissoit; il résolut de se dégager des filets des adulateurs. La première preuve qu'il en donna, fut la manière noble et généreuse dont il témoigna sa reconnoissance à Antoine Dupart, pour un bon conseil qu'il en avoit autrefois reçu. Quel fléau pour les grands, que des hommes nés pour applaudir à leurs passions, ou pour dresser des piéges à leur innocence! Quel malheur pour les peuples, quand les chefs se livrent à ces ennemis de leur gloire, parce qu'ils le sont de la sagesse et de la vérité!

Pendant que l'abbé de Choïsi travailloit à l'histoire de Charles VI, monseigneur le duc de Bourgogne, à peine sorti de l'enfance, lui adressa un jour ces paroles : Comment vous y prendrez-vous pour dire que ce roi étoit fou? — Monseigneur, lui répondit l'abbé, sans hésiter, je dirai qu'il étoit fou; la seule vertu distingue les hommes dès qu'ils sont morts. »

Quand on écrit la vie des gens, disoit le célèbre Despréaux, il ne faut point les ménager sur ce qu'ils ont de criminel; cela gagne créance pour le bien qu'on dira d'eux. Le ministre Colbert ne pouvoit souffrir Suétone, parce que cet historien avoit révélé la turpide des empereurs. C'est par là cependant qu'il doit être recommandable aux gens qui aiment la vérité.

Despréaux avoit de la franchise, et n'aima jamais à flatter. S'étant fait annoncer un jour chez le père Ferrier, confesseur du roi, qui avoit une grosse cour, le jésuite vint ouvrir lui-même la porte de son cabinet, pour le recevoir plus amiablement. « Hé bien, lui dit-il, en l'embrassant tendrement, qu'est-ce qui vous amène ici? Mon père, répliqua-t-il, je viens vous montrer un spectacle assez nouveau pour vous; ce sont des yeux qui ne vous demandent rien. »

Tout le monde s'empressant de faire des complimens à M. Pelletier, qui avoit succédé à M. Colbert, dans la place de contrôleur-général, Despréaux lui dit simplement : « Monseigneur, je n'envie de votre nouvelle dignité, que l'occasion que vous allez avoir de faire plaisir à bien des gens. »

S'accoutumer à vivre de peu.

Il n'est pas seulement avantageux, mais encore nécessaire de s'accoutumer à vivre de peu. A l'armée, les tables de MM. de Turenne et de Catinat étoient servies fort proprement, mais très-simplement; elles étoient abondantes, mais militaires; on n'y mangeoit que des viandes communes, on n'y buvoit que du vin tel qu'il naissoit dans le pays où les troupes se trouvoient. Les besoins du corps sont extrêmement bornés; tout ce qu'on desire au-delà est plutôt pour assouvir la cupidité, que pour satisfaire à la nécessité.

Louis XIV, dans le code militaire qu'il a laissé, et qui renferme divers réglemens pour les gens de guerre, recommande en particulier la simplicité et la frugalité des repas; il entre pour cela dans un fort grand détail, et défend, sous de grosses peines, les dépenses et la somptuosité des tables. Un prince habile dans l'art de régner comprend aisément de quelle importance il est pour le bien de l'Etat, de bannir tout luxe et toute magnificence, de réprimer la folle ambition de ceux qui croient se distinguer par l'étude de tout ce qui peut énerver et amollir les hommes, et de couvrir de honte ceux qui se livrent à des excès qui consument en peu de jours ce qui pourroit soutenir des familles entières pendant plusieurs années.

Le maréchal de la Ferté, qui a servi la France avec honneur, pensoit qu'à l'exemple des Lacédémoniens, on devoit accoutumer la jeunesse à une vie sobre et dure. Son maître-d'hôtel ayant fait, par ordre de son fils, une ample provision pour la campagne, de truffes, de morilles et de toutes les autres choses nécessaires pour faire d'excellens ragoûts, lui en apporta le mémoire. Le maréchal n'eut pas plutôt vu de quoi il s'agissoit, qu'il jeta le mémoire avec indignation, en disant : « Ce n'est pas ainsi que nous avons fait la guerre; de la grosse viande apprêtée simplement, c'étoient là tous nos ragoûts. Dites à mon fils que je ne veux entrer pour rien dans une dépense aussi folle que celle-là, et aussi indigne d'un homme de guerre. »

Si notre siècle et nos mœurs ne comportent plus la tempérance et la frugalité des anciens, l'on peut du moins, et l'on doit dans chaque état et dans chaque genre, ramener les choses à une honnête et louable médiocrité, qui en justifie et en rectifie l'usage. C'est une honte que nos mœurs aient si fort dégénéré de la vertu des païens. Charles IX s'étant une fois aperçu que le vin lui avoit troublé la raison, jusqu'à lui faire commettre des violences, s'en abstint tout le reste de sa vie.

Le maréchal de Tavannes, ne pouvant souffrir qu'on fît des dépenses énormes à la cour de Charles IX, tandis qu'on négligeoit les besoins essentiels de l'Etat, dit au roi, que puisqu'on n'entendoit plus parler que de réjouissances et de fêtes, il vouloit aussi en donner une pour laquelle il avoit lui-même composé une pièce qui conviendroit mieux à la situation présente des affaires. Le roi paroissant curieux de voir quelque chose de sa composition, Tavannes l'eut bientôt satisfait : la pièce n'étoit pas longue, et elle ne contenoit que ce peu de mots : *Vous êtes des sots, vous dépensez votre argent en festins, en pompes et en masques, et ne payez ni gendarmes, ni soldats; les étrangers vous battront.*

La nourriture influe plus qu'on ne pense sur la valeur des troupes. Un célèbre médecin anglais ne disoit pas une absurdité, quand il assuroit qu'avec une diète de six semaines, il rendroit un homme poltron. Le prince Maurice étoit si convaincu de ce principe, qu'il employoit toujours à quelque action de vigueur les Anglais, lorsqu'ils arrivoient de chez eux, *et tandis qu'ils avoient la pièce de bœuf dans l'estomac :* c'étoit son expression. (*Remarques sur les Provinces-Unis*).

La médiocrité dans les Habillemens.

CHARLEMAGNE porta les premières lois somptuaires, qui régloient le prix des étoffes et qui distinguoient l'état et le rang des particuliers, par rapport à leur habillement. Ce prince donna lui-même l'exemple de la plus grande simplicité.

LOUIS IX sut allier la magnificence du trône à cette simplicité dont les grands ne sont pas dispensés. L'usage n'est une loi que pour ceux qui l'aiment; ce sont les passions des hommes, et non leur rang et leur dignité, qui ont rendu le luxe et les profusions nécessaires.

LOUIS XI dédaignoit tout faste extérieur ; il étoit toujours négligé dans ses habits. Comines dit de ce prince, *qu'il se mettoit si mal que pis ne pouvoit.* Dans une entrevue avec Henri IV, roi de Castille, qui affecta beaucoup de magnificence, il parut avec un habit de gros drap et la tête couverte d'un vieux chapeau, remarquable seulement par une *Notre-Dame* de plomb qui y étoit attachée.

PEU contens du petit espace dans lequel est circonscrit notre être, nous voulons tenir plus de place en ce monde que la nature ne peut nous en donner ; nous cherchons à agrandir notre figure par des chaussures élevées, par des vêtemens renflés. Quelque amples qu'ils puissent être, la vanité qu'ils couvrent n'est-elle pas encore plus grande ?

Les Spectacles dangereux.

Le célèbre Patru, l'oracle du barreau de son temps, ne pouvoit s'empêcher de faire éclater son indignation contre les comédies et les autres ouvrages de poésie, où la pudeur et la religion lui paroissoient également offensées. Quoi ! disoit-il à ses amis, des maximes qui feroient horreur dans le langage ordinaire, se produisent impunément dès qu'elles sont mises en vers; elles montent sur le théâtre à la faveur de la musique, et y parlent plus haut que nos lois; c'est peu d'y étaler ces exemples qui instruisent à pécher, et qui y ont été détestés par les païens mêmes, on en fait aujourd'hui des conseils et même des préceptes; et loin de songer à rendre les divertissemens utiles et honnêtes, on affecte de les rendre criminels.

Philippe II chassa de sa cour les comédiens et les farceurs, *comme gens* (ce sont les termes de Mézeray) *qui ne servent qu'à flatter et à nourrir les voluptés et la fainéantise*, à remplir les esprits oiseux de vaines chimères qui les gâtent, et à causer dans les cœurs des mouvemens déréglés, que la sagesse et la religion nous commandent si fort d'étouffer.

On voit, dit le savant M. de Fénélon, des parens assez bien intentionnés d'ailleurs, mener eux-mêmes leurs enfans aux spectacles publics; ils prétendent, en mêlant ainsi le poison avec l'aliment salutaire, leur donner une bonne éducation, et ils la regarderoient comme triste et austère, si elle ne souffroit ce mélange du bien et du mal. Il faut bien avoir peu de connoissance de l'esprit humain, pour ne pas voir que ces sortes de divertissemens ne peuvent manquer de dégoûter les jeunes gens de la vie sérieuse et occupée à laquelle on les destine, et de leur faire trouver fades et insupportables les plaisirs simples et innocens.

Bons mots et belles réparties.

QUOIQUE le cardinal Duprat parût extrêmement attaché à François Ier, son maître, ce prince étoit si persuadé de ses rapines, qu'il ne cessoit d'en faire l'objet, tantôt de ses railleries, tantôt de ses reproches. Duprat ayant fait bâtir à l'Hôtel-Dieu de Paris, cette salle qui regarde le septentrion, et que l'on nomme encore aujourd'hui *la salle du Légat :* elle sera bien grande, dit François Ier, si elle peut contenir tous les pauvres qu'ils a faits.

M. DE BARBEZIEUX ayant refusé à un gentilhomme de mérite une place de cadet aux Gardes pour son fils qu'il trouvoit trop jeune : « M. de Barbezieux, dit-il à son père, me trouve trop jeune pour être cadet aux Gardes, et moi je le trouve bien jeune pour être secrétaire d'Etat. »

LORSQUE Louis XIV partit pour aller faire le siége de Mons, il ordonna à ses deux historiens, Racine et Despréaux, de le suivre. Aimant une vie plus tranquille, ils s'en dispensèrent. Le roi à son retour leur en fit des reproches. Nous n'avions, sire, dirent ingénieusement ces deux poëtes, que des habits de ville : nous en avions ordonné de campagne, mais les villes que votre majesté assiégeoit ont été plutôt prises, que nos habits n'ont été faits.

LOUIS XI disoit ordinairement que tout son conseil étoit dans sa tête, parce qu'il ne consultoit personne. L'amiral de Brèze le voyant monté sur un bidet très-foible, dit : « Il faut que ce cheval soit plus fort qu'il ne paroît, puisqu'il porte le roi et son conseil.

LE cardinal Duperron osa traiter d'ignorant l'avocat général Servin. « Il est vrai, Monseigneur, lui répondit ce magistrat, que je ne suis pas assez savant pour prouver qu'il n'y a point de Dieu. » Le cardinal demeura muet et confus. Il faut savoir, pour entendre cette réponse, que Duperron entretenant Henri III durant son dîné, avoit eu l'audace de lui dire : Je viens de prouver qu'il y a un Dieu, mais demain, si votre majesté veut m'écouter encore, je lui prouverai qu'il n'y en a pas du tout. Ce discours fit une telle horreur au roi, qu'il le bannit pour jamais de sa présence.

Le maréchal de Toiras faisoit ses dispositions pour livrer bataille, lorsqu'un officier lui demanda la permission de se rendre chez son père qui étoit à l'extrémité, pour lui rendre ses soins et recevoir sa bénédiction. Allez, lui dit ce général, qui démêla fort aisément la cause de cette retraite : *Père et mère honoreras afin de vivre longuement.*

(Tiré du maréchal de Toiras.)

Un président de Rouen demeura court en haranguant Henri IV; le roi dit : Il ne faut pas s'étonner, les Normands sont sujets à manquer de parole.

M. Beautru, l'homme le plus célèbre de son temps par l'agrément de son esprit, et qui étoit de l'académie française, ayant été envoyé en Espagne, alla à l'Escurial, où il vit la bibliothèque : une conférence qu'il eut avec le bibliothécaire, lui fit juger que ce n'étoit pas un habile homme. Il vit ensuite le roi, qu'il entretint des beautés de cette maison royale, et du choix qu'il avoit fait de son bibliothécaire; il lui dit, qu'il avoit remarqué que c'étoit un homme rare, et que sa majesté pouvoit le faire surintendant de ses finances. Pourquoi, lui dit le roi? « Sire, ajouta-t-il, c'est que, comme il n'a rien pris dans vos livres, il ne prendra rien dans vos finances. »

L'abbé de la Rivière étant allé à Rome pour tâcher d'être cardinal, en étoit revenu sans rien faire : comme il avoit un gros rhume, Beautru dit : C'est qu'il est revenu sans chapeau.

Une personne du premier mérite, et de grande qualité, disputant avec Benserade, on apporte à cette personne le bonnet de cardinal. Benserade dit : J'étois bien fou de disputer avec un homme qui avoit la tête si près du bonnet.

Il arrive quelquefois que les railleurs sont eux-mêmes raillés. Louis XIV, à la porte d'une petite ville, écoutoit impatiemment une harangue ennuyeuse. Beautru crut qu'il feroit plaisir au roi d'interrompre l'orateur. Monsieur, lui demanda-t-il, les ânes, dans votre pays, de quel prix sont-ils? L'orateur s'arrêta, et après avoir regardé Beautru depuis les pieds jusqu'à la tête : « Quand ils sont, lui répondit-il, de votre poil et de votre taille, ils valent dix écus » ; et il reprit le fil de sa harangue.

Des marques d'honneur, de justes récompenses, excitent l'émulation.

M. Colbert, ministre d'Etat, avoit destiné par an quarante mille écus pour ceux qui se distingueroient dans quelque genre que ce fût, ou dans les arts, ou dans les sciences. Il disoit souvent à des personnes de confiance, que s'il y avoit dans le royaume quelque homme de mérite qui souffrît et qui fût dans le besoin, il en chargeoit leur conscience, et les en rendoit responsables. Un ministre qui aime véritablement son prince et sa patrie, ne peut guère mieux les servir qu'en procurant, par des marques d'honneur et de justes récompenses, des avantages si précieux et une gloire si durable.

Louis XIV, instruit du mérite du célèbre Vossius, chargea Colbert de lui envoyer une lettre de change, comme une marque de son estime et un gage de sa protection. Ce qui flatta le plus Vossius, fut la lettre dont le ministre accompagna ce présent. Il lui disoit que, quoique le roi ne fût pas son souverain, il vouloit néanmoins être son bienfaiteur, en considération d'un nom que son père avoit rendu illustre, et dont il conservoit la gloire. Il y eut plusieurs gratifications pareilles faites à différens savans de l'Europe.

CHARLES V aimoit fort les gens de lettres, il donnoit des pensions à tous ceux qui se distinguoient par leur science et leur habileté dans quelque art que ce fût. On ne peut trop honorer, disoit-il, les clercs (les gens de lettres étoient alors ainsi appelés), ou gens à sapience : tant que sapience sera honorée dans ce royaume, il continuera à prospérer ; mais quand déboutée y sera, il décherra.

PARMI les bonnes qualités de Charles IX, on compte surtout celle d'avoir cultivé les lettres dans un temps où le tumulte des armes sembloit devoir effaroucher les muses : il fit beaucoup de bien aux savans, et à ceux qui s'appliquoient aux arts utiles ; mais modérément, de crainte, disoit-il, qu'en les mettant trop à l'aise, ils ne cessassent de travailler.

NUL règne, dans la monarchie française, n'a été plus fertile en grands hommes dans tous les genres, que celui de Louis XIV ; on vit aussi fleurir les arts et le commerce. Ce prince étendoit les marques de son estime et de sa libéralité sur tous les sujets excellens ; il savoit distinguer et employer les personnes de mérite. Ses ministres pensoient comme lui.

Ministres de la justice, soutiens des villes.

C'ÉTOIT principalement dans l'administration de la justice, que Charles V faisoit consister le devoir des rois : il assistoit souvent au parlement, et donnoit sa voix comme les autres juges. Réfléchissant un jour sur les actions de sa vie, il se souvint d'avoir poussé peut-être un peu trop loin les bornes de l'autorité royale, il écrivit au premier président : « Qu'à l'avenir, quelqu'ordre qu'il pût lui envoyer, il ne différât plus la prononciation d'aucun arrêt. »

Ayant appris que le comte de Flandre avoit fait piller les terres du seigneur de Longueville, l'un de ses principaux vassaux, il lui en fit une sévère réprimande, et l'obligea à réparer le dommage.

La grande et invariable maxime de saint Louis étoit de rendre justice, au préjudice même de ses intérêts. Ce fut dans cette vue, et pour acquitter la foi de son père, qu'il rendit au roi d'Angleterre les provinces de la Guienne.

Charles VII desiroit, sur toutes choses, que l'on rendît exactement la justice à ses sujets. Il avoit son parlement de Paris, qui (selon les expressions respectables de Mezeray) en étoit la règle et comme le sanctuaire de toutes sortes de vertus. Sa religion se laissoit rarement surprendre et jamais corrompre. On ne lui demandoit point d'injustice, parce qu'on le connoissoit incapable d'en commettre. Ses arrêts étoient reçus comme des oracles d'autant plus respectables, qu'on savoit que ni l'intérêt, ni la parenté, ni la faveur n'y pourroient rien. Les mœurs innocentes de ses magistrats et leur extérieur même servoient de lois et d'exemples.

La gravité de leurs professions les éloignoit des vanités du grand monde, du luxe, des jeux, de la danse, de la chasse, encore bien plus de la dissolution et de la débauche. Ils trouvoient leurs plaisirs et leur gloire à exercer dignement leurs charges ; un grand fonds d'honneur et d'intégrité faisoit leurs principales richesses, et la frugalité leur plus certain revenu.

Ennemis du faste et de la dépense, ils n'avoient point d'avidité pour les grands biens, et ils croyoient leur fortune sûre et honorable, quand elle étoit médiocre et juste. Ainsi, se rendant vénérables par eux-mêmes, ils étoient nécessairement en vénération à tout le monde. Alors les procureurs et la chicane n'avoient point trouvé les portes du palais ouvertes pour s'y jeter en foule : les procès n'étoient point encore un labyrinthe où le meilleur droit se perd dans les détours infinis des formalités et des procédures ; il n'y avoit le plus souvent, dans toute une affaire, aucunes écritures que les pièces nécessaires pour la demande et pour la défense, et l'arrêt qui intervenoit : l'expédition ne coûtoit rien aux parties; le greffier étoit payé aux dépens du roi, et il y avoit un fonds exprès pour cela.

Le roi Louis XII et son ministre, le cardinal d'Amboise avoient les mêmes intentions. Louis ne songeoit qu'à rendre ses sujets heureux, persuadé que c'est le premier et seul devoir d'un roi. D'Amboise ne s'étoit chargé de la conduite des affaires publiques, que pour les rétablir et pour seconder les vues de son maître : il fut un excellent ministre, non parce qu'il ne fit point de mal, mais parce qu'il fit beaucoup de bien. On peut dire que c'est à ce sage ministre que Louis XII est redevable de ce titre glorieux de *Père du Peuple*, qu'il porte dans nos annales; titre que presque aucun de ses prédécesseurs n'avoit mérité, et auquel peu de ses successeurs ont paru aspirer.

Il n'y a point, sans contredit, de qualité qui fasse plus d'honneur, ni qui soit plus essentielle aux personnes à qui le pouvoir de la justice est confié, que le désintéressement et la probité poussés, pour ainsi dire, jusqu'au scrupule.

Le corps des maîtres boulangers vint trouver un magistrat chargé de la police d'une grande ville, pour lui demander la permission d'enchérir le pain. En se retirant, ils laissèrent adroitement sur la table une bourse de deux cents louis ; ils revinrent quelques jours après, ne doutant point que la bourse n'eût plaidé efficacement leur cause. Le magistrat leur dit : « J'ai pesé, messieurs, vos raisons dans la balance de la justice, et je ne les ai point trouvées de poids : je n'ai pas jugé qu'il fallût, pour une cherté mal fondée, faire souffrir le peuple. Au reste j'ai distribué votre argent aux deux hôpitaux de cette ville ; je n'ai pas cru que vous en voulussiez faire un autre usage ; j'ai compris que, puisque vous étiez en état de faire de telles aumônes, vous ne perdiez pas, comme vous le dites, dans votre métier. »

Le président Jeannin eut l'administration des finances, qu'il mania avec une pureté, dont le peu de bien qu'il laissa à sa famille est une preuve très-convaincante. Henri IV avoit une estime particulière pour lui, et se faisoit souvent un reproche de ne lui avoir pas fait assez de bien. Ce prince dit en plusieurs rencontres : Qu'il dotoit quelques-uns de ses sujets pour cacher leur malice, mais que pour le président Jeannin, il en avoit toujours dit du bien, sans lui en faire.

La douceur, l'humanité, la politesse, qualités propres à gagner les cœurs.

La bonté et l'humanité de Saint Louis faisoient le bonheur du peuple : accessible à tous, il ne disputoit pas même au dernier de ses sujets le plaisir de voir son souverain, leur montrant toujours un visage riant, tempérant par l'affabilité la majesté du trône, et se dépouillant si fort de tout le faste qui environne la grandeur, qu'en l'abordant on ne s'apercevoit presque qu'il étoit le maître, que lorsqu'il accordoit des graces. Si l'autorité doit être un jour accablante, elle doit l'être pour ceux qui l'exercent et qui en sont revêtus, et non pour ceux qui l'implorent et qui viennent y chercher un asile.

Charles V donnoit audience à tout le monde, pauvres et riches ; lisoit lui-même sur-le-champ leurs requêtes, accordoit celles qui lui paroissoient raisonnables, et faisoit examiner les douteuses par des maîtres des requêtes. Eloquent sans affectation, il ne lâcha jamais une parole superflue, encore moins désagréable : il avoit le secret, même en refusant, de renvoyer tout le monde content.

M. DE TURENNE joignoit, à la qualité d'un général acompli, celle d'un homme aimable et poli envers tout le monde; sa douceur lui avoit attiré l'amour de tous les soldats : quand il passoit à la tête du camp, ils sortoient de leurs baraques, et on les entendoit se dire les uns aux autres : *Notre père se porte bien, nous n'avons rien à craindre.*

S'étant un jour couché derrière un buisson, pour dormir pendant que l'armée passoit un défilé qui étoit fort long, quelques soldats le rencontrèrent; comme la neige commençoit à tomber sur lui, ils coupèrent aussitôt des branches d'arbres pour lui faire une hutte; plusieurs cavaliers qui survinrent, voyant que les branchages ne le mettoient pas assez à couvert, donnèrent tous à l'envi leurs manteaux pour lui dresser une tente. Sur quoi s'étant éveillé, et leur ayant demandé à quoi ils s'amusoient au lieu de marcher : « Nous voulons, répondirent-ils, conserver notre général; c'est là notre plus grande affaire; si nous venions à le perdre, nous ne reverrions peut-être jamais notre pays. » Tels sont les fruits ordinaires de la douceur et de la politesse.

LA France n'a pas eu de meilleur ni de plus grand roi qu'Henri IV; il étoit son général et son ministre; il unissoit à une extrême franchise la plus adroite politique; aux sentimens les plus élevés, une simplicité de mœurs charmante; et à un courage de soldat, un fond d'humanité inépuisable. Aussi la reine-mère dit-elle à Louis XIV, lorsqu'il étoit jeune : « Mon fils, ressemblez à votre grand-père, et non pas à votre père. » Le roi lui en ayant demandé la raison : « C'est, dit elle, qu'à la mort d'Henri IV on pleuroit, et qu'on a ri à celle de Louis XIII. »

Turenne abrité par les soins de ses soldats.

La puissance glorieuse, lorsqu'elle est bienfaisante.

Louis XIV dit un jour au grand-maître de sa garde-robe, qui se plaignoit de ses dettes : Que ne parlez-vous à vos amis! Paroles dignes de la libéralité d'un roi, et qui furent accompagnées d'un don de cinquante mille écus.

Plusieurs rois, au moment de la mort, où dégagés de toutes les passions humaines, et détachés de la vanité des grandeurs, ils voient les choses telles qu'elles sont en elles-mêmes, ont recommandé avec soin à leurs successeurs, de faire du bien à leurs sujets, et de ne point accabler le peuple d'impôts.

Philippe de Valois témoigna un grand regret d'avoir mis de nouveaux impôts sur son peuple, quoiqu'il se crût obligé de le faire, pour subvenir aux pressantes nécessités de l'Etat.

Louis XI, entre plusieurs avis excellens qu'il donna à son fils pour bien gouverner ses sujets, lui recommanda de ne point les accabler d'impôts ni de tailles, comme il avoit fait.

François I.er recommanda très-instamment à son fils de diminuer les tailles qu'il avoit trop haussées, en ajoutant : « Que les enfans doivent imiter les vertus de leurs pères et non leurs vices. »

Louis XII ne pouvoit s'empêcher de verser des larmes, quand la nécessité le forçoit d'imposer quelque petit subside; il retrancha le dixième de tous les impôts, et les réduisit enfin aux deux tiers. Ce qui est digne de remarque, c'est qu'en quelque besoin que l'État pût se trouver sous son règne, il ne rétablit jamais ce qu'il avoit une fois supprimé. Il aima son peuple; sa plus forte envie fut de le rendre heureux, et il mérita d'en être surnommé le père.

Trait de générosité et de modestie.

Il n'est point de devoir, point d'application préférable à celle d'être utile à sa patrie et à son prochain. Les plus belles connoissances ne sont rien en comparaison de la charité que nous devons avoir pour nos semblables.

M. de Turenne n'étoit pas riche, mais combien étoit-il généreux? Voyant quelques régimens fort délabrés, et s'étant secrètement assuré que le désordre venoit de leur pauvreté et non de la négligence des capitaines, il leur distribua les sommes nécessaires pour l'entier rétablissement des corps. Il ajouta à ce bienfait l'attention délicate de laisser croire qu'il venoit du roi. Quelle leçon pour les personnes chargées des intérêts du public!

Un officier étoit au désespoir d'avoir perdu dans un combat deux chevaux, que la situation de ses affaires ne lui permettoit pas de remplacer; Turenne lui en donna deux des siens, en lui recommandant fortement de n'en rien dire à personne: « D'autres, lui dit-il, viendroient m'en demander, et je ne suis pas en état d'en donner à tout le monde. » Cacher sous un air d'économie le mérite d'une bonne action, c'est en relever davantage le prix.

Trait de plaisanterie.

Un officier gascon ayant obtenu de Louis XIV, en 1680, une gratification de quinze cents livres, alla trouver M. Colbert, pour qu'il lui fît compter cette somme. Ce ministre étoit à dîner avec trois ou quatre seigneurs. Le gascon, sans se faire annoncer, entra dans la chambre où l'on mangeoit, avec la hardiesse qu'inspire l'air de la Guienne, et avec un accent qui ne démentoit pas son pays; il s'approcha de la table et dit tout haut : Messieurs, avec votré permission, léquel dé vous autres est Colbert ? C'est moi, monsieur, dit M. Colbert, qu'y a-t-il pour votre service? Hé! pas grand'chose, dit l'autre, un pétit ordre du roi pour mé compter cinq cents écus.

M. Colbert, qui étoit d'humeur de se divertir, pria le Gascon de se mettre à table, lui fit donner un couvert, et lui promit de le faire expédier après le dîner. Le Gascon accepta l'offre sans faire de façon, mangea comme quatre; après quoi, M. Colbert fit venir un de ses commis, qui mena M. l'officier au bureau, où on lui compta cent pistoles. Comme il dit qu'il en devoit toucher cent cinquante, le commis lui répondit : Il est vrai, mais on en retient cinquante pour votre dîner. Cadédis, s'écria le Gascon, cinquanté pistoles pour un dîner! Jé né donne qué vingt sous à mon auberge. Je le crois, dit le commis, mais vous ne mangez pas avec M. Colbert, et c'est cet honneur-là qu'on vous fait payer. Hé bien, répondit le Gascon, puisqué céla est ainsi, gardez tout, cé n'est pas la peine qué jé prenne cent pistoles : j'aménérai démain un dé mes amis dîner ici, et céla séra fini.

On rapporta ce discours à M. Colbert, qui admira cette gasconade, et fit compter les cinq cents écus à ce pauvre officier, qui n'avoit peut-être pour lors que cela pour tout bien, et il lui rendit mille bons offices dans la suite. On en fit l'histoire à Louis XIV, qui en rit beaucoup.

Honneur rendu au mérite.

M. de Turenne a eu le bonheur de vivre sous un roi juste, appréciateur du mérite, qui le combloit de louanges, et l'auroit comblé de bienfaits, s'il l'avoit voulu souffrir. Toutes les fois qu'il se rendoit à la cour, il trouvoit sur toute sa route un concours de gens de toutes sortes d'âges et de conditions, qui venoient au-devant de lui. On en a vu venir de dix lieues pour le voir. Dans les assemblées, ceux qui avoient l'honneur de le connoître, le montroient des yeux, du geste et de la voix à ceux qui ne le connoissoient pas. Sa seule présence, sans train et sans suite, faisoit sur les ames cette impression presque divine, qui attire tant de respect, et qui est le fruit le plus doux et le plus innocent de la vertu héroïque. La plupart des princes étrangers faisoient venir son portrait. Est-il rien de plus flatteur et de plus capable d'exciter le zèle et la vertu des jeunes guerriers?

Exemple admirable de fermeté.

La sincérité chrétienne ne doit s'exprimer, suivant le conseil de J.-C., que par ces mots : *oui* ou *non* ; elle n'a jamais recours au serment et ne prend pas Dieu à témoin de ce qu'elle assure. Saint-Gilles de Sempringhant, abbé et fondateur d'un grand nombre de maisons religieuses, nous en a donné l'exemple; car ayant été soupçonné par le roi d'Angleterre d'avoir assisté Saint-Thomas de Cantorbéry, et lui avoir envoyé de l'argent pendant sa disgrace; quoiqu'il ne l'eût pas fait, il ne voulut jamais en donner d'autre témoignage que sa parole. Ce prince en vouloit l'assurance par serment; mais le saint abbé s'y refusa constamment. En jurant qu'il n'avoit point assisté l'archevêque de Cantorbéry, il n'auroit juré que la vérité; mais cet homme de Dieu crut qu'il étoit indigne de se défendre d'une bonne action, de même qu'on auroit pu se disculper d'un crime. Si j'assurois par serment, disoit-il, de ne l'avoir point assisté, il sembleroit que je crois qu'il y auroit du mal à l'avoir fait.

Cette grande candeur est bien conforme à la sainteté de l'évangile. Nous l'admirons sans peine en la voyant de loin; mais si nous avions été dans le temps de ce saint abbé, et du nombre de ces religieux, l'intérêt de conserver nos maisons, que le roi menaçoit de renverser, ne nous auroit-il pas porté à blâmer Gilbert sur son refus? Que de raisons nous aurions alléguées pour lui faire voir qu'il s'exposoit à la persécution sans sujet! Nous l'aurions rendu responsable de tout le bien qui auroit pu se faire dans ces maisons religieuses, et qui ne se seroit pas fait par sa faute; il auroit été bien subtil, s'il avoit pu répondre à tous nos argumens. Combien de tels exemples sont propres à élever l'homme à cette candeur religieuse qui ne permet aucun soupçon!

On ne doit pas regarder comme un excès de s'exposer à perdre tout, plutôt que de faire la moindre bassesse contre le devoir; les païens eux-mêmes ont donné sur ce point des exemples admirables. Papinien, un des plus grands jurisconsultes, et le premier juge de l'Empire, aima mieux perdre la vie, que de dire une seule parole pour excuser une méchante action de l'empereur Caracalla, qui avoit fait mourir son frère, ce qu'il prétendoit être pour le bien de l'Empire. Qu'il est glorieux de s'exposer à tout perdre, plutôt que de se prêter à la moindre injustice!

Quand on est simple dans sa foi et dans l'amour que l'on porte à Dieu, il n'y a rien à craindre lors même qu'on seroit trompé, en croyant que Dieu demanderoit de nous quelque chose de plus que ce qu'il nous a donné. Saint Thomas de Cantorbéry ne laisse pas d'être un martyr, quoique plusieurs pensent qu'il ne s'appuyoit pas sur un trop bon fondement dans le grand démêlé qu'il eut avec le roi d'Angleterre, et qu'il pouvoit, en sûreté de conscience, céder beaucoup de choses qu'il ne céda pas. Ce n'est pas tant dans le raisonnement que Dieu demande que nous soyons exacts, c'est dans la foi et dans son amour;

il ne regarde que le zèle et que le cœur, qui lui plaît toujours quand il est humble.

Une fidélité inviolable à l'égard de nos lois, un amour de la justice à l'épreuve de tout, une intrépidité héroïque dans les plus grands dangers, ont caractérisé dans tous les temps nos magistrats. Achille de Harlai, premier président, menacé par des séditieux d'un prochain et capital supplice : « Je n'ai, dit-il, ni tête, ni vie que je préfère à l'amour que je dois à Dieu, au service que je dois au roi, et au bien que je dois à ma patrie. »

Dans la journée des Barricades, il ne répondit aux injures et aux menaces des principaux auteurs de la Ligue, que ces paroles si dignes de louanges : « Mon ame est à Dieu, mon cœur au roi, et mon corps entre les mains de la violence pour en faire ce qu'elle voudra. » Quand Bussy le Clerc eut l'audace d'entrer dans la grand'chambre, pour faire la liste de ceux qu'il disoit avoir ordre d'arrêter, et qu'il eut nommé le premier président et dix ou douze autres, tout le reste de la compagnie se leva, et les suivit généreusement à la Bastille.

Le premier président Molé, dans une émeute populaire, sans rien craindre pour sa vie, alla se montrer à la populace mutinée, et l'arrêta par sa seule présence.

Ce n'est pas tenir à la vertu par de véritables liens, que de ne pas la servir aux dépens de ses propres intérêts. Le roi Henri II ayant offert une place d'avocat-général au célèbre Henri de Mesme, ce magistrat prit la liberté de représenter à sa majesté que cette place n'étoit pas vacante. « Elle l'est, répliqua le roi, parce que je suis mécontent de celui qui la remplit. » — Pardonnez-moi, Sire, répondit Henri de Mesme, après avoir fait modestement l'apologie de l'accusé, j'aimerois mieux gratter la terre avec mes ongles, que d'entrer dans cette charge par une telle porte. Le roi eut égard à sa remontrance. A peine Henri de Mesme put souffrir qu'on songeât à lui faire des remercîmens pour une action pareille. Est-il possible de résister à l'impression qu'elle fait sur le cœur?

Comme on exigeoit de François Ier, que les ennemis avoient fait prisonnier à la bataille de Pavie, certaines conditions honteuses pour le mettre en liberté, il chargea l'agent de l'empereur de mander à son maître la résolution où il étoit de passer plutôt toute sa vie en prison, que de rien démembrer de ses Etats.

Qu'il est beau de faire taire l'ambition, quand elle veut franchir les bornes de l'honnêteté et de l'équité!

Un président à mortier songeoit à se démettre de sa charge, dans l'espérance de la faire tomber à son fils. Louis XIV qui avoit promis à M. Lepelletier, alors contrôleur-général, de lui donner la première qui vaqueroit, lui offrit celle-ci. M. Lepelletier, après avoir fait ses très-humbles remercîmens, ajouta que le président qui se démettoit avoit un fils, et que sa majesté avoit toujours été contente de la famille. « On n'a pas coutume de me parler ainsi, reprit le roi, surpris d'une telle conduite et d'une telle générosité; ce sera donc pour la première occasion. » Un si noble désintéressement fut récompensé deux ans après. C'est véritablement connoître le prix de la justice, que de lui sacrifier sa propre utilité, quand l'une et l'autre ne peuvent pas sympatiser ensemble.

La vraie gloire, inséparable de la justice.

Toute guerre entreprise uniquement par ambition, est injuste, et rend le prince qui l'entreprend responsable de tout le sang qui est répandu. Comme on reprochoit au roi Henri IV le peu de pouvoir qu'il avoit à la Rochelle : « Je fais, répartit-il, dans cette ville tout ce que je veux, en n'y faisant que ce que j'y dois.

Jean Ier, roi de France, sollicité de violer un traité : « Si la bonne foi et la vérité, dit-il, étoient bannies de tout le reste de la terre, elles devroient se trouver dans le cœur et dans la bouche des rois. » La véritable grandeur et la solide gloire d'un roi ne consistent pas dans l'étendue de son pouvoir, mais dans le bon ou le mauvais usage qu'il en fait.

Le chevalier Bayard avoit été blessé mortellement en combattant pour son roi, et étoit couché au pied d'un arbre. Le connétable duc de Bourbon, rebelle à sa patrie, et qui poursuivoit l'armée des Français, venant à passer près de lui, le reconnut, et lui dit qu'il avoit grande pitié de le voir en cet état. Bayard lui répondit : « Monsieur, il n'y a point de pitié à avoir pour moi, car je meurs homme de bien ; mais j'ai pitié de vous, qui servez contre votre prince, votre patrie et votre serment. » Peu après Bayard expira. La gloire est-elle ici du côté du vainqueur, et le sort du vaincu mourant ne lui est-il pas infiniment préférable ?

On a toujours admiré dans le cardinal d'Amboise, archevêque de Rouen, et ministre d'Etat sous Louis XII, une grandeur d'ame, une indifférence pour ses intérêts, et un dévouement parfait à la justice : qualités d'autant plus estimables, qu'elles sont plus rares dans les personnes élevées en dignité, et qui ont le pouvoir en main.

Un gentilhomme de Normandie avoit une terre voisine de la belle maison de Gaillon, qui dès-lors appartenoit à l'archevêque de Rouen, et que le cardinal convoitoit fort, parce qu'elle étoit à sa bienséance. Comme il se présentoit un établissement pour sa fille, le gentilhomme n'ayant point d'argent, offrit au cardinal sa terre à vil prix. D'Amboise, bien loin de sacrifier les devoirs de la justice à l'extrême envie qu'il avoit de cette terre, la lui laissa, et lui donna gratuitement l'argent dont il avoit besoin.

La vengeance indigne de l'homme et surtout d'un prince.

Ce n'est pas seulement dans les princes que le pardon des injures a de la noblesse et de la grandeur, mais dans les personnes d'un rang médiocre, de qui rien ne peut exciter l'admiration que la vertu même.

L'empereur Constantin, pressé de tirer vengeance de quelques personnes qui avoient défiguré sa statue à coups de pierres, ne fit que se passer la main sur le visage, en disant qu'il ne se sentoit point blessé.

Louis XII, roi de France, répondit à un courtisan qui l'exhortoit à punir quelqu'un dont il étoit mécontent avant que de monter sur le trône : « Ce n'est point au roi de France à venger les insultes du duc d'Orléans. »

Un soldat, maltraité par un officier-général pour quelques paroles peu respectueuses qui lui étoient échappées, répondit avec un grand sang-froid *qu'il sauroit bien l'en faire repentir*. Quinze jours après, ce même officier-général chargea le colonel de tranchée de lui trouver dans son régiment un homme ferme et intrépide pour un coup de main, avec promesse de cent pistoles de récompense. Le soldat en question, qui passoit pour le plus brave du régiment, se présenta avec trente de ses camarades. La commission étoit des plus hasardeuses; il s'en acquitta avec un courage et un bonheur incroyables.

Il s'agissoit d'assurer, avant que de faire le logement, si les ennemis faisoient des mines sous les glacis. Le soldat s'étant jeté à l'entrée de la nuit dans le chemin couvert, rapporta le chapeau et l'outil d'un mineur qu'il avoit tué. A son retour, l'officier-général, après l'avoir beaucoup loué, lui fit compter les cent pistoles. Le soldat, sur-le-champ, les distribua à ses camarades, disant qu'il ne servoit point pour de l'argent : au reste, ajouta-t-il, en s'adressant à l'officier-général qui ne le reconnoissoit point, je suis ce soldat que vous maltraitâtes si fort il y a quinze jours; et je vous avois bien dit que je vous en ferois repentir. L'officier-général, plein d'admiration, et attendri jusqu'aux larmes, l'embrassa, lui fit des excuses, et le nomma officier le même jour.

On ne lit point, sans être touché et édifié, un trait de bonté du roi Robert. Quelques complices d'une grande conjuration formée contre ce monarque et ses Etats, ayant été arrêtés, ils avouèrent leur crime, et donnèrent toutes les marques d'un sincère repentir. Cependant la cour des seigneurs les condamna à la mort sans vouloir révoquer leur sentence. Robert seul fut touché de compassion, et força son conseil à souscrire au pardon par ce pieux stratagème : il envoya son confesseur à ces coupables malheureux, et les fit admettre le lendemain à la communion; puis adressant la parole à ses conseillers, il leur dit : « Vous conviendroit-il d'envoyer au gibet ceux que Jésus-Christ vient de recevoir à sa table ? »

Voies de douceur et d'humanité, la gloire des conquérans.

Les voies de douceur et d'humanité font la plus solide gloire des conquérans, le succès le plus sûr de leurs armes, et la manière la plus belle de vaincre leurs ennemis. Jamais général ne s'est comporté avec plus de modération dans ses victoires, et n'a fait la guerre avec plus de ménagement que le célèbre Turenne; il épargnoit toujours le pays ennemi tant qu'il pouvoit, conservant les fruits de la terre pour les gens de la campagne, dont il plaignoit la triste destinée. Aussi les ennemis avoient-ils conçu pour lui une vénération pleine de tendresse; ils le pleurèrent à sa mort autant que les Français mêmes, et les Allemands n'ont jamais voulu labourer l'endroit où il avoit été tué, comme si l'impression de son corps avoit rendu cet endroit sacré; il est encore en friche, et les paysans le montrent à tout le monde, aussi-bien qu'un arbre fort vieux qui est là auprès, et qu'ils n'ont point voulu couper.

Observation des traités, vrais intérêts de l'état.

C'EST un moyen bien méprisable que celui de mettre en usage le mensonge, la perfidie, le parjure, pour faire réussir quelque entreprise. L'observation exacte des traités gagne la confiance des sujets, des ennemis mêmes, et fait le bien des états.

La plupart des princes d'Allemagne traitèrent avec M. le vicomte de Turenne, personnellement pour leurs intérêts, sans demander aucune garantie. Les républiques mêmes les plus soupçonneuses se croyoient en assurance, dès qu'il leur avoit donné sa parole. Un jour qu'il étoit dans la Souabe, ayant fait approcher son armée près du lac de Constance, pour mettre à contribution quelques terres de la maison d'Autriche, les Suisses qui pouvoient craindre que, sous prétexte de porter la guerre dans le pays de l'Empereur, on n'entrât dans le leur à l'improviste, lui envoyèrent des députés, pour lui dire qu'ils avoient tant de confiance dans sa bonne foi, qu'ils ne feroient aucune levée de troupes, s'il vouloit les assurer qu'il ne viendroit pas chez eux; qu'ils prendroient les plus grandes précautions avec un autre, mais qu'avec lui ils se contentoient de sa parole.

Usage des richesses.

Rien ne marque davantage de petitesse et de bassesse d'esprit, que d'aimer les richesses; rien au contraire n'est plus grand ni plus généreux que de les mépriser. La vertu consiste à faire un bon usage du bien qu'on possède; l'emploi le plus conforme à sa destination, et le plus propre à attirer aux riches l'amour et l'estime des hommes, c'est de le faire servir à l'utilité publique.

M. de Turenne ayant pris le commandement des troupes en Allemagne, les trouva en si mauvais état, qu'il vendit sa vaisselle d'argent pour habiller les soldats et pour remonter la cavalerie. Quoiqu'il n'eût que quarante mille livres de rente de sa maison, il ne voulut jamais accepter les sommes considérables que ses amis lui offroient. On trouva chez lui, à sa mort, quinze cents francs seulement d'argent comptant.

Se croire né pour faire du bien, marque d'un caractère excellent.

Cette noble vertu fut celle du grand Turenne; jamais il ne renvoya aucun de ceux qui venoient demander sans lui donner : quand il n'avoit plus d'argent sur lui, il empruntoit au premier officier qu'il rencontroit sous sa main, et lui disoit de l'aller redemander à son intendant. Un jour cet intendant vint lui dire qu'il soupçonnoit certaines gens de venir redemander ce qu'ils n'avoient point prêté, et qu'ainsi il seroit bon qu'il donnât à chacun une marque de ce qu'il empruntoit. « Non, non, lui dit-il, rendez tout ce qu'on vous dira; car il n'est pas possible qu'un homme vous aille redemander une somme d'argent qu'il ne me l'ait prêtée, ou qu'il ne soit dans un extrême besoin; s'il me l'a prêtée, il faut bien la lui rendre; s'il est dans un si grand besoin, il est juste de l'assister. »

M. de Turenne étoit ingénieux à trouver les moyens d'épargner à ceux à qui il donnoit, la honte de recevoir. Etant encore fort jeune, il apprit qu'un gentilhomme étoit devenu pauvre pour avoir dépensé tout son bien à l'armée, il s'avisa de troquer des chevaux avec lui, de lui en donner d'excellens pour de très-médiocres, faisant semblant de ne s'y pas connoître.

Un jour, ayant touché beaucoup d'argent d'une charge dont la cour lui avoit permis de disposer, il assembla cinq ou six colonels, dont les régimens étoient délabrés, leur laissant croire que cet argent venoit du roi, il le leur distribua à proportion de leurs besoins. Quel modèle pour les personnes nobles ou élevées en charge!

Quand Bresse fut prise d'assaut sur les Vénitiens, le chevalier Bayard sauva du pillage une maison où il s'étoit retiré pour se faire panser d'une blessure mortelle qu'il avoit reçue au siége, et mit en sûreté la dame du logis et ses deux jeunes filles qui y étoient cachées. A son départ cette dame, pour lui marquer sa reconnoissance, lui offrit une boite où il y avoit deux mille cinq cents ducats, qu'il refusa constamment. Voyant que son refus l'affligeoit d'une manière sensible, et ne voulant pas laisser son hôtesse mécontente de lui, il consentit à recevoir son présent; mais ayant fait venir les deux jeunes filles pour leur dire adieu, il donna à chacune d'elles mille ducats, pour aider à les marier, et laissa les cinq cents qui restoient pour les communautés qui auroient été pillées. Quelle grandeur d'ame d'une part! quelle éclatante et vive reconnoissance de l'autre!

Un pauvre homme qui étoit portier à Milan, chez un maître de pension, trouva un sac où il y avoit deux cents écus. Celui qui l'avoit perdu, averti par une affiche publique, vint à la pension, et ayant donné de bonnes preuves que le sac lui appartenoit, le sac lui fut rendu. Plein de joie et de reconnoissance, il offrit à son bienfaiteur vingt écus, que celui-ci refusa absolument : il se réduisit donc à dix, puis à cinq; mais le trouvant toujours inexorable : Je n'ai rien perdu, dit il d'un ton de colère, et jetant par terre son sac, je n'ai rien perdu, si vous ne voulez rien recevoir. Le portier reçut cinq écus, qu'il distribua aussitôt aux pauvres. Combien la noblesse des sentimens relève-t-elle la bassesse des états et des conditions les plus communes !

Amour de la patrie.

Colbert aimoit tendrement sa patrie. Un jour, à sa maison de Sceaux, jetant un coup d'œil sur ces campagnes fleuries qui embellissent la France, on vit ses yeux se baigner de larmes. Interrogé sur leur motif par un de ses amis : « Je voudrois, répondit-il, pouvoir rendre ce pays heureux, et qu'éloigné de la cour, sans appui, sans crédit, l'herbe crût dans mes cours. »

Qu'on aime à contempler les larmes d'un grand homme! qu'on aime à le voir se rapprocher de nous par la sensibilité, tandis qu'il s'en éloigne par la hauteur de son génie!

Le cardinal Mazarin savoit fort bien ce que valoit Colbert. Dans ce moment terrible où l'éternité qui s'ouvre à nos yeux, étouffe nos passions, et nous presse de donner un dernier instant à la justice et à la vérité, Mazarin adressa ces paroles à Louis XIV : « Sire, je vous dois tout; mais je crois m'acquitter en vous donnant Colbert. » Témoignage honorable, et vérité touchante! Le plus beau don, le seul qu'on puisse faire à un grand monarque, c'est un homme capable de connoître les devoirs du souverain, et digne d'en partager le fardeau.

L'exemple, leçon efficace.

Le maréchal de Catinat, pour en imposer à ses troupes, eut recours à la plus efficace de toutes les leçons, l'exemple. On le vit à la tête de ses officiers, aller demander à l'évêque de Casal la permission d'être dispensé des abstinences légales, dont l'observation est si difficile pour des hommes qui n'ont pas le choix des alimens. Cet acte de soumission, qui en étoit un de sagesse, ainsi que toute sa conduite en Italie, y furent généralement admirés. « Voilà un Français d'une rare prudence, dit le pontife de Rome; » c'est-à-dire, un des meilleurs juges de cette vertu, la plus familière et la plus nécessaire à cette cour.

On offroit au maréchal de Catinat de mettre entre ses mains les preuves des intrigues secrètes qu'on avoit tramées contre lui; il rejeta les offres et les déclarations. Arrivé à Versailles, il eut avec le roi un de ces entretiens secrets dont les courtisans comptent avec impatience et inquiétude les instans. L'accueil que lui fit Louis XIV, en se séparant de lui, n'étoit pas propre à les rassurer. On sut bientôt qu'il ne s'étoit plaint de personne, quoique le roi l'eût pressé de s'expliquer : « Ceux qui ont cherché à me nuire, avoit-il dit, peuvent être très-utiles à votre majesté, j'étois pour eux un objet d'envie; quand je n'y serai plus, ils serviront mieux. »

On a souvent cité une réponse que M. Catinat, dans le temps de sa plus grande faveur, fit à Louis XIV.

Ce monarque, après l'avoir entretenu sur les opérations de la guerre, lui dit, avec cette grace qu'il savoit mettre dans tous ses discours, et qui étoit un de ses dons particuliers : « C'est assez parler de mes affaires, en quel état sont les vôtres? » Sire, répondit Catinat, graces aux bontés de votre majesté, j'ai tout ce qu'il me faut. « Voilà, dit le roi, le seul homme de tout mon royaume qui me tienne ce langage. » En effet, madame de Maintenon avouoit qu'il étoit le seul qui n'eût rien demandé. « Je ne veux pas, disoit-il, en se servant d'une expression heureuse et énergique, ressembler à ces serviteurs qui salissent leur attachement pour leur maître, en demandant qu'on augmente leurs gages. »

Rien de plus admirable dans la vie de Michel de l'Hôpital, chancelier de France, que son attention extrême à faire rendre à chacun ce qui lui étoit dû; il soutenoit les affligés contre ceux qui les vouloient opprimer, les pauvres contre les riches, et les foibles contre les forts. Les mœurs, les mœurs! voilà quel étoit le cri de l'Hôpital à tous les ordres des citoyens; il les exigeoit surtout des magistrats. « A quel titre, leur disoit-il, pouvez-vous prétendre à l'estime publique, si ce n'est par vos mœurs? Votre vie est casanière et tranquille, vos jours sont sans péril, vos honneurs ne sont jamais ensanglantés; mais vos passions, voilà l'objet de vos combats : la privation du luxe et des plaisirs, le désintéressement, la pauvreté, voilà vos sacrifices et vos trophées. Le guerrier n'a de risque et de gloire que çà et là, et quelquefois dans sa vie; vos ennemis à vous sont tous les jours à votre porte, et vous les avez dans vos cœurs. »

Force guerrière.

L'ANTIQUITÉ païenne nous a donné des exemples de la force guerrière, bien dignes de nos éloges et de notre admiration ; mais serons-nous insensibles à ceux de nos concitoyens? On a vu un roi de France; aussi célèbre par sa piété que par sa valeur (Saint-Louis), soutenir tout seul, dans Taillebourg, sur un pont, l'attaque d'une armée entière : une pleine victoire, fruit d'une action si héroïque, força le roi d'Angleterre à repasser une seconde fois la mer en fugitif.

M. DE TURENNE, ce capitaine accompli, défendit durant trois heures entières la barricade du pont-levis de Gergeau, petite ville entre Orléans et Gien, sur le pont de laquelle les ennemis auroient pu passer la Loire, et surprendre la cour à Gien, où Louis XIV étoit avec le cardinal Mazarin.

ON a vu à Senef, dans la plus grande horreur du combat, M. de Villars soutenir lui seul l'effort d'un bataillon ennemi, blessé et obstiné à perdre tout son sang plutôt que son poste. Ces trois hommes ne sont-ils pas comparables à cet Horace, dont l'Italie et la Grèce avoient regardé le courage comme l'étonnement de l'univers ?

QUEL courage! quelle grandeur d'ame dans le jeune Brienne! ayant le bras fracassé au combat d'Exiles, il monte encore à l'escalade, en disant : « Il m'en reste un autre pour mon roi et pour ma patrie. » Ne pouvant plus saisir de ses mains blessées les palissades des retranchemens ennemis, il meurt en les arrachant avec ses dents. Ne vaut-il pas bien un Cinégire?

LE jeune Boufflers, à l'âge de dix ans, eut une jambe cassée dans la journée de Dettingue : il la fait couper sans se plaindre, et meurt de même : exemple d'une fermeté rare parmi les guerriers, et presque unique à cet âge.

Le marquis de Beauveau, dans le siège d'Ypres, est percé d'un coup mortel : accablé de douleurs incroyables, et entouré de nos soldats qui se disputoient l'honneur de le porter, il leur disoit d'une voix expirante : « Mes amis, allez où vous êtes nécessaires, allez combattre, et laissez-moi mourir. » Ces guerriers n'égalent-ils pas Epaminondas, tirant le fer de sa plaie mortelle ?

Valeur domestique.

Il y a une valeur domestique privée, et qui n'est pas de moindre prix que la valeur militaire. Lorsque le duc d'Orléans et le duc de Bourgogne se disputoient la régence sous Charles VI, que quelques accès de démence avoient mis hors d'état de gouverner, Philippe de Villiers-l'Isle-Adam, gouverneur de Pontoise, se déclara partisan du dernier. Il entra secrètement, à la faveur de la nuit, dans la ville de Paris avec huit cents chevaux, et y commit beaucoup de désordres. Tannégui du Châtel, qui en étoit prévôt, entendant le bruit, courut prendre le dauphin Charles VII dans son lit, l'enveloppa dans sa robe de chambre, le sauva à la Bastille, et de-là à Melun.

Mépris des richesses.

Il n'y a pas un vice plus infamant, surtout pour les personnes constituées en dignité, et chargées de procurer le bien des autres, que l'avarice. M. le duc de Montmorency, pour inspirer au jeune duc d'Enghien, son neveu, l'horreur d'une passion si détestable, lui donna cette sage leçon.

En allant dans son gouvernement, il passa par Bourges, rendit visite à ce jeune seigneur, qui y faisoit ses études, et lui donna une bourse de cent pistoles pour ses menus plaisirs. A son retour, il le vit encore, et lui demanda quel usage il avoit fait de cet argent? Le duc d'Enghien lui présenta sa bourse toute pleine. Que de parens auroient loué la rare abstinence de leurs enfans en pareil cas! Mais le duc de Montmorency pensoit bien plus noblement; il prit la bourse, jeta l'argent par la fenêtre, et dit à son neveu: « Apprenez, monsieur, qu'un aussi grand prince que vous ne doit point garder d'argent; puisque vous ne vouliez pas l'employer à jouer, il falloit en faire des aumônes et des libéralités. L'avarice, qui est si hideuse dans les particuliers, est encore plus horrible dans un prince.

Jamais prince ne fut moins attaché à l'argent que ce même duc. Jouant un jour, il se trouva sur le jeu environ trois mille pistoles. Un gentilhomme qui étoit présent, dit tout bas à un de ses amis que cette somme feroit sa fortune. Le duc feignit de ne point entendre; mais l'ayant gagnée un moment après, il se tourna vers lui: « Je voudrois, dit-il, que votre fortune fût plus grande; et il le pria de recevoir cette somme.

Le mépris de l'argent se trouve quelquefois dans des ames ordinairement intéressées, toujours avides du pillage, dans les soldats même. M. le duc de Montmorency étant à Montpellier, pour éviter d'être suivi d'une troupe de soldats qui se disposoient à l'accompagner avec leurs acclamations ordinaires, s'avisa de leur jeter des poignées d'argent; mais ces soldats, sans s'arrêter à le ramasser, comme il se l'étoit promis, ne l'abandonnèrent point, et l'escortèrent jusqu'à ce qu'il fût rentré chez lui.

Ce seroit bien à tort que l'on diroit que les exemples de désintéressement et de pauvreté que l'antiquité nous fournit, sont trop surannés pour le siècle où nous vivons, et que nos mœurs ne comportent plus une vertu si mâle et si robuste. On peut en citer plusieurs tirés de l'histoire moderne.

Le fameux Turenne ne sut-il pas se garantir de la passion de l'argent, dans un siècle où ce vice fut le plus dominant? Etant dans le comté de la Marck, en Allemagne, un officier-général vint lui proposer de lui faire gagner cent mille écus en quinze jours, par le moyen des contributions, et cela d'une manière que la cour n'en auroit aucune connoissance. Il lui répondit qu'il lui étoit bien obligé; mais qu'après avoir trouvé beaucoup de ces sortes d'occasions sans en avoir jamais profité, il n'étoit pas d'avis de changer de conduite à son âge.

Lorsqu'il commandoit en Allemagne, une ville neutre, qui crut que l'armée du roi alloit de son côté, fit offrir à ce général cent mille écus, pour l'engager à prendre une autre route, et pour le dédommager d'un jour ou deux de marche qu'il en pourroit coûter de plus à l'armée. « Je ne puis, en conscience, accepter cette somme, répondit M. de Turenne, parce que je n'ai pas eu intention de passer par cette ville.

M. de Turenne, content de son patrimoine, qu'il employoit au service de son prince et de sa patrie, ne chercha jamais à l'agrandir, surtout aux dépens d'autrui. Le cardinal Mazarin, maître des graces, voulant reconnoître les services qu'il avoit rendus à la couronne, et en faire le principal appui de son ministère, lui offrit le duché de Château-Thierry: il est peu de cadets, de quelque maison que ce soit, qui n'eussent accepté l'offre avec joie. Néanmoins, comme ce duché étoit du nombre des terres que le conseil avoit proposé de joindre ensemble pour faire l'équivalent que l'on devoit donner au duc de Bouillon, son frère, en échange de Sedan, il remercia le cardinal, quoique celui-ci l'assurât qu'on remplaceroit ce duché par quelque autre terre, il le refusa toujours avec la même générosité.

Le maréchal de Boucicaut ne laissa qu'un fils âgé de trois ou quatre ans, qui fut depuis maréchal de France et gouverneur de Gênes. Il ne s'étoit pas soucié de lui amasser de grands biens. Ses amis le blâmoient un jour de n'avoir pas profité de la faveur du roi Jean, son maître : « Je n'ai rien vendu, leur répondit-il, de l'héritage de mes pères, je n'y ai rien non plus augmenté : si mon fils est homme de bien, il en aura assez ; mais s'il ne vaut rien, il en aura trop, et fera grand dommage. » Belle leçon pour les jeunes officiers !

Le connétable Duguesclin, à qui ses belles actions ont mérité les faveurs des trois rois, Jean Ier, Charles V et Charles VI, avoit un souverain mépris pour l'argent ; il ne le recevoit de la libéralité du roi, que pour le distribuer à ses soldats. Quoiqu'il se fût trouvé dans des occasions prochaines d'accumuler de grands biens, il en laissa moins à sa famille qu'il n'en avoit reçu d'elle.

Le maréchal de Fabert étoit si peu attaché aux richesses, qu'il sacrifioit généreusement tout son bien au service du roi : dans beaucoup d'occasions, il faisoit travailler les soldats et élever des fortifications à ses dépens. Lorsque son épouse ou ses plus intimes amis lui représentoient que, par ses dépenses, il ôtoit à sa famille un bien qu'il étoit obligé de lui conserver, il répondoit : « Si, pour empêcher qu'une place que le roi m'auroit confiée ne tombât au pouvoir des ennemis, il falloit mettre à une brèche que je verrois faire, ma personne, ma famille et tout mon bien, je ne balancerois pas à le faire. »

L'illustre Jean de la Vacquerie, premier président du parlement de Paris, mourut dans une si grande pauvreté, que le roi Louis XI prit soin de sa famille, et l'établit à ses dépens.

Les siècles futurs accuseront-ils ces grands hommes, qui ont montré tant de mépris pour les richesses, d'avoir avili, ou la noblesse de leur naissance, ou la dignité de leur rang? Ne sont-ce pas au contraire ces qualités mêmes qui les ont rehaussés davantage, et qui leur ont attiré plus universellement l'estime, l'amour et l'admiration de la postérité?

Le sage content de peu.

Nous avons eu de nos jours un prince (monseigneur le duc de Bourgogne) dont la France regrettera éternellement la perte par beaucoup d'autres endroits, et en particulier à cause de l'éloignement extrême qu'il avoit pour tout faste et pour toute dépense inutile. On lui proposoit d'embellir un appartement par des cheminées plus ornées et plus à la mode : comme il n'y avoit point de nécessité, il aima mieux conserver les anciennes. Un bureau de quinze cents livres, qu'on lui conseilloit d'acheter, lui parut d'un trop grand prix; il en fit chercher un vieux dans le garde-meuble, et il s'en contenta : il en étoit ainsi de tout, et le motif de ces épargnes étoit de faire de plus grandes libéralités.

Il n'avoit encore que douze ans, lorsqu'apprenant la conversion du célèbre La Fontaine, et le renoncement au profit qui devoit lui revenir d'une édition de ses contes en Hollande, il lui envoya une bourse de cinquante louis : le gentilhomme qui en fut le porteur, assura de sa part que c'étoit tout l'argent qu'il avoit pour le présent, mais qu'il ne s'en tiendroit point là. Quelle bénédiction pour un royaume, et quel présent du ciel, qu'un prince de ce caractère!

Arnaud d'Ossat, si célèbre par son adresse merveilleuse dans les négociations, quoiqu'il ne fût pas meublé à beaucoup près en cardinal, ne voulut pourtant pas accepter l'argent, le carrosse et les chevaux, ni le lit de damas rouge que le cardinal de Joyeuse lui envoya présenter trois semaines après sa promotion : « Car, dit-il, encore que je n'aie point tout ce qu'il me faudroit pour soutenir cette dignité, si est-ce que je ne veux pas pour cela renoncer à l'abstinence et modestie que j'ai toujours gardées. » Une telle disposition est bien plus rare et bien plus estimable qu'un magnifique équipage et qu'un riche ameublement.

Ce n'est point parmi les grands et les riches que se trouve la félicité, mais plutôt parmi les pauvres et les gens d'une fortune médiocre. L'exemple suivant, aussi curieux qu'instructif, en est une preuve.

Le maréchal de Montmorency, voyageant dans le Languedoc, suivi de quelques gentilshommes, s'entretenoit avec eux de ce qui peut faire le bonheur de la vie. Il aperçut dans le même instant quatre laboureurs assis au loin sur l'herbe, qui dînoient à l'ombre d'un buisson. La curiosité le prit de les approcher; leur ayant fait plusieurs questions, il les pria de lui avouer sincèrement s'ils s'estimoient heureux. Il y en eut trois qui répondirent qu'ils l'étoient, parce qu'ils avoient une femme et des enfans tels qu'ils le souhaitoient.

Le duc demanda à l'autre s'il étoit aussi content que ses compagnons. Le bon homme répondit que ce qui l'en empêchoit étoit de se trouver hors d'état d'acquérir un héritage que ses parens avoient autrefois possédé : « Si tu l'avois, reprit le duc, te croirois-tu parfaitement heureux ? » Autant, répondit-il, que je puisse l'être. Alors M. de Montmorency se tournant vers un de ses gentilshommes : « Je vous prie que je puisse dire avoir rendu un homme heureux une fois en ma vie. » Il lui fit donner deux cents pistoles, qui étoit la somme nécessaire pour acheter l'héritage que le laboureur souhaitoit.

Le chevalier Bayard fut l'homme du monde qui sut mieux se contenter de peu, et qui montra toujours une souveraine indifférence pour les richesses. Ayant enlevé aux Espagnols une somme de quinze mille ducats, il prenoit plaisir à les remuer sur la table, et il dit à ses soldats en riant : « Camarades, ne sont-ce pas là de belles dragées, et ne vous donnent-elles pas quelque envie d'en goûter? » Le capitaine Tardieux s'écria seul du milieu de la troupe : « Que nous sert-il d'en vouloir tâter? c'est un mets qui n'est pas pour nous. » Puis baissant un peu la voix : « Si j'avois, ajouta-t-il, la moitié de cet argent, je serois heureux et homme de bien toute ma vie. » Bayard le prit au mot; et lui comptant la moitié de la somme, lui fit promettre de tenir sa parole. Le reste fut distribué aux officiers et soldats.

Souffrir avec peine la louange, et parler de soi avec modestie.

Personne n'a jamais remarqué qu'il soit échappé à M. de Turenne la moindre parole qu'on pût soupçonner de vanité. Remportoit-il quelque avantage? à l'entendre, ce n'étoit pas qu'il fût habile, mais l'ennemi s'étoit trompé. Rendoit-il compte d'une bataille? il n'oublioit rien, sinon que c'étoit lui qui l'avoit gagnée. Racontoit-il quelques-unes de ces actions qui l'avoient rendu si célèbre? on eût dit qu'il n'en avoit été que le spectateur, et l'on doutoit si c'étoit lui qui se trompoit ou la Renommée. Revenoit-il de ces glorieuses compagnes qui rendront son nom immortel? il fuyoit les acclamations populaires; il rougissoit de ses victoires; il venoit recevoir des éloges, comme on vient faire des apologies; il n'osoit presque aborder le roi, parce qu'il étoit obligé, par respect, de souffrir patiemment les louanges dont sa majesté ne cessoit de l'honorer.

Le cardinal Mazarin avoit fait faire une relation de la journée de Bleneau, laquelle, selon l'expression de la cour, remit la couronne sur la tête du jeune Louis XIV. Elle commençoit par le conseil que M. de Turenne avoit donné au maréchal d'Hocquincourt, et dont le mépris avoit causé son entière défaite. Le vicomte pria le cardinal d'ôter cet article avant qu'on l'imprimât ; il lui représenta que ce maréchal avoit déjà assez de chagrin d'avoir été battu, sans l'augmenter encore par une circonstance si mortifiante ; mais c'étoit au fond pour épargner sa modestie, et pour qu'on s'occupât moins de la gloire qui lui revenoit de cette fameuse journée. Le cardinal eut égard à sa prière, et l'article fut supprimé.

Rien de plus ordinaire au plus petit officier, que de se vanter d'avoir fait ce qu'il raconte de plus grand, ou du moins d'y avoir une bonne part avec le général. Il y a bien plus de grandeur à ne pas faire de réflexion, même sur ses plus grandes actions ; en sorte qu'il semble qu'elles nous échappent, et qu'elles naissent si naturellement de la disposition de notre ame, qu'elle ne s'en aperçoit pas.

Duguesclin, qui porta avec honneur l'épée de connétable sous le règne de Charles V, et à qui ce prince donna le principal commandement de ses armées, disoit ordinairement que la gloire, cette noble passion qui touche le plus sensiblement le cœur des héros, se devoit partager entre les hommes, aussi bien que les richesses ; il en faisoit toujours retomber une partie sur ceux qui l'avoient accompagné dans une action.

La solide grandeur consiste à renoncer à la grandeur même.

Tout ce qui est extérieur à l'homme, tout ce qui peut être commun aux bons et aux méchans, ne le rend point véritablement estimable ; c'est par le cœur qu'il faut juger de l'homme; de là, partent les grands desseins, les grandes actions, les grandes vertus. On est esclave de la grandeur dès qu'on la desire, et on est au-dessus d'elle quand on la méprise.

Le roi voulut honorer le maréchal de Fabert du cordon bleu, sur la fin de l'année 1661; mais il le refusa. Louis XIV, loin d'en être offensé, admira la modestie du maréchal. Dans une lettre écrite de sa propre main, il le louoit en ces termes: « J'ai un regret sensible de voir qu'un homme qui, par sa valeur et par sa fidélité, est parvenu si dignement aux premières charges de ma couronne, se prive lui-même de cette nouvelle marque d'honneur, par un obstacle qui me lie les mains. Ainsi, ne pouvant rien faire davantage pour rendre justice à votre vertu, je vous assurerai du moins par ces lignes, que ceux à qui je vais distribuer le collier, ne peuvent jamais en recevoir plus de lustre dans le monde, que le refus que vous en faites par un principe si généreux vous en donne auprès de moi. »

Charles IX ayant demandé au maréchal de Tavannes à qui l'on pourroit donner le gouvernement de la Provence qui venoit de vaquer, le maréchal lui répondit: « Sire, donnez-le à un homme de bien, qui ne dépende que de vous. » La conversation n'alla pas plus loin. Quelques jours après, le roi le manda, et lui dit qu'il avoit profité de l'avis qu'il lui avoit donné, et qu'il avoit pourvu du gouvernement de Provence un homme tel qu'il lui avoit conseillé de choisir. Sa majesté ajouta aussitôt que c'étoit à lui-même qu'il faisoit ce présent. Le remercîment de Tavannes fut singulier: « Je fais, dit-il, autant pour vous de l'accepter, que vous faites pour moi de me le donner. » Il reçut avec assez d'indifférence et de froideur les complimens qu'on vint lui faire à cette occasion.

Rien de plus brillant aux yeux des mortels que

les grandes dignités ; rien de plus pénible ni de plus accablant quand on veut en remplir les devoirs.

Après la mort de l'empereur Maximilien, les électeurs résolurent de mettre la couronne impériale sur la tête d'un homme de leur nation. Frédéric de Saxe, surnommé le Sage, qu'ils choisirent d'une commune voix, demanda deux jours pour se déterminer; au troisième, il remercia les électeurs avec beaucoup de modestie, en leur représentant, qu'à l'âge où il étoit, il ne se sentoit pas assez de force pour soutenir un si grand poids.

Toutes les remontrances qu'on lui fit ne purent vaincre sa résistance. Les électeurs le prièrent de nommer la personne qu'il jugeroit en conscience la plus propre, l'assurant qu'ils s'en rapporteroient à son avis. Frédéric refusa long-temps de le faire; mais enfin, forcé par les vives instances des électeurs, il se déclara pour le roi catholique.

La double abdication que Charles Quint fit de l'empire et du royaume, est l'action de sa vie la plus digne d'admiration. Ce prince, connoissant à fond la vanité des grandeurs et le faux éclat des couronnes, préféra la retraite de Saint-Just, en Espagne, au palais impérial. Il trouva dans cet état une satisfaction plus solide qu'à être l'arbitre de l'Europe. La gloire qui environne les grandes dignités, fait que nous accordons volontiers notre estime à ceux qui y renoncent.

La calomnie punie et l'innocence reconnue.

Denis, roi de Portugal, en épousant Elisabeth, fille de Pierre, roi d'Arragon, avoit plus cherché en elle sa beauté et les avantages de sa naissance, que sa vertu et sa piété, cependant il lui laissa la liberté de se satisfaire dans tout ce que sa dévotion lui prescrivoit. Quoiqu'il ne se piquât pas lui-même d'une grande vertu, il ne put s'empêcher d'estimer et d'admirer celle de son épouse.

Elisabeth eut bien des disgraces à essuyer de la part du roi. Il écouta un calomniateur qui accusa cette pieuse reine d'avoir un mauvais commerce avec un page dont elle se servoit pour porter les aumônes aux pauvres honteux, et pour d'autres œuvres de piété. C'étoit un jeune homme vertueux, et qui étoit charmé d'être employé à de pareilles commissions. L'accusateur étoit un page du roi, que la jalousie rendoit ennemi de celui de la reine. Le roi crut aisément l'imposture, parce qu'il jugeoit du cœur de la reine par le sien.

Etant un jour à la promenade, il passa devant un four à chaux. Il appela le maître qui entretenoit le feu, et lui donna ordre secrètement de jeter dans le fourneau ardent un page qu'il lui enverroit le lendemain, comme pour savoir des nouvelles de quelques commissions qu'il lui auroit données. Le lendemain le roi ne manqua pas de charger le page de la reine d'aller trouver de sa part le chaufournier, pour lui demander s'il avoit exécuté sa commission. Le page partit sur l'heure : mais en passant devant une église, il y entra pour entendre la messe selon sa coutume; et comme celle qu'on disoit étoit commencée, il crut devoir en entendre une autre après que la première fut achevée.

Le page accusateur, qui savoit où l'on avoit envoyé le page de la reine, et pourquoi on l'avoit envoyé, fut impatient d'apprendre de ses nouvelles, et s'en alla sur les lieux mêmes pour savoir si le roi étoit obéi. Le chaufournier l'ayant aperçu, crut que c'étoit celui dont il falloit se saisir. Ses ouvriers le prirent et le jetèrent dans le fourneau, où il fut consumé en peu de temps. Le page de la reine, après la messe, continua son chemin, et alla savoir du chaufournier si les ordres qui avoient été donnés la veille étoient exécutés. Dites au roi, répondit celui-ci, que j'ai fait ce qu'il m'a commandé. Quand le roi eut appris une si étrange équivoque, il fut également touché et confus; et cet événement, dans lequel il fut obligé de reconnoître la main de Dieu, le convainquit de l'innocence d'Elisabeth, et ne contribua pas peu à diminuer ses débauches.

Industrie admirée, délicatesse de conscience respectée.

CLOTAIRE II, voulant avoir une chaise ornée d'or et de pierreries, ne trouva aucun de ses ouvriers qui pût s'en former une idée semblable à la sienne, et l'exécuter. Bobon, son trésorier, ne balança pas à dire au roi qu'il avoit trouvé l'homme que sa majesté cherchoit : sur son témoignage, le prince fit donner à Eloy la quantité d'or et de pierreries qu'on jugea nécessaire. Eloy aussitôt se mit à l'ouvrage, et bientôt après, au lieu d'une chaise qu'on attendoit, il en présenta deux au roi. A la vue de la première, Clotaire admira fort son industrie et sa dextérité; mais il admira beaucoup plus sa fidélité, quand il vit la seconde. Ayant reconnu dans l'ouvrier autant d'esprit que d'adresse et de désintéressement, il crut devoir l'attacher à son service; il le retint donc à la cour, et lui donna dès-lors une grande part dans sa confiance, le logea dans son palais, et se faisoit un plaisir singulier d'aller l'y voir travailler.

Plus Clotaire voyoit Eloy, plus il étoit charmé de ses belles qualités, et plus il estimoit sa vertu; croyant qu'un homme d'une si rare probité étoit propre à autre chose qu'à façonner les métaux, il résolut de l'employer aux affaires de l'Etat. Pour se l'attacher plus fortement, il lui proposa de prêter le serment de fidélité ordinaire sur les reliques. Eloy, assuré des dispositions de son cœur, promettoit bien de demeurer fidèle; mais craignant de jurer en cette occasion sans nécessité, contre la défense de Jésus-Christ, il ne pouvoit se résoudre à faire le serment que le prince exigeoit. Clotaire ne sachant à quoi attribuer ce refus, insista à demander le serment; Eloy s'en défendit avec toute l'humilité possible, et tâcha de justifier sa répugnance à jurer. Le roi ne recevant pas ses excuses, l'en pressa encore davantage, et témoigna être choqué de sa résistance. Alors Eloy appréhendant d'offenser Dieu ou de déplaire au roi, ne put s'empêcher de verser des larmes. Le prince s'en aperçut, et lui dit que cette délicatesse de conscience l'assuroit plus de sa fidélité que tous les sermens qu'il eût pu faire.

L'infidélité des ouvriers est cause qu'on se méfie d'eux : qu'ils travaillent avec fidélité, qu'ils emploient en conscience les matières qu'on leur met entre les mains, ils ne manqueront jamais d'ouvrage. La facilité avec laquelle les ouvriers et les marchands font des sermens, augmente plutôt la méfiance qu'elle n'assure la confiance. Oui et non doivent être l'assurance de la vérité qu'un chrétien affirme. La meilleure manière d'honorer le serment, est de ne s'en servir ni fréquemment, ni indiscrètement; mais uniquement dans les rencontres nécessaires et très-importantes. Le serment, pour être légitime, doit, selon le prophète Jérémie, avoir ces trois qualités, d'être fait dans la vérité, dans le jugement et dans la justice : *Jurabis in veritate, et in judicio, et in justitiâ.*

Comment ne tremble-t-on pas, quand on prend Dieu à témoin d'une chose, ou fausse, ou dont on n'est pas assuré? il faut avoir perdu sa religion et sa conscience. La délicatesse des Païens à l'égard des sermens, fait la honte des Chrétiens : quelques-uns d'entre eux auroient cru non seulement déshonorer la majesté divine, en jurant légèrement, mais même en employant le nom de Dieu dans les conversations et dans les discours familiers.

Manière d'instruire et de reprendre.

Saint-Augustin, après sa conversion, retiré à la campagne avec quelques amis, y instruisoit deux jeunes gens nommés Licent et Trigèce. Il avoit établi des conférences réglées, où il les faisoit parler sur différens sujets que l'on proposoit; chacun soutenoit son sentiment, et répondoit aux questions qu'on lui faisoit; on écrivoit tout ce qui se disoit de part et d'autre. Il échappa un jour à Trigèce une réponse qui n'étoit pas tout à fait exacte, et qu'il souhaitoit qu'on ne mît point par écrit. Licent, de son côté, insista vivement, et demanda qu'elle fût écrite. On s'échauffa de part et d'autre, comme cela est naturel à des jeunes gens, dit Saint-Augustin, ou plutôt à tous les hommes, qui sont pleins de vanité et d'orgueil.

Saint-Augustin fit une réprimande assez forte à Licent, qui en rougit sur-le-champ; l'autre, ravi du trouble et de la confusion où il voyoit son émule, ne put dissimuler sa joie. Le saint, pénétré d'une vive douleur en voyant le secret dépit de l'un et la maligne joie de l'autre, et les apostrophant tous deux: « Est-ce donc ainsi, leur dit-il, que vous vous conduisez? Est-ce là cet amour de la vérité, dont je me flattois, il n'y a qu'un moment, que vous étiez l'un et l'autre embrasés?

Après plusieurs remontrances, il finit ainsi: « Mes chers enfans, n'augmentez pas, je vous en conjure, mes misères, qui ne sont déjà que trop grandes. Si vous sentez combien je vous considère et je vous aime, combien votre salut m'est cher; si vous êtes persuadés que je ne me souhaite rien à moi-même de plus avantageux qu'à vous; enfin, si en m'appelant votre maître, vous croyez me devoir quelque retour d'amour et de tendresse, toute la reconnoissance que je vous demande, est que vous soyez gens de bien, *boni estote.* » Ses larmes coulèrent alors abondamment, et achevèrent ce que son discours avoit commencé. Les disciples attendris ne songèrent plus qu'à consoler leur maître par un prompt repentir pour le présent, et par de sincères promesses pour l'avenir.

Observation.

La faute de ces jeunes gens méritoit-elle que le maître en fût si touché? N'est-ce pas l'ordinaire de ces sortes de disputes? Vouloir bannir cette vivacité et cette sensibilité, ne seroit-ce pas éteindre toute l'ardeur d'étude, et émousser la pointe d'un aiguillon nécessaire à cet âge?

Ce n'étoit point la pensée de Saint Augustin, il ne songeoit qu'à retenir dans de justes bornes une noble émulation, et à l'empêcher de dégénérer en orgueil, qui est la plus grande maladie de l'homme : il étoit bien éloigné de vouloir la guérir par une autre, qui n'est peut-être pas moins dangereuse, je veux dire la paresse et l'indolence. « Que je serois à plaindre, dit-il, d'avoir de tels disciples, en qui un vice ne pût se corriger que par un autre vice! »

Voilà une délicatesse de sentimens qui ne se trouve point parmi les païens; ils conviennent à la vérité que l'ambition dont nous parlons ici, est un vice; mais par une contradiction assez bizarre, ils le donnent comme un vice qui devient souvent dans les jeunes gens une source de vertu : *Licèt ipsa vitiorum sit ambitio, frequenter tamen causa virtutum est;* et ils font tout ce qui est nécessaire pour nourrir et pour augmenter cette maladie. Il n'y a que le christianisme qui remédie à tout, qui déclare généralement la guerre à tous les vices, et qui puisse rétablir l'homme dans une entière santé. La philosophie, avec ses plus beaux préceptes, ne va pas jusque là.

Différence entre l'envie et l'émulation.

La différence est délicate entre l'envie et l'émulation. Comme il est aisé de s'aveugler et de persuader qu'on n'a que de l'émulation quand on est véritablement jaloux; aussi peut-il arriver qu'on blâme dans les autres, comme un mouvement d'envie, ce qui n'est dans eux que l'effet de l'émulation.

Il me paroît qu'on peut distinguer à ces caractères ces deux mouvemens si ressemblans en apparence, et dont l'un cependant est une vertu, et l'autre un vice. L'émulation est une passion noble et généreuse, qui ne peut avoir pour objet que la vertu; elle ne tend pas à rabaisser les autres au-dessous de nous; elle ne retranche rien des louanges qu'ils méritent; elle ne voudroit pas qu'ils fussent moins estimables, mais elle nous fait un reproche de l'intervalle que nous laissons entre eux et nous. Enfin, si elle est jamais de mauvaise humeur, elle ne la fait jamais sentir qu'à nous-mêmes, et elle ne sait jamais mauvais gré à ceux qui nous surpassent.

L'envie, au contraire, est une passion basse et chagrine, qui corrompt la vertu même par son amertume; elle tâche de ternir le lustre des meilleures actions, par un souffle empoisonné; elle ne se soucieroit pas de monter, pourvu qu'elle vît les autres descendre au-dessous d'elle. La première est une fille du ciel, et un reste précieux de la grandeur pour laquelle l'homme étoit né, l'autre est un fruit de l'enfer et du démon, qui s'est perdu lui-même par l'envie, et qui s'est servi de ce poison contagieux pour perdre le premier homme.

Avis aux Instituteurs.

I.

Le moyen le plus assuré et le plus efficace pour insinuer aux jeunes gens des sentimens de piété, c'est que les instituteurs en soient eux-mêmes bien pénétrés; alors tout parle en eux, tout est instructif, tout inspire de l'estime et du respect pour la religion, lors même qu'il s'agit d'autre chose; car c'est l'affaire du cœur, encore plus que celle de l'esprit; et pour la vertu, aussi-bien que pour les sciences, la voie des exemples est bien plus courte et plus sûre que celle des préceptes.

II.

Les corrections et les réprimandes doivent être faites selon les règles que la raison a prescrites; pour les rendre utiles, il faut persuader que ce n'est ni de l'humeur, ni du desir de faire peine qu'elles naissent, mais d'une pure charité et d'un vrai zèle. La qualité la plus essentielle d'une maître chrétien, est d'avoir pour ses disciples cet amour de jalousie dont parle saint Paul, qui les rende extrêmement sensibles à tout ce qui concerne la vertu.

III.

On croit quelquefois faire merveille en multipliant les paroles; on croit amollir le cœur par de vifs reproches, par des humiliations, par des châtimens; mais il faut que la grace les rende utiles. Quand on attend tout de ces moyens, on met un obstacle secret à la grace, qui est justement refusée à la présomption humaine, et à une confiance orgueilleuse.

IV.

Le cœur n'obéit point à la voix de l'homme. Le ministère extérieur de ceux qui enseignent et qui reprennent, n'est que pour cacher l'opération secrète de Dieu, qui deviendroit, sans ce voile, trop manifeste, et peu propre à exercer notre foi : les mêmes discours qui animent et attendrissent les uns, révoltent et endurcissent les autres : plus on est spirituel, moins on ose répondre du succès de ses paroles et de ses soins à l'égard des personnes qui paroissent moins capables d'y résister : *Cathedram habet in cœlis,* dit saint Augustin, *qui corda docet.*

V.

Tous ceux qui sont chargés de l'instruction, ne font proprement qu'assembler les ossemens ; ils étendent sur eux la chair et la peau ; mais semblables au prophète Ezéchiel, à qui il fut commandé d'invoquer l'esprit de vie, pour animer des morts dont la campagne étoit couverte, leurs soins et leurs travaux seront sans succès, si l'esprit saint ne donne une ame à ces hommes sans vie : combien faut-il lui dire avec ferveur et avec persévérance : *Veni, Spiritus, et insuffla interfectos istos, ut reviviscant.*

VI.

Quand un écolier abuse également de tout, de la douceur et de la sévérité, un maître doit tenir un certain milieu entre ces deux conduites ; parler peu, mais observer tout, n'exhorter et ne menacer plus, mais mettre sur son visage un air grave et sérieux, mêlé d'une indifférence affectée ; ces manières froides et tranquilles sont plus propres à rappeler une personne qui se plaît dans la contradiction et dans la résistance, que tous les discours ; elle s'étonne de ce qu'on ne lui parle plus, et son feu s'éteint faute d'objets : pour peu qu'il revienne, on peut lui dire, qu'après tant de soins toujours inutiles, on n'a plus d'autre devoir que de s'affliger de son impénitence et de sa perte, qu'on est réduit à être témoin malgré soi, d'un malheur qu'on ne peut empêcher ; que désormais on se croit déchargé, et que c'est une chose fort détestable, que de vivre sans règle et de mourir sans espérance. Ces expressions courtes, après lesquelles on se retire, de peur de les affoiblir par d'autres moins mesurées, peuvent faire beaucoup d'impression, principalement quand elles sont accompagnées d'une piété intérieure, et qu'elles sont l'effet d'une charité qui ne paroît dure que parce qu'elle est tendre.

VII.

Si votre travail paroît inutile, ne vous découragez point, ne vous relâchez point, ne désespérez point des jeunes gens qui vous paroissent les plus endurcis. Dieu vous rendra le matin la récompense de votre travail pendant la nuit; il a paru inutile, mais il ne l'étoit pas pour vous. Les momens que Dieu s'est réservés ne sont connus que de lui, le soin vous étoit recommandé, et non le succès. Ce n'est ni la nature du travail que Dieu considère, ni le succès qu'il couronne; mais le zèle, la fidélité, l'amour de Dieu, la pureté d'intention, l'humilité, la persévérance. Tous ouvriers sont égaux en eux-mêmes, par rapport au succès; le travail et la bénédiction que Dieu y donne, sont ce qui les distingue; c'est l'humilité et la prière qui attirent cette bénédiction.

Effets extraordinaires du mépris de soi-même et des créatures.

L'on a vu dans le septième siècle, la fille de Robert, garde des sceaux de Clotaire III, donner un exemple peu connu du mépris qu'elle faisoit d'elle-même. Angadresme (c'étoit son nom), desirant ne vivre que pour Dieu, le conjura de vouloir bien effacer en elle ce qui pouvoit attirer les yeux des hommes. Sa prière fut exaucée; bientôt elle tomba malade et se trouva couverte d'une lèpre, ou petite vérole qui lui gâta le visage.

Son père qui l'aimoit tendrement, regardant cet accident comme l'effet d'une maladie ordinaire, eut recours à l'art des médecins pour empêcher que cette difformité ne restât après sa guérison. Angadresme trouva le moyen de rendre leurs remèdes inutiles. Le père, qui l'avoit promise en mariage à un seigneur du Vexin, entreprit de la consoler sur sa prétendue disgrace. La sainte ne put s'empêcher de lui avouer qu'elle regardoit comme une faveur du ciel un accident de cette nature, dans le desir qu'elle avoit toujours eu de n'avoir point d'autre époux que Jésus-Christ. Elle s'estima fort heureuse de ce que Dieu, sans la mettre en danger de désobéir à son père, avoit empêché son mariage.

La petite ville de Senez a donné de nos jours un spectacle encore plus attendrissant. Une bonne paysanne, prévenue des bénédictions du Seigneur, avoit vécu jusqu'à son mariage dans une grande innocence et dans une grande simplicité; sa beauté qui surpassoit celle de toutes les filles du canton, ne lui enfloit point le cœur; elle vivoit éloignée du commerce des hommes, travailloit à la dentelle chez ses parens, et montroit dans toutes ses actions une candeur et une pureté admirables; elle s'attacha à l'époux que ses parens lui donnèrent, et continua de vivre dans le mariage avec la même simplicité et avec la même pureté qu'auparavant.

Un jour des jeunes gens qui la virent furent frappés de la blancheur de son visage et de la régularité de ses traits, et dirent en s'arrêtant un moment: Voilà une belle femme! Cette parole, qu'elle entendit, la fit rentrer promptement chez elle, et se jetant la face contre terre, elle dit en versant beaucoup de larmes: Seigneur, rendez-moi aux yeux des hommes aussi laide que je desire d'être belle à vos yeux. Peu de jours après, elle se sentit frappée des douleurs d'un cancer qui lui vint au visage; elle connut alors que Dieu l'avoit exaucée, et dans ses douleurs, elle ne cessoit de le bénir d'avoir jeté sur elle un regard de miséricorde. Son mal faisant des progrès, bientôt elle fut hors d'état de travailler, et obligée de garder le lit. Elle n'avoit point d'enfans, mais le travail de son mari ne suffisoit pas pour la faire soigner ; celui-ci s'affligeoit et s'impatientoit. Mon ami, lui disoit-elle, il ne faut ni vous abattre, ni vous troubler; Dieu nous avoit donné quelque peu de bien, il nous l'ôte, bénissons-le; il faut vendre ce que nous avons peu à peu, et nous en aider pour vivre ; quand nous n'aurons plus rien, Dieu y pourvoira. Dieu y pourvut en effet. Un ecclésiastique vint vers la pauvre malade et la trouva couchée sur la paille dans un lieu très-humide et séparé de l'étable aux vaches par des planches. Le cancer lui affectoit alors une partie de la tête et du front, et l'empêchoit de voir de l'œil gauche : ses douleurs étoient excessives; son cancer ouvert demandoit des soins que personne ne lui accordoit. Son mari alloit travailler à la campagne, et la malade demeuroit tout le jour livrée à la douleur. Ce qu'elle desiroit davantage, étoit qu'on l'entretînt des choses de Dieu. L'ecclésiastique, saisi de frayeur et d'admiration, attendri jusqu'aux larmes, lui promit de la visiter souvent.

Quand il expliquoit l'Evangile, la malade l'écoutoit avec le même respect qu'elle auroit écouté Jésus-Christ, dont il n'étoit que l'organe, elle protestoit que ses douleurs étoient suspendues dès qu'il ouvroit la bouche pour lui parler de Jésus-Christ. « Je fais peu de cas, lui disoit-elle, des aumônes que vous m'apportez, au prix des vérités de l'Evangile dont vous nourrissez mon ame. »

Cependant, le cancer gagna insensiblement tout le visage de cette femme; on n'y reconnoissoit plus aucun trait; ses yeux crevèrent, et en crevant, ils firent un bruit éclatant; il falloit tous les jours beaucoup de vieux linges pour couvrir la plaie et amortir le feu qui étoit dans les chairs. Un habile médecin disoit n'avoir jamais vu de cancer si horrible; il étoit encore plus frappé de la patience de la malade. Dans l'ardeur de ses douleurs, l'image de Jésus-Christ sur la croix étoit sa consolation et sa ressource; elle adoroit son Sauveur, qui, étant la sainteté même, avoit pris la place des pécheurs.

J'aurois dû, ô mon Dieu, s'écrioit-elle, monter sur cette croix, et vous avez pris sur vous ce calice d'amertume pour adoucir mes maux et les sanctifier.

Plusieurs fois on lui proposa de demander à Dieu sa guérison par un miracle; mais elle témoigna constamment qu'elle ne craignoit rien tant qu'une santé qui l'exposeroit au danger de voir le monde, et qui retarderoit au moins son bonheur. Voir Dieu, et jouir de lui, disoit-elle, c'est tout ce que je desire. Ses vœux furent exaucés après six ans de souffrances et de maladie : elle s'endormit dans le Seigneur, laissant à l'Eglise un exemple admirable de ce que peut la grace de Jésus-Christ pour élever les ames des plus petits au plus haut point de perfection.

Il y a peu de personnes du sexe qui desirent que leur beauté se perde pour ne pas plaire au monde, c'est qu'il y a peu de chrétiennes. Si je plaisois aux hommes, disoit saint Paul, je ne serois pas serviteur de Jésus-Christ. Dans les événemens fâcheux, quand il nous arrive quelque chose qui nous sépare du monde, bien loin de nous affliger, bénissons Dieu; c'est la même grace que si nous étions mis hors d'un lieu infecté de contagion.

Effets admirables du génie.

Le génie est une certaine aptitude que la nature a mise dans l'homme, pour réussir dans une chose que d'autres entreprendroient inutilement. Cette aptitude a tant de force sur nous, que nous n'avons pas plus de peine à apprendre les sciences qui en sont l'objet, que nous n'en avons pour apprendre notre langue. La nature, qui a donné à chacun son talent particulier, et qui n'a déshérité personne, n'a pas voulu non plus réunir toutes sortes de qualités dans le même homme; elle a destiné les uns pour commander les armées, les autres pour gouverner l'Etat; ceux-ci, elle les a formés pour la poésie; ceux-là pour l'éloquence. La nature, en faisant ses libéralités, a cependant accumulé quelquefois, par une espèce de prédilection, sur la même personne, toutes les qualités de l'esprit et du cœur : le célèbre M. d'Aguesseau en est un exemple.

Ce grand homme parut réunir tous les talens, dont l'heureux assemblage fera l'admiration de tous les siècles : il se rendit habile presque dans toutes les langues; il disoit quelquefois que c'étoit un amusement d'apprendre une langue. La lecture des anciens poëtes fut, selon son expression, *une passion de sa jeunesse*. La société des deux grands poëtes, Racine et Boileau, faisoit alors ses délices, et il ne s'en permettoit point d'autres; lui-même faisoit de très-beaux vers, et conserva ce talent jusqu'à ses dernières années. Son principe étoit que le seul changement d'occupation est un délassement. Ce fut ainsi qu'au milieu des fonctions les plus pénibles, il trouva le moyen d'étendre ses connoissances jusqu'à la fin de sa vie. Les principes de religion éloignèrent de lui toutes les passions et toute autre vue que celle de faire du bien. Il n'eut, du printemps de l'âge, que le feu de l'imagination, la vivacité de l'esprit, les prodiges de la mémoire.

Reçu avocat-général au parlement de Paris, en 1691, il y parut avec tant d'éclat, que le célèbre Denis Talon, alors président à mortier, dit qu'il voudroit finir comme ce jeune homme commençoit. Après avoir exercé dix ans cette charge avec autant de zèle que de lumière, il fut nommé procureur-général à trente-deux ans. Jamais le glaive ni le bouclier de la justice n'ont été confiés à des mains plus pures et plus habiles; la timide innocence se rassuroit à sa vue, le crime orgueilleux frémissoit :

on se souviendra long-temps de la fatale année de 1709, où la nature refusa ses dons ordinaires, et où l'avarice cachoit ceux des années précédentes; M. d'Aguesseau, par des recherches laborieuses; par d'utiles ressources, contribua plus que tout autre à sauver la France.

L'ordre des juridictions, l'intérêt des hôpitaux, les affaires du clergé, celles de l'Etat, occupèrent tour à tour son attention, et ne la lassèrent jamais. Avec quelle vigueur n'a-t-il pas maintenu le patrimoine sacré de nos rois contre les entreprises de l'usurpation? Il a même hasardé de déplaire au prince, pour le servir; de résister à ses ordres, pour demeurer fidèle à ses intérêts; de préférer sa gloire réelle à sa volonté apparente; de démêler, dans la droiture de ses intentions, les surprises faites à sa piété, et de contredire humblement son autorité, pour ne la pas commettre dans une entreprise qui blessoit les droits de la couronne. Fermeté d'autant plus digne d'admiration, qu'elle l'exposoit à tout, et que, combattu entre les mouvemens du cœur qui l'attachoient tendrement au roi, et les lumières de l'esprit, qui lui montroient les engagemens austères de sa charge, il avoit pris le parti d'être, s'il le falloit, la victime plutôt que le destructeur de nos libertés. C'est ainsi qu'après avoir résisté à Louis XIV et au chancelier Voisin, au sujet d'une déclaration, il dit adieu à son épouse, en lui faisant entendre qu'il ne savoit pas s'il n'iroit point coucher à la Bastille. Mais cette femme forte lui répondit sans s'étonner : Allez, monsieur, et agissez comme si vous n'aviez ni femme, ni enfans; j'aime mieux vous voir conduire à la Bastille avec honneur, que de vous voir revenir ici déshonoré.

A la mort du chancelier Voisin, le régent jeta les yeux sur d'Aguesseau, pour remplacer ce grand ministre; il le manda au Palais-Royal, et en le voyant, il lui donna le nom de chancelier. D'Aguesseau s'en défend, fait des représentations au prince;

allègue son incapacité. Obligé de consentir à son élévation, il parut encore plus grand que sa dignité: il s'étoit instruit des lois de toutes les nations et de tous les temps; n'étoit étranger dans aucun pays, ni dans aucun siècle.

La sobriété et l'égalité d'ame conservèrent à M. d'Aguesseau, jusqu'à l'âge de quatre-vingt-un ans, une santé vigoureuse; mais dans le cours de l'année 1750, des infirmités l'avertirent de quitter sa place; il s'en démit, se retira avec les honneurs de la dignité de chancelier, et mourut peu après. On a déjà publié, en plusieurs volumes in-4°., la plus grande partie de ses ouvrages; son style est très châtié; mais on y desireroit quelquefois plus de chaleur: ses discours feront l'admiration des hommes, tant que la langue française et le goût de la véritable éloquence subsisteront, ils seront pour la France un trésor qui égalera ses richesses, en ce genre, à celles d'Athènes et de Rome. M. d'Aguesseau ayant un jour consulté son père sur un discours qu'il avoit extrêmement travaillé, et qu'il vouloit retoucher encore, il lui fut répondu avec autant de finesse que de goût: « Le défaut de votre discours est d'être trop beau; il le seroit moins, si vous le retouchiez encore. »

Le célèbre père Massillon décela de bonne heure son génie, ses grands talens pour l'éloquence apostolique. Un homme de mérite, que Louis XIV envoyoit en Languedoc prêcher la controverse, passant par Arles, s'arrêta quelques jours dans la maison de l'Oratoire. Charmé des conversations fréquentes qu'il eut avec le jeune Massillon, étudiant en théologie, il lui dit, en le quittant, qu'il n'avoit qu'à continuer comme il avoit commencé, et qu'il deviendroit un des premiers hommes du royaume. Des espérances aussi flatteuses ne furent pas vaines, pendant qu'il professoit la théologie à Vienne, il prononça l'oraison funèbre de Henri de Villars, archevêque de cette ville, avec des applaudissemens auxquels il ne s'attendoit point : seul il ne connoissoit point ses talens. Ce succès le fit appeler à Paris par le père de la Tour, général de l'Oratoire. Lorsqu'il eut fait quelque séjour dans la capitale, son supérieur lui demanda ce qu'il pensoit des prédicateurs qui brilloient sur ce grand théâtre : « Je leur trouve, répondit-il, bien de l'esprit et des talens; mais si je prêche, je ne le ferai pas comme eux. » Il en exceptoit le père Bourdaloue. A peine l'eut-il entendu, qu'il en fut frappé d'admiration; mais s'il connut toute l'étendue et la beauté du génie de ce père, il vit en même temps qu'il avoit ses bornes. Ce prédicateur, plus jaloux d'instruire que de plaire et de toucher, négligeoit un peu trop les ornemens du style, le charme invincible du sentiment, l'art de peindre vivement les vices dans le tableau des mœurs, et l'art plus rare encore de fixer l'attention sans la fatiguer.

Massillon se fit une manière de composer qu'il ne dut qu'à lui-même, et qui, aux yeux des hommes sensibles, parut supérieure à celle de Bourdaloue. Après avoir prêché son premier Avant à Versailles, Louis XIV lui dit : « Mon père, j'ai entendu plusieurs grands prédicateurs dans ma chapelle, j'en ai été fort content; pour vous, toutes les fois que je vous ai entendu, j'ai été très-mécontent de moi-même. » Eloge parfait, qui honore également le goût et la piété du monarque, et le talent du prédicateur.

La première fois qu'il prêcha son sermon fameux sur le *petit nombre des Elus*, il y eut un endroit où un transport de saisissement s'empara de tout l'auditoire; presque tout le monde se leva à moitié par un mouvement involontaire; le murmure d'acclamation et de surprise fut si fort, qu'il troubla l'orateur.

Ce qui surprenoit surtout dans le P. Massillon, c'étoient ses peintures du monde, si saillantes, si fines, si ressemblantes. On lui demandoit où un homme, consacré comme lui à la retraite, avoit pu les prendre : « Dans le cœur humain, répondit-il ; pour peu qu'on le sonde, on y trouve le germe de toutes les passions. Quand je fais un sermon, j'imagine qu'on me consulte sur une affaire ambiguë, je mets toute mon application à décider et à fixer dans le bon parti celui qui a recours à moi ; je l'exhorte, je le presse, et ne le quitte point qu'il ne se soit rendu à mes raisons. » Son air simple, son maintien modeste, ses yeux humblement baissés, son geste négligé, son ton affectueux, sa contenance qui montroit qu'il étoit pénétré de ce qu'il annonçoit ; tout en lui portoit dans les esprits les plus brillantes lumières, et dans les cœurs les mouvemens les plus tendres.

En 1704, le père Massillon parut pour la seconde fois à la cour. Louis XIV, après lui en avoir témoigné son plaisir, ajouta du ton le plus gracieux : « Et je veux, mon père, vous entendre désormais tous les deux ans. » Des éloges si flatteurs n'altérèrent point sa modestie. Un de ses confrères le félicitant de ce qu'il venoit de prêcher admirablement, suivant sa coutume : « Eh ! laissez, mon pere, répondit-il, le diable me l'a déjà dit plus éloquemment que vous. » L'évêché de Clermont fut la récompense de son mérite, en 1717.

Destiné l'année suivante à prêcher devant Louis XV, qui n'avoit que neuf ans, il composa en six semaines ce discours si connu sous le nom de *Petit Carême ;* c'est le chef d'œuvre de cet orateur, et celui de l'art oratoire. L'orateur y expose à l'auguste monarque les devoirs d'un roi très chrétien dans toute leur étendue, et les tendres sentimens de la France pour sa personne sacrée, dans toute leur force. Le père Massillon y paroît un prédicateur accompli de l'évangile, et un fidèle interprète de la nation.

Un bel esprit, M. Desfontaines, a dit que, dans les sermons du père Massillon, l'on trouve partout un raisonnement juste et méthodique sans affectation, des pensées vives et délicates, des expressions choisies, sublimes, harmonieuses, et toujours naturelles; des images revêtues d'un coloris frappant, un style clair, net, et cependant plein et nombreux; nulle antithèse, nulle phrase recherchée; point de figures bizarres; une extrême pureté dans le langage, sans exactitude puérile, une élégance continuelle; en général, une fécondité inépuisable, et une abondance d'idées brillantes et magnifiques qui semble le langage naturel de l'orateur. Je ne crains pas, ajoute-t-il de dire, si le sacré peut être comparé au profane, que le père Massillon est au père Bourdaloue, ce qu'est Racine à Corneille.

Exemple rare de fidélité à sa parole.

On a beaucoup vanté la belle action de Régulus : celle que je vais rapporter lui est-elle inférieure? M. de Saint-Luc, qui commandoit les troupes des Catholiques en Languedoc, fit prisonnier le célèbre Agrippa d'Aubigné, l'aïeul de madame de Maintenon, chef d'un parti huguenot : le duc d'Epernon le haïssoit, Catherine de-Médecis le détestoit; l'un et l'autre ne cherchoient que l'occasion de le sacrifier à leur ressentiment, et de se venger de ses satires.

Dès qu'ils le surent prisonnier, l'ordre fut expédié de le transférer à Bordeaux, bien lié et bien gardé. D'Aubigné étoit à la Rochelle. Saint-Luc lui avoit permis d'y passer quelques jours; mais ayant reçu les ordres de la cour dont il prévoyoit les suites funestes, il le fit avertir secrètement de ne pas revenir. D'Aubigné étoit esclave de sa parole, il part de la Rochelle et se rend auprès de Saint-Luc, qui parut consterné de son arrivée, et lui demanda s'il n'avoit pas reçu son courrier. Oui, monsieur, lui répondit-il, mais je vous avois donné ma parole, je veux l'acquitter, et je me remets entre vos mains;

je sais que ma mort est résolue, n'importe; mes ennemis n'ont qu'à satisfaire leur vengéance; j'aime mieux mourir que de manquer à mon honneur, et de vous compromettre avec une cour soupçonneuse et vindicative. Saint-Luc alloit exécuter à regret les ordres qu'il avoit reçus, lorsqu'on vint lui dire que les Rochelois avoient pris Guittau, gouverneur des îles de Rhé et d'Oléron, et qu'ils menaçoient de le jeter à la mer, si l'on conduisoit d'Aubigné à Bordeaux. Cet incident fut pour Saint Luc un prétexte de garder d'Aubigné, et de lui sauver la vie.

(*Essais historiques sur Paris.*)

Bel exemple de fidélité à la religion.

Les exemples de fidélité à la religion sont toujours admirables; je suis bien persuadé qu'il n'y a point de meilleur citoyen que celui qui sert bien son Dieu; je ne puis passer sous silence le courage et la fermeté que fit paroître le chevalier de Pravieux, dans une occasion bien délicate : il avoit été pris par les calvinistes, à Feurs, petite ville du Forez, où son frère aîné commandoit. Ces hommes, à qui le fanatisme faisoit oublier qu'ils étoient Français, et que les catholiques l'étoient tout comme eux, commettoient, dans le Lyonnais et dans le Forez, des horreurs qu'on auroit encore peine à croire, s'il n'en restoit des traces funestes, et si les troubles des Cévennes ne nous eussent montré jusqu'où peut aller la fureur des guerres de religion.

Feurs avoit été prise par ces sectaires, et le chevalier de Pravieux fait prisonnier avec son frère. La rançon de celui-ci avoit été acceptée : pour lui, on le retenoit en prison; il avoit donné de rares exemples de bravoure, on le redoutoit; il étoit bon catholique, et il portoit la croix de Malte, on le haïssoit, il n'y avoit plus que le sacrifice de sa religion qui pût être le prix de sa liberté. Prières, menaces, promesses, mauvais traitemens, tout fut mis en usage par les calvinistes : pour gagner ce brave homme à leur parti, les ministres cherchèrent à le convaincre, les femmes essayèrent de le séduire; cent fois il toucha au moment d'être massacré, il fut toujours inébranlable : on le conduisit au prêche, on le força d'assister à la cène; il parut le chapeau sur la tête, et avec cet air de noblesse et de fermeté que la vertu met sur le front de l'homme de bien pour confondre les méchans. Après plusieurs mois de captivité et de souffrance, il fut tiré de sa prison, mais ce fut pour aller à la mort. Les calvinistes de Lyon n'osant attenter à sa vie, de peur qu'il ne trouvât des vengeurs, le remirent à une troupe des leurs qui retournoient en Provence; après avoir ravagé le Forez et le Lyonnais, ils eurent ordre de se défaire de leur prisonnier aussitôt qu'il seroit arrivé chez eux. Rien ne pouvoit être plus conforme à leur inclination; acharnés contre les catholiques, ils ne cherchoient que les occasions de les immoler à leur fureur. La mort de Pravieux étoit certaine. Un jour, vers l'entrée de la nuit, la troupe arriva près d'un bois fort épais, le chevalier crut avoir trouvé occasion de recouvrer sa liberté, il s'enfonça dans la forêt, et malgré l'ardeur de ses gardes à chercher leur prisonnier, il eut le bonheur de leur échapper à la faveur des broussailles et de l'obscurité. (*Histoire de Lyon.*)

Amour ancien des Français pour leur roi.

De tout temps on a remarqué dans les Français un amour singulier pour leurs maîtres ; ce n'est pas seulement une fidélité, un attachement réfléchi et sincère, c'est une passion bien réelle, capable des plus grandes choses : nos annales en offrent des preuves sans nombre. A la bataille de Pavie, Jean le Sénéchal, gentilhomme de la chambre, voyant un arquebusier viser un prince, se jeta au-devant du coup, et fut tué, sacrifiant ainsi sa vie pour celle de son maître. C'est là que François Ier vit toute sa noblesse expirer à ses côtés. Ces gentilshommes, qui n'avoient vu que leur père dans leur souverain, sembloient encore lui faire un rempart de leurs cadavres, après l'avoir défendu avec courage tant qu'il leur étoit resté un peu de force. (*Essais historiques sur Paris.*)

Un ambassadeur d'Espagne, accoutumé à l'étiquette de la cour de Madrid, parut autrefois tout surpris, en venant au Louvre, de voir Henri IV environné de courtisans qui le pressoient fort. Il faudroit les voir un jour de bataille, lui dit ce bon prince, ils me pressent bien encore davantage.

Philippe Auguste ne dut sa conservation à Bovines, qu'au zèle prodigieux de ceux qui l'environnoient : le chevalier qui portoit l'étendard royal, ayant fait connoître quel étoit le péril du roi, ce signal ranima l'ardeur des troupes ; ce n'étoient plus seulement des soldats, c'étoient des héros. D'Estaing voyant le roi démonté, saute de son cheval, le lui donne, et ne cesse de combattre à son côté, qu'il n'ait mis son prince en sûreté.

C'est depuis ce temps-là que la maison d'Estaing porta les armes de France au chef d'or.

Le même amour s'est renouvelé plusieurs fois. Après la prise de Damiette, Louis IX ayant vu ses succès s'évanouir, obligé de fuir à son tour devant les Sarrasins, s'étoit retiré dans une petite ville que Joinville appelle Casel. Les ennemis y arrivèrent presque aussitôt que le saint roi. La gauche de Châtillon défendit seule l'entrée d'une rue par où ils cherchoient à pénétrer jusqu'à la maison où S. Louis étoit couché; Châtillon s'élançoit sur eux avec une bravoure incroyable; son bouclier, sa cuirasse, son corps même étoient hérissés de flèches qu'on faisoit pleuvoir sur lui, car on n'osoit l'approcher; il s'écartoit de temps en temps pour les en arracher, et rechargeoit ensuite avec une nouvelle ardeur, en criant de toute sa force : « A Châtillon, chevaliers, à Châtillon, et où sont mes prud'hommes ? » Il crioit en vain, personne ne l'entendit ; on ne put venir à son secours, il fut accablé par le nombre ; mais du moins il n'y eut que le moment de sa mort qui put devenir le signal de la prise de son roi.

Le nom de S. Louis me rappelle un beau morceau qui ne sera pas déplacé ici ; le voici tel que l'écrit M. l'abbé Velly, le plus vrai peut-être, et certainement le plus intéressant de nos historiens : je ne fais que l'abréger.

Louis IX, ce monarque chéri, prince de paix et de justice, arrêté à Pontoise par une dyssenterie cruelle, jointe à une fièvre ardente, se voyoit au moment d'aller se réunir à ses pères. La maladie commença avec tant de violence, qu'il se crut en péril dès les premiers jours ; il se mit d'abord en état de comparoître devant le tribunal terrible, et, sans attendre qu'on l'avertît de son devoir, il demanda et reçut, avec les plus grands sentimens de piété, tous les sacremens de l'église.

La nouvelle de cet accident fut bientôt portée à Paris, de là par tout le royaume, où elle mit une consternation générale ; chacun crut sa vie attachée à celle du souverain : on abordoit en foule à Pontoise ; barons, archevêques, évêques, abbés, tous les grands du royaume y accouroient, et n'osant même demander des nouvelles de ce qui les amenoit, tâchoient seulement d'en découvrir quelque chose sur le visage de ceux qu'ils rencontroient.

Les prélats ordonnèrent des prières publiques, et furent prévenus par les peuples ; on ne voyoit par les rues que processions, où les plus grands seigneurs, mêlés avec la populace, ne pensoient à se distinguer que par leur zèle ; les églises, toujours pleines, retentissoient des vœux qu'on faisoit pour une santé si précieuse ; le prêtre qui prononçoit les prières, interrompoit le chant par ses pleurs; vieillards, femmes, enfans, tout lui répondoit par des sanglots et par des cris.

La désolation redoubla dans le palais, quand on le sentit froid après de violentes convulsions, et qu'on ne douta point qu'il n'eût expiré; la douleur fut alors à son comble.

Dès que la santé de Louis fut affermie, il revint à Paris goûter le plus grand plaisir qui puisse toucher un bon roi, il se vit tendrement aimé. L'empressement tumultueux du peuple, et la joie répandue sur tous les visages, firent mieux sentir la place qu'il occupoit dans tous les cœurs, que n'eussent pu faire des arcs de triomphe ou des harangues étudiées; aussi s'appliqua-t il plus que jamais au bonheur de ce même peuple, aux vœux duquel il se croyoit rendu.

Lorsqu'on lit le récit de cet événement, les vives alarmes de la nation, et ces transports inouis d'allégresse qui succédèrent à la plus affreuse désolation, on croit entendre l'histoire de ce qui s'est passé à Metz en 1744; c'est que les vertus qui font les héros et les bons rois, excitent les mêmes sentimens dans tous les siècles.

Amour filial, amour de la patrie.

Sur la foi d'une tradition constante dans le pays, Mézeray raconte le trait suivant : Sous le règne d'Henri IV, les troupes de la reine de Hongrie, commandées par le comte de Roux, firent des dégâts horribles dans la Picardie. Un jeune homme des environs de Roye s'étoit sauvé fort jeune de chez ses parens, et avoit pris parti dans ces troupes étrangères, la guerre le ramenoit dans les lieux de sa naissance; on ravageoit le village même où il avoit vu le jour, les habitans cherchèrent un asile dans l'église. Aussitôt le capitaine qui commandoit le détachement ennemi y fit mettre le feu. Le Picard ne put voir sans frémir l'exécution d'un commandement si barbare; l'amour du pays, ce sentiment qui tient si fortement à la nature, lui fit entendre sa voix; les cris de ses compatriotes émurent ses entrailles, il se détacha de son rang, et, malgré la défense de son capitaine, il court ouvrir la porte de l'église, pour faciliter à ces malheureux le moyen de s'échapper.

Une femme se présente d'abord défigurée, à demi-brûlée; il l'envisage, reconnoît sa mère; elle le reconnoît à son tour, elle s'écrie: Ah! mon fils! Il n'a pas la force de lui répondre, il se précipite dans ses bras. Le commandant, toujours plus inhumain, lui ordonne de repousser cette femme; la nature l'emporte, il ne peut se séparer de sa mère: un tigre eût été attendri, l'officier ne parut que plus irrité; on lui désobéissoit; il entre en fureur, et il les fait jeter tous les deux dans les flammes, où le Picard expira entre les bras de sa mère, martyr des plus vifs et des plus doux sentimens de la nature. Enée, qui déroba son père à l'incendie de sa patrie, fut plus heureux sans doute, mais montra-t-il plus de tendresse?

La bravoure bien entendue.

La Mothe Gondrin et d'Aussun étoient deux officiers très-braves, dont les noms se trouvent cités avec honneur dans les relations de nos guerres d'Italie du seizième siècle. Le courage, ou plutôt une bravoure mal entendue, avoit fait naître entre eux une espèce d'émulation qui leur mettoit sans cesse les armes à la main l'un contre l'autre. Un jour qu'ils étoient en présence de l'ennemi, ils prirent querelle selon leur coutume; on s'échauffoit, le sang alloit couler. « Que faisons-nous, dit alors la Mothe-Gondrin à d'Aussun, tous les deux nous nous piquons de bravoure, employons-la contre les ennemis de l'Etat, et cessons de donner à nos soldats un exemple dangereux; le vrai courage est de bien servir son roi. » A ces mots, il lève la visière de son casque, et met sa lance en arrêt. Les éclairs sont moins prompts; il fond avec impétuosité sur un quartier des ennemis; d'Aussun le suit, l'un et l'autre donnèrent des marques incroyables de valeur; dans toute l'armée on ne parla que de leur courage, et surtout de la générosité qui de deux rivaux venoit de faire deux amis.

On ne sauroit trop le redire aux jeunes militaires; il y a plus de véritable gloire à sacrifier ce qu'on appelle *point d'honneur*, qu'à vaincre en cent combats particuliers. (*Vie des hommes illustres.*)

Traits admirables d'un gentilhomme, de M. de Turenne, de M. Lambert.

Un gentilhomme fit un de ces traits qui devroient être répétés dans toutes les histoires. On lui avoit proposé un duel; la loi de Dieu, les lois de l'Etat, le lui défendoient, et il avoit constamment refusé. Son agresseur, chez qui la passion étouffoit tout autre sentiment, et faisoit taire la raison, résolut de l'y engager malgré lui. Un jour, il se trouva dans une rue écartée où devoit passer ce gentilhomme, et tirant de sa poche deux pistolets, il lui en présenta un. Celui-ci, contraint de défendre sa vie, prend l'arme qu'on lui présente, et propose à son adversaire de tirer le premier. Il accepte; mais dans l'agitation étrange où il étoit, il manqua son coup. Rechargez, si vous le voulez, et tirez encore, lui dit le gentilhomme, avec un sang froid qui auroit dû le désarmer s'il n'eût été aveuglé par la passion. Il ne se le fit pas dire deux fois, et tire un second coup qui porta dans les habits. Maintenant ce seroit à mon tour, reprit le gentilhomme généreux ; mais je frémirois d'attenter à la vie d'un de mes concitoyens ; oubliez ce qui peut vous avoir indisposé contre moi ; j'oublie volontiers la violence de votre procédé ; embrassons-nous, et qu'il me soit permis de croire que vous me comptez au nombre de vos amis. Ces paroles ouvrirent enfin les yeux à son fougueux agresseur ; il se jeta à ses pieds, et lui jura une amitié dont il ne s'est jamais départi. Une pareille action est-elle inférieure à ce qu'ont fait de plus grand ces guerriers qu'on nomme des héros ?

M. de Ramsai, dans son histoire du vicomte de Turenne, raconte un fait qui mérite bien de trouver place ici. Une nuit qu'il passoit sous le rempart de Paris, des voleurs arrêtèrent son équipage ; ils lui prirent tout ce qu'il avoit sur lui, et ne lui laissèrent qu'un diamant auquel il étoit extrêmement attaché, sur la promesse qu'il leur fit de leur donner cent louis. Le lendemain l'un d'eux fut assez hardi pour se présenter à son hôtel ; il se fit introduire, quoiqu'il y eût une nombreuse compagnie ; il s'approche de l'oreille de M. de Turenne, le fait souvenir de sa promesse de la veille, et en reçoit les cent louis qu'il étoit venu chercher. M. de Turenne lui laissa le temps de s'éloigner, après quoi il conta son aventure à l'assemblée. Tout le monde parut surpris de son procédé. Il faut être inviolable dans ses promesses, dit-il : un honnête homme ne doit jamais manquer à sa parole, quoique donnée à des fripons.

Au siége de Graveline, en 1664, les maréchaux de Gassion et de Meilleraye, qui commandoient sous le duc d'Orléans, poussoient les travaux avec une émulation qui dégénéroit en jalousie, et qui faillit y être bien funeste à l'Etat. Il s'agissoit d'emporter un ouvrage avancé ; tous deux marchèrent chacun de leur côté. La Meilleraye, à la tête des gardes, et Gassion, suivi du régiment de Navarre et de quelques autres troupes, aussi surpris de se rencontrer que jaloux de la gloire l'un de l'autre, leur petit intérêt particulier l'emportoit sur le bien de la patrie: des paroles, ils alloient en venir aux effets; leurs deux troupes, rangées en bataille, n'attendoient que le signal pour se charger. Le marquis de Lambert, qui servoit en qualité de maréchal-de-camp, fut effrayé de voir des Français prêts à se battre contre des Français; il sort des rangs, s'avance au milieu des bataillons, et s'écrie: Soldats, je vous commande, au nom du roi, de mettre bas les armes. Les troupes obéirent à l'instant; il calma aussi les deux maréchaux, et les engagea à aller dire chacun leurs raisons au duc d'Orléans. Cette action patriotique de M. Lambert fut récompensée du gouvernement de Metz.

Ce n'est pas là le seul beau trait de cet officier. Pendant la guerre de Paris, Gaston, duc d'Orléans, qui connoissoit tout son mérite, voulut l'attirer à son parti, et lui offrit le bâton de maréchal de France. Lambert, qui ne voyoit point de gloire hors de son devoir, refusa constamment. Le roi le sut, et pour le dédommager, le fit chevalier de l'ordre, et lui promit de n'oublier jamais la preuve qu'il venoit de lui donner de son zèle et de son attachement.

Réflexions sur le duel.

I.

Le duel, cette meurtrière coutume de se tuer les uns les autres, si commune en France dans les trois derniers siècles, a une origine digne de son aveugle fureur; elle nous vient de cette multitude de Barbares qui, plusieurs fois, ont inondé ce royaume, et dont nous avions pris avec le langage, les mœurs et la férocité. Que penser de ces combats singuliers, de ces duels qui se font malgré la défense du souverain? le voici : Que le duel, au lieu d'être une action honorable, est directement opposé au véritable point d'honneur, et qu'il est le crime le plus énorme.

II.

En effet, l'honneur n'est autre chose que l'idée avantageuse que les autres ont de notre fidélité à remplir nos devoirs en général, et ceux de notre profession en particulier. Sous ce dernier point de vue, l'honneur d'un gentilhomme, par exemple, d'un officier, d'un soldat, est la croyance qu'ont de lui les autres hommes qu'il est homme de cœur ; rien n'est plus précieux à l'homme que l'honneur pris en ce sens ; il est préférable à la vie même, dès qu'il a pour objet, ou la religion, ou le salut de la patrie, ou la gloire du prince. L'honneur d'un homme d'épée consiste donc à exposer et sacrifier sa vie pour son Dieu, pour sa patrie, pour l'Etat. Il ne doit refuser aucune occasion, il ne doit craindre aucun danger, lorsqu'il est commandé pour ce service, et dans l'occasion, il doit mourir plutôt que de faire la moindre démarche qui puisse ternir cet honneur.

III.

Ces sentimens d'honneur ne sont point particuliers aux Chrétiens, ils sont si intimement gravés au fond de notre être, que les païens même les ont connus. Il est glorieux, disoient-ils, de mourir pour la patrie ; mais ils ne savoient pas bien d'où venoient ces sentimens dans l'homme. Il n'appartient qu'à nous d'avoir des idées assez nettes de l'ordre de Dieu, pour connoître que, si nous sommes jaloux du vrai point d'honneur, c'est que le chrétien sent que Dieu, par l'ordre duquel les sociétés se sont formées, veut que chaque membre se sacrifie pour tout le corps, et que cet ordre immuable seroit un reproche continuel dans la conscience d'un homme qui manqueroit à ce devoir.

IV.

Voila ce que c'est que le vrai point d'honneur

parmi les Chrétiens, c'est la crainte de ce reproche secret de la conscience. J'appelle un véritable homme d'honneur celui qui l'est, non pas parce que le monde le voit, et afin que le monde parle de lui, mais uniquement afin de satisfaire à son devoir par principe de conscience. Un vrai soldat doit donc se dire à lui-même : Je suis engagé dans la profession des armes, il faut que je fasse tout ce qu'on attend de moi, et j'y suis obligé devant Dieu, qui me commande d'obéir aux puissances qu'il a établies : si je manquois, dans l'occasion où je suis, à ce que je dois à mon prince, à ma patrie, je manquerois à ce que je dois à Dieu ; or, il vaut mieux que je meure que de ne pas obéir à mon Dieu.

V.

De là il s'ensuit que, si je dois sacrifier ma vie pour le service du prince et de la patrie, je dois la conserver pour l'un et pour l'autre ; or, que risque un homme qui donne un défi ou qui accepte un combat singulier ? de perdre de sa propre autorité une vie qui ne lui appartient pas, une vie qu'il doit à son Dieu, à la société, à sa patrie : cet homme n'a donc qu'un fantôme d'honneur, son prétendu courage n'ayant pour fondement que l'ambition et la gloire des hommes.

VI.

Qu'est-ce donc qu'un vrai brave ? C'est celui qui, peu sensible à ses intérêts particuliers, se met au-dessus des injures qu'on prétend lui faire, se repose sur le témoignage de sa conscience, et se sent toujours prêt à tout entreprendre pour son devoir, pour sa patrie. Combien sont méprisables les discours d'un jeune inconsidéré, qui croira passer pour un homme de cœur dès qu'il aura mis deux ou trois fois l'épée à la main !...... N'oubliez jamais que le vrai point d'honneur consiste à servir ses chefs et la patrie ; que c'est desservir les intérêts de la chose publique, que de hasarder, par son ressentiment particulier, une vie qui est au gouvernement et à nos concitoyens. Donner un défi ou l'accepter, c'est donc vraiment se déshonorer, puisque c'est manquer à ce que l'on doit à sa patrie, à son Dieu.

VII.

Chez les Grecs et les Romains, ces vainqueurs de tant de peuples, bons juges certainement du point d'honneur, connoissant bien en quoi consiste la véritable gloire, on ne voit point, pendant une si longue suite de siècles, un seul exemple du duel dans le sens que nous l'entendons ici. Pourquoi cette coutume de s'entr'égorger quelquefois pour une seule parole indiscrète, et de venger, dans le sang de son meilleur ami une prétendue injure? Etoit-elle inconnue à ces fameux conquérans? Salluste nous apprend qu'ils réservoient leur haine et leur ressentiment pour les ennemis, et qu'ils ne savoient disputer que de gloire et de vertu avec leurs citoyens.

VIII.

Il ne faut chercher à faire preuve de sa bravoure que pour les intérêts de l'Etat, garder son courage pour les occasions où il s'agira de servir son pays. La raison ne dit-elle pas qu'il est de la sagesse et du bon ordre que chaque citoyen, même offensé, ne jouisse pas du droit de venger lui-même ses injures particulières? Que deviendroit la société civile, si les particuliers étoient en droit de se faire justice à eux-mêmes? Quelle étrange confusion! Il n'y auroit plus même de société, puisque les hommes se déchireroient plus cruellement que les bêtes. Qui peut donc regarder comme une action d'honneur et comme le fondement du vrai mérite, un procédé pour lequel un particulier poursuit la vengeance d'une injure, et la poursuit par la voie la plus passionnée?

IX.

Le duel est le plus horrible de tous les crimes ; il porte le caractère de malice qui lui est propre, c'est de causer tout à la fois, et la perte de la vie et celle du salut, circonstances qui ne se rencontrent dans aucun autre crime, ou qu'il n'a de commun qu'avec le suicide. Il n'y a point d'espérance de salut pour celui qui est résolu de se battre en duel et qui succombe, puisqu'il a dessein de tuer, au risque d'être tué lui-même : quelquefois l'un et l'autre arrivent, il tue et il est tué ; il se damne en se faisant tuer, il damne en même-temps celui qu'il tue. Toutes les écritures prononcent aux vindicatifs l'arrêt de leur condamnation, écrit comme en autant de caractères qu'il y a de rayons du soleil, de gouttes de pluie, de grains de blé et d'autres biens naturels dont Dieu donne l'usage à ses ennemis. Il n'y a point de termes capables d'exprimer l'emportement, la fureur, le désespoir d'un duéliste, qui va se jeter dans la prison éternelle, ou par l'engagement d'un faux honneur, ou par une sotte vanité, ou en suivant le torrent d'une coutume diabolique, et le cœur tout enflammé du desir et du dernier effort de la vengeance : aussi la loi veut-elle non-seulement que l'on punisse du dernier supplice celui qui, dans un combat singulier, survit à son ennemi, mais encore qu'on fasse le procès à la mémoire de celui qui est tué en duel, comme on le fait aux coupables de lèze-majesté après leur mort.

X.

Autre raison qui fait du duel l'un des plus grands crimes, c'est qu'il renferme l'homicide de soi-même. Oui, un homme qui va se battre en duel, est résolu de mourir plutôt que de ne pas tirer raison d'un prétendu affront reçu : or, cette résolution est un suicide ; car selon la disposition du droit et de toutes les lois, se faire tuer ou se tuer soi-même, c'est la même chose : tout comme de donner ordre de tuer quelqu'un, est le même crime que si on lui donnoit la mort. De là vient que, selon l'Ecriture, Hérode, qui envoya des soldats pour couper la tête à Jean-Baptiste, est accusé de lui avoir donné la mort : *Occidit Joannem-Baptistam*. Or, le suicide est l'un des plus horribles crimes dont l'homme soit capable; parce qu'il est l'effet de la plus effrénée de toutes les passions, du désespoir. Que sera donc le duel aux yeux de Dieu!

XI.

Dès-lors qu'un homme a fait un appel à un autre, ou qu'il l'accepte, il est excommunié par l'Eglise, qui, dès le neuvième siècle, dans le troisième concile de Valence en Dauphiné, chassa de son sein tous ceux qui se battoient en duel; elle déclara même qu'on traiteroit ceux qui y seroient tués comme homicides d'eux-mêmes, en défendant de faire aucune prière pour eux, et d'accorder à leurs corps la sépulture chrétienne. Cinq souverains pontifes ont confirmé le canon de ce concile et le décret de celui de Trente, qui condamne les duélistes aux mêmes peines. Enfin l'assemblée générale du clergé de France, tenue en 1654, fit un mandement exprès contre ceux qui font ou acceptent un défi, ou qui y provoquent, ou en sont les témoins volontaires. Tous les évêques de France se réservent l'absolution de l'excommunication portée par ce mandement. Quant aux lois civiles, on sait quelle est la rigueur de l'édit de Louis XIV.

XII.

Depuis quand, pour bien faire son devoir à la guerre, faudra-t-il avoir perdu tout sentiment de religion? croyez-en la voix de la raison et de la religion : dans quelque profession que l'on soit, une conscience timorée sied bien; quoique le libertinage reçoive quelquefois des applaudissemens criminels, au fond, il fait horreur. C'est une chose avérée, que l'Etat n'a pas de meilleurs soldats que ceux qui ont un fond de piété, et qui remplissent le devoir de leur profession par principe de religion. Les légions toutes composées de Chrétiens ne furent-elles pas les meilleures troupes des empereurs païens? Rien ne donne tant de fidélité et de valeur que la piété.

Mais quel est le meilleur moyen de ne se trouver presque jamais exposé à l'occasion de se battre en duel? C'est de commencer par faire preuve de bravoure pour le salut de sa patrie, dès que l'occasion s'en présentera; c'est d'être doux, poli, affable envers tout le monde; c'est surtout d'éviter les mauvaises compagnies. Quels sont ceux à qui ces sortes d'aventures sont fréquentes? C'est à ce jeune officier sans mœurs et sans conduite, qu'une perte faite au jeu, qu'une passion honteuse, traversée, emporte bien vîte hors des bornes de la raison; c'est surtout à ce soldat mal élevé, emporté, brutal, que le vin aura rendu furieux, et qui se croiroit déshonoré s'il n'exposoit sa vie pour se venger d'une parole lâchée souvent sans dessein de l'offenser.

XIII.

On ne sauroit y penser trop sérieusement; les motifs les plus puissans doivent faire sacrifier tout à la gloire de Dieu et au salut de son ame, emploi, fortune, prétendu honneur. Que serviroit, dit Jésus-Christ, de gagner le monde entier, j'ajoute de passer pour un César, si l'on venoit à perdre son ame? On doit, après avoir été sur la terre un fidèle serviteur de son Dieu et de son pays, pouvoir un jour présenter son épée teinte du sang des ennemis, mais pure de celui de ses concitoyens, comme une preuve de la fidélité à laquelle une couronne immortelle est réservée.

Divers traits patriotiques.

JACQUES COEUR, natif de Bourges, étoit un riche négociant, sous le règne de Charles VII; ce n'est pas là son mérite; mais il sut faire de ses richesses un usage digne d'un excellent citoyen : voilà sa gloire. Son souverain manquoit d'argent pour reconquérir la Normandie, occupée par les Anglais. Jacques Cœur lui en fournit avec une générosité qu'on ne sauroit trop louer. Du fond de son comptoir, il contribuoit autant à recouvrer cette belle province que les généraux qui la soumettoient les armes à la main : ils prodiguoient leur sang; souvent le dernier de ces sacrifices n'est pas celui qui coûte le plus.

Ce zèle d'un citoyen pour son roi, nous l'avons vu se renouveler de nos jours d'une manière bien glorieuse pour notre siècle. Notre marine n'étoit presque plus; de fiers rivaux insultoient à notre humiliation; ils oublioient que le meilleur des rois s'étoit arrêté au milieu de ses conquêtes et de ses victoires pour leur donner la paix; ils nous proposoient des conditions honteuses. En tout temps, l'amour des Français pour le prince fut un fond de richesses inépuisables : une marine nouvelle a paru tout-à-coup sur les flots; les provinces, les villes ont construit des vaisseaux, les particuliers se sont réunis pour le même dessein; les femmes mêmes, surpassant ces dames romaines dont on nous vante si fort le zèle pour la patrie, ont sacrifié les ornemens de leur parure pour procurer d'utiles secours.

N'AVOIT-IL pas bien raison, notre bon roi Henri IV, de répondre à ce duc de Savoie, qui lui demandoit combien lui rendoit la France : « Elle me rend tout ce que je veux, car je possède le cœur de mes sujets. »

Dans La Fontaine, il y a une jolie fable, à laquelle ces beaux mots servent de sens moral : *Plus fait douceur que violence.*

La conduite que le maréchal de Villars tint, au commencement de ce siècle, à l'égard des révoltés des Cevennes, fut une nouvelle preuve de cette vérité : il fut nommé pour remplacer le maréchal de Montrevel, qui, n'écoutant que la sévérité, n'avoit réussi qu'à irriter encore davantage les Camisards, en cherchant à les effrayer par des supplices. Villars prit une route opposée, et le succès couronna ses démarches ; en assez peu de temps, la plupart des chefs rebelles s'étoient soumis ou avoient été arrêtés.

Il ne leur en restoit plus qu'un, dont on avoit été obligé de mettre la tête prix. Il se tenoit caché dans les montagnes ; mais réfléchissant enfin que tôt ou tard il seroit pris, et porteroit la peine de sa révolte ; touché d'ailleurs de la générosité et des vertus de M. de Villars, il se rendit secrètement auprès de sa personne, et lui demanda s'il n'étoit pas vrai qu'il eût promis mille écus à celui qui le livreroit mort ou vif.

Oui, dit le maréchal, qui ne le connoissoit que de nom : « Eh bien, reprit-il, en se jetant à ses genoux, j'aurois droit à cette récompense, si mes crimes ne m'en rendoient indigne ; je vous apporte moi-même cette tête proscrite, disposez-en comme bon vous semblera. »

M. de Villars fut surpris de l'action du Camisard, et charmé de la confiance qu'il lui témoignoit, il le releva, lui fit compter les mille écus, lui expédia une amnistie générale pour lui et quatre-vingts personnes de sa suite. Ce trait fut rapporté dans les montagnes où s'étoient réfugiés les rebelles ; la générosité de M. de Villars fit sur eux l'impression la plus vive; ils quittèrent les armes, et à un très-petit nombre près, tout rentra dans le devoir.

Henri IV, ce roi dont toutes les paroles peignoient la bonté de son ame, avoit bien raison de dire : « On prend plus de mouches avec une cueillerée de miel, qu'avec vingt tonneaux de vinaigre. »

(*Vies des Hom. illust.*)

La prise de Namur, en 1692, est un des plus beaux événemens militaires du siècle passé. Louis-le-Grand, à la tête de quarante mille Français, ayant avec lui le grand Condé et Vauban, dirigeoit en personne les opérations du siége, tandis que Luxembourg arrêtoit ce fameux prince d'Orange, le plus rusé et le plus malheureux des généraux de son temps. La ville et le château furent emportés en moins d'un mois; nos troupes y firent des prodiges de valeur.

A l'attaque d'un ouvrage avancé, un grenadier à cheval, surnommé *Sans-Raison*, ayant vu tuer le lieutenant de sa compagnie, résolut de venger sa mort; cet officier s'appeloit *Roquerest*; c'étoit un de ces hommes qui, loin de laisser affoiblir leur religion dans le tumulte des armes, savent y porter la dévotion jusqu'à la ferveur; il avoit communié la veille, et son corps fut trouvé revêtu d'un cilice : on n'en est que plus intrépide, lorsqu'au zèle pour son roi l'on joint l'amour pour son Dieu. *Sans-Raison*, qui regrettoit ce brave homme, devint un héros pour le venger; parmi les victimes qu'il lui immola, se trouvoit un capitaine espagnol, fils du comte de Lemos, grand d'Espagne. Les ennemis firent demander son corps, il leur fut rendu; le grenadier rendit aussi trente-cinq pistoles qu'il avoit trouvées sur le mort, en disant : « Tenez, voilà son argent dont je ne veux point; les grenadiers ne mettent la main sur les gens que pour les tuer. »

(*Lett. de Rac. à Boil.*)

Tout le monde sait les horreurs qui se commirent à la funeste journée de la Saint Barthelemi ; mais ce que tout le monde ne sait pas, c'est que le vicomte d'Orse, gouverneur de Bayonne, eut le courage de désobéir à son maître, et la force de lui écrire que, dans toute sa garnison, il n'avoit trouvé que de braves soldats et pas un bourreau.

M. de Saint-Herem, en Auvergne, et le maréchal de Matignon, dans la Basse-Normandie, y arrêtèrent les torrens de sang qui étoient près de couler.

L'évêque de Lisieux, Jean Hennuier, se comporta en digne ministre du Dieu de la clémence et de la paix. Ce prélat distingué par sa science, par sa douceur, et surtout par son amour pour ses semblables, fut informé des ordres expédiés aux gouverneurs des différentes places de son diocèse ; son zèle s'alluma, il ne balança pas à s'opposer à une pareille commission, et il menaça de faire avertir les Protestans, si l'on s'obstinoit à vouloir passer outre.

Les officiers du roi demandèrent acte de l'opposition qu'il mettoit aux ordres qu'ils avoient reçus, il le leur donna sans hésiter, et sans se mettre en peine de ce que la cour pourroit en dire. Quand on remplit le premier des devoirs, il n'est point de considération humaine qui doive alarmer. Cette conduite fut utile à l'Etat. Le fer et le feu employés contre les Protestans, ne servirent qu'à irriter ceux qui leur échappèrent, et à en faire des citoyens dangereux. L'humanité de l'évêque de Lisieux charma ceux qu'il avoit sauvés, et de plusieurs en fit de fervens catholiques. (*Vies des Homm. illust.*)

A cette journée déplorable, l'opprobre de nos annales, tandis que les premiers hommes de l'Etat oublioient au milieu de Paris ce qu'ils devoient à l'humanité, il est consolant, pour ceux qui ne sont pas grands, de voir un homme du peuple, par un sentiment de pitié, sauver la vie à un des enfans du duc de la Force. Ce seigneur, avec l'aîné de ses fils, venoit de tomber sous le fer des meurtriers ; le plus jeune, couvert de sang, mais qui, par un miracle éclatant, n'avoit reçu aucun coup, eut la prudence de crier aussi : *Je suis mort;* il se laissa tomber entre son frère et son père, dont il reçut les derniers soupirs.

Les meurtriers les croyant tous morts, s'en allèrent en disant : *Les voilà bien tous trois.* Quelques malheureux vinrent ensuite dépouiller les corps. Il restoit un bas de toile au jeune de la Force ; un marqueur du jeu de paume, du Verdelet, voulut avoir ce bas ; en le tirant, il s'amusa à considérer le corps de ce jeune enfant : « Hélas ! dit-il, c'est bien dommage ! celui-ci n'est qu'un enfant, que pouvoit-il avoir fait ? »

Ces paroles de compassion obligèrent le petit la Force à lever doucement la tête, et à lui dire tout bas : — Je ne suis pas encore mort. — Ce pauvre homme lui répondit : Ne bougez pas, mon enfant, ayez patience. Sur le soir il le vint chercher ; il lui dit : — Levez-vous, ils n'y sont plus, et lui mit sur les épaules un méchant manteau. Comme il le conduisoit, quelqu'un des bourreaux lui demanda : Qui est ce jeune garçon ? — C'est mon neveu, lui dit-il, qui s'est enivré ; vous voyez comme il s'est accommodé, je m'en vais bien lui donner le fouet. Enfin le pauvre marqueur le mena chez lui, d'où le jeune la Force se fit conduire, déguisé en gueux, jusqu'à l'Arsenal, chez le maréchal de Biron, son parent, grand-maître de l'artillerie. (*Ch. 2 de la Henr.*)

Ce qu'il y eut de plus indigne à cette journée de S. Barthelemi, c'est que, sous prétexte de servir la vengeance de l'Etat, plusieurs ne cherchoient effectivement qu'à venger leur injure particulière. Mais si la mauvaise conduite des uns donne un nouveau prix aux belles actions des autres, en voici une qu'on ne sauroit trop louer.

Resnier, officier protestant, étoit alors à Paris; il avoit parmi les catholiques un ennemi déclaré, nommé Vesins. Leur inimitié avoit commencé dans le Quercy, où le premier commandoit un parti de soldats de sa religion, contre le second, qui y étoit lieutenant du roi A cette querelle générale, s'en étoient jointes de particulières; les cœurs étoient violemment aigris, et ces deux hommes sembloient ne se chercher que pour se détruire l'un l'autre.

L'occasion étoit bien favorable pour Vesins. Au signal qui fut donné pour commencer cette fatale boucherie, il s'arme, monte à cheval, s'étant fait suivre de quelques uns de ses gens, et va droit chez son ennemi. Resnier, éveillé depuis quelque temps par le bruit, et instruit du sort qui le menaçoit par les cris de ceux qu'on massacroit dans le voisinage, s'étoit mis à genoux et attendoit la mort, exhortant son valet à faire le sacrifice de sa vie avec la même fermeté. Tout-à-coup il voit paroître Vesins, l'épée à la main et le feu dans les yeux. Sans chercher à se mettre en défense, il lui présenta sa tête en lui disant, *qu'il l'auroit à bon marché.*

Vesins avoit une intention bien différente; il commande au valet de donner à son maitre son épée et ses bottes, et ayant dit à Resnier de le suivre sans s'expliquer encore, il le fait monter sur un cheval qu'il tenoit tout prêt; aussitôt il devient son guide pour l'arracher aux dangers qu'il auroit courus à Paris, le ramène dans le fond du Quercy, le rend à sa femme et à ses enfans, qui désespéroient déjà de le voir jamais.

On peut juger de l'impression que fit sur toute cette famille la belle action d'un homme dont on connoissoit l'animosité contre Resnier! Leur joie étoit extrême, leur reconnoissance fut sans bornes; ils voulurent faire des présens à Vesins; il les refusa, et donna même à Resnier le cheval sur lequel il l'avoit amené; et se contenta de jouir du plaisir délicat de s'être montré généreux. (*Hist. de M. d'Aubigné.*)

M. de Pontis, à qui Louis XIII avoit recommandé de rétablir la discipline dans la compagnie du régiment des Gardes, dont il l'avoit fait lieutenant, frappa un jour un jeune homme, nommé du Buisson, d'une ancienne maison de Provence, qui y servoit en qualité de volontaire. Celui-ci dit qu'il étoit gentilhomme. M. de Pontis lui fit des excuses, et l'avertit de se comporter mieux à l'avenir. Du Buisson, irrité, ne pensa pas qu'une correction n'est jamais un outrage, et forma la résolution de se venger. Tant que l'occasion lui manqua il dissimula, et témoigna beaucoup de soumission. Enfin il apprit que M. de Pontis partoit pour un voyage, il demande un congé de quelques jours, il l'obtient, monte à cheval, et court attendre son lieutenant près d'un village où il devoit passer. Dès qu'il l'aperçut, il s'avança vers lui, et demanda raison de l'outrage qu'il prétendoit avoir reçu.

M. de Pontis, surpris d'une pareille proposition, essaya de le ramener par des politesses; ce fut inutilement : obligé enfin de défendre sa vie, il met l'épée à la main. D'abord il fut légèrement blessé; bientôt il eut son tour; il blesse son adversaire et le désarme. Pontis étoit généreux, il relève son soldat, il lui pardonne, lui rend son épée, et lui promet de tenir la chose secrète. Mais il n'étoit plus temps; des voyageurs qui avoient vu briller des épées, étoient accourus rapidement, et les avoient reconnus. Le roi en fut bientôt informé. Il avoit porté de rigoureux arrêts contre les duels : il vouloit maintenir la subordination parmi les troupes. Du Buisson étoit perdu. M. de Pontis lui facilita les moyens de se sauver en Hollande, et pendant son absence il ne cessa de solliciter Louis XIII et ses ministres pour obtenir la grace du jeune homme, que la vivacité de l'âge avoit emporté loin de son devoir.

Le roi étoit inflexible : il vouloit faire un exemple; le bon ordre le demandoit. Un an et demi s'étoit déjà écoulé sans que le généreux Pontis se rebutât. Il apprit qu'il vaquoit une lieutenance dans le régiment de Normandie; il courut chez le roi, qui l'aimoit, et il le pria d'accorder cette place au gentilhomme qu'il lui nommeroit, pourvu qu'il en donnât sa parole. Le roi qui connoissoit son dessein, parce qu'il connoissoit aussi la bonté de son cœur, lui demanda si ce n'étoit pas du Buisson. Oui, sire, reprit M. de Pontis, en le conjurant les larmes aux yeux de pardonner enfin à ce jeune homme, ajoutant qu'il avoit du talent, du zèle, et qu'il serviroit bien sa majesté. Louis XIII se laissa fléchir, du Buisson eut sa grace et la lieutenance. Dans la suite il trouva l'occasion de témoigner sa reconnoissance à M. de Pontis, et il ne fut pas ingrat.

Combien de traits pareils honorent-ils nos annales! ils élèvent l'ame, ils inspirent de nobles sentimens, ils font regarder le nom des Français comme un titre précieux. (*Mém. de Pontis, vol. II.*)

Thoiras, gouverneur de l'île de Rhé, soutenoit depuis six semaines tous les efforts des Anglais qui cherchoient à s'en emparer. Il étoit assiégé dans une petite place qui n'étoit guère défendue que par son habileté et par son courage, les fortifications étant fort mal en ordre. Il lui falloit un prompt secours; mais la flotte anglaise tenant la mer, il ne lui étoit pas possible de faire sortir la moindre barque. Comment instruire de sa situation l'armée française qui assiégeoit la Rochelle, sous les ordres du cardinal de Richelieu? Un soldat gascon fut informé de l'embarras du gouverneur, il alla s'offrir à lui; il promit de passer à la nage le bras de mer, de deux lieues au moins, qui sépare l'île de Rhé de la Rochelle, et de porter de ses nouvelles au cardinal. Charmé de son zèle, le gouverneur ne balança pas à lui donner des ordres. Le soldat attend la nuit, et part aussitôt. Le bruit qu'il faisoit en nageant attira de son côté plusieurs barques anglaises. Dès qu'elles furent près de lui, il plongea à diverses reprises; elles crurent que c'étoit un poisson, et lui laissèrent continuer sa route.

Le soldat la fit heureusement, quoiqu'à travers des dangers sans nombre, exposé à tout instant à être découvert par les Anglais, ou à s'égarer dans les ténèbres, obligé de lutter contre les vents et contre les flots, entraîné par les courans, mordu par de gros poissons, dont quelques-uns le suivirent jusqu'au rivage. Son courage et son zèle lui donnèrent de nouvelles forces : il arriva, vit le cardinal, et s'acquitta fidèlement de sa commission.

Dans tous les temps, les poëtes se sont empressés à célébrer les belles actions, celle-ci fut le sujet des vers suivans :

Credat posteritas ! motis ex arte lacertis,
Trajicit audaci pectore septa maris.
Nocte silente viam ingreditur, fert dicta per undas.
Inter mille neces, omnia funus erant.
Quid tibi nunc animi ? Quò mens, quò mortis imago
Ire necesse tamen, luna ministrat iter.
Vicit amor patriæ, felixque natavit ad oras ;
Felix pro patriâ non timuisse mori !

Voici le sens de ces vers : La postérité le croira-t-elle ? un soldat généreux ose traverser les mers à la nage pour porter les ordres de son général. Dans le silence de la nuit, il se précipite au milieu des flots et des dangers de toutes parts. La mort l'environne. Quels sont tes desseins, brave guerrier ? quelles pensées occupent ton ame ? de quel œil vois-tu le trépas ? Mais il ne songe qu'à continuer sa route à la clarté de la lune. L'amour de la patrie l'emporte dans son cœur sur la crainte de la mort. Heureux d'arriver malgré tant de périls, plus heureux encore d'avoir osé les braver pour servir sa patrie et son roi !

Bel exemple de l'attachement à son devoir.

Lorsque le duc d'Orléans, régent de France, est forcé, par les liaisons qu'il a avec les cours de Vienne et de Londres, de déclarer la guerre à Philippe V, il donne le commandement de l'armée française au maréchal de Berwick. Ce général apprend que le duc de Liria est dans le camp espagnol ; dans la crainte qu'il a que son fils, servant contre lui, ne remplisse pas ses devoirs comme il convient, il lui écrit pour l'exhorter à donner à la patrie qu'il a adoptée, toutes les preuves de zèle et de fidélité qu'il doit. « Je saurai concilier mes différens devoirs, répond le duc de Liria : ce que je dois à l'auteur de mes jours, ne me fera jamais oublier ce que je dois au roi d'Espagne, mon maître : j'aurai toujours devant les yeux les instructions et les exemples d'un père respectable, qui ne rougira jamais de m'avoir pour fils. » (*Mémoires de Berwick.*)

Un gentilhomme français, nommé la Tour, étant allé à Londres, y épousa une fille d'honneur de la reine d'Angleterre, et fut fait chevalier de l'ordre de la Jarretière. Cette distinction est la source où devient la récompense de l'infidélité qu'il fait à sa patrie. Il s'engage à mettre les Anglais en possession du cap de Sable. C'étoit le seul poste qui restoit aux Français dans l'Acadie, en 1628. On lui donne deux vaisseaux de guerre, où il s'embarque avec sa nouvelle épouse. Dès qu'il est à la vue du fort, il se fait débarquer, va seul trouver son fils qui y commande, cherche à l'éblouir par l'idée qu'il veut lui donner de son crédit à la cour de Londres, et le flatte des plus grands établissemens, s'il veut se livrer à l'Angleterre. Le jeune commandant écoute avec indignation les propositions de son père, et n'est pas plus intimidé par les menaees, que séduit par les caresses. Alors on prend le parti de l'attaquer, et il défend sa place avec le même succès qu'il a défendu sa vertu.

La Tour, le père, se trouva embarrassé : ne pouvant retourner en France, et n'osant retourner en Angleterre, il prie son fils de souffrir qu'il demeure en Acadie. Le jeune homme lui répond qu'il lui donnera un asile, qu'il pourvoira abondamment à ses besoins, mais qu'il ne permettra jamais que lui ou sa femme entre dans son fort. Quoique la condition paroisse dure, on s'y soumet, et on est dédommagé, autant qu'il est possible, de cette sévérité, par les attentions les plus tendres et les plus suivies. (*Histoire de la nouvelle France.*)

Réflexions sur l'amour des Français pour leur patrie et pour leurs rois.

I.

Les colléges retentissent communément des belles actions des Grecs et des Romains; pourquoi parle-t-on si peu de celles des Français ? Cependant notre histoire présente les plus grands exemples d'humanité, de désintéressement, de courage, et d'un empressement général à courir à la gloire. Combien il est important que des jeunes gens apprennent de bonne heure que leur patrie a été aussi une terre fertile en héros, qu'ils s'efforcent de les imiter, et qu'ils tremblent de dégénérer. C'est le bruit des exploits de Miltiade, qui fit de Thémistocle un grand homme. Il ne suffit pas à des instituteurs de mettre sous les yeux de leurs élèves des modèles de poésie et d'éloquence, de former des hommes de lettres, il faut en faire des citoyens, leur présenter des exemples de vertus patriotiques, les enflammer d'amour pour leur roi et pour leur patrie.

II.

L'Amour de la patrie, qu'un homme d'esprit a défini, l'intérêt général devenu l'intérêt particulier, n'est autre chose que l'amour des lois sous lesquelles on vit; ou, ce qui est absolument le même, l'amour des hommes avec lesquels on est réuni. On se feroit illusion si l'on prenoit l'amour de la patrie pour les murs où l'on nous a élevés, pour les lieux qui ont été les témoins des jeux de notre enfance; passion toutefois bien réelle et bien vive, qui s'irrite par l'éloignement, et cause ce que l'on nomme communément la maladie du pays.

III.

L'Amour de la patrie n'est pas cette tendresse dont on ne sauroit se défendre à l'égard de ceux qui nous ont donné le jour, ou à qui nous tenons par les liens du sang ou de l'habitude; sentiment quelquefois plein de force, mais toujours trop borné, et qui, formant dans un Etat tout autant de patries qu'il y auroit de familles, sémeroit sans cesse la division, parce que sans cesse les intérêts de famille sont divisés.

IV.

L'Amour de la patrie n'est pas non plus cet attachement excessif pour ceux qui sont nés dans la même province que nous, qui ont respiré le même air; passion aveugle, qui n'entre que dans une ame étroite et infectée de préjugés : contagion funeste, malheureusement trop répandue dans certains cantons de la France, et qui, plus à craindre dans cet esprit de corps si justement détesté, arme souvent les habitans d'une province voisine, fait d'un peuple de frères un peuple d'ennemis irréconciliables, et entretient dans le cœur de l'Etat les haines et les dissentions.

V.

L'AMOUR de la patrie n'étant que l'amour des lois par lesquelles nous sommes gouvernés; et le chef étant le représentant, le vicaire, l'homme de la loi, l'image sensible et vivante de la loi; c'est une conséquence naturelle qu'on ne sauroit aimer la loi, sans aimer véritablement son magistrat; on ne sauroit être attaché à son intérêt particulier sans l'être à sa personne.

VI.

ON nous peint tous les jours le gouvernement républicain sous l'image du gouvernement fraternel. C'est l'idée la meilleure et la plus juste qu'il soit possible d'en donner. Un fils n'a point d'autre intérêt que celui de sa famille : les enfans ne peuvent donc aimer leurs intérêts sans aimer conséquemment leur frère. Un magistrat étant ce chef de famille, si les citoyens aiment leurs intérêts, ils sont, pour ainsi dire, dans la nécessité d'aimer le magistrat, parce que leurs intérêts ne sont pas séparés des siens; autrement ce ne seroit plus un chef.

VII.

J'APPELLE amour de ses chefs, ce zèle à exécuter les ordres, et à verser son sang pour ses intérêts; cette application à remplir les emplois qu'il confie d'une manière juste et désintéressée; cette ardeur à seconder tous ses projets, à payer les impôts qu'il est obligé de mettre sur son peuple, enfin, à contribuer généreusement à la gloire et à l'intérêt de l'Etat.

Idée d'un bon patriote, d'un sujet fidèle.

I.

Dans le sanctuaire, un bon patriote, c'est un homme qui n'élève jamais sa voix vers le ciel, sans en solliciter les bénédictions pour son pays et pour ses concitoyens. Jamais il ne paroît dans la société sans travailler à affermir dans tous les cœurs la soumission et le respect que le maître des empires exige pour ceux qui le représentent sur la terre. Dans un camp, c'est un homme qui, chargé de la défense de l'Etat, ne songe qu'à lui immoler son repos, son temps, sa vie même ; cessant d'exister pour lui-même, il ne vit plus que pour sa patrie et pour son gouvernement, dont il a les intérêts à défendre et la gloire à soutenir.

II.

Dans les tribunaux, c'est un homme qui oublie en quelque sorte qu'il est homme, pour se souvenir uniquement qu'il est magistrat. Semblable à la justice, ayant dans ses mains une balance, et sur ses yeux un bandeau, il n'est attentif qu'à faire un digne usage de l'autorité qui lui est confiée, et à bannir du milieu des provinces la discorde et les divisions. Dans le négoce, c'est un homme qui, travaillant à sa fortune, s'occupe aussi de celle de l'Etat, honore sa patrie par sa droiture aux yeux de ses compatriotes et des étrangers, et prodigue ses trésors à son souverain, ne pouvant comme le guerrier lui prodiguer son sang.

III.

Dans la littérature, c'est un homme qui, loin de semer dans ses écrits cet esprit d'indépendance qui prépare la chute des Etats, cherche partout à faire sentir au peuple son bonheur de vivre sous un gouvernement chéri, et qui combat dans l'occasion ces écrivains affreux qui osent répandre des maximes impies et séditieuses. A la tête d'une famille, c'est un homme qui songe moins à élever des enfans qui puissent soutenir son nom et faire vivre sa mémoire, qu'à former des sujets soumis à la patrie, des citoyens zélés et vertueux.

IV.

Dans toutes les professions, un bon patriote, un sujet fidèle, c'est un homme qui s'empresse à porter les charges de l'Etat; donne l'exemple de la soumission et du zèle, concilie à l'Empereur l'attachement de tous les citoyens. Appliqué à relever le cultivateur, souvent épuisé par les travaux, plus souvent rebuté par les duretés des subalternes, il essuie les larmes des malheureux, que Napoléon même se feroit un plaisir d'arrêter si elles lui étoient connues.

V.

De bons patriotes, de fidèles sujets sont enfin dans les écoles académiques, ces instituteurs plus jaloux de former des chrétiens que des savans; ces instituteurs qui veillent eux-mêmes sur les mœurs de leurs élèves avec tant de soin, qu'ils les empêchent de tomber dans aucun des vices où il est si ordinaire de voir la jeunesse se précipiter. De bons patriotes, ce sont ces instituteurs qui, par leur exemple, bien plus efficacement que par leurs leçons, préparent à la société une génération pleine d'honneur et de probité, prête à tout sacrifier pour son Dieu, pour les lois, pour sa patrie.

Nous n'avons pas besoin d'aller chercher chez l'étranger de pareils modèles, notre histoire nous en offre un grand nombre. La lecture seule de cet ouvrage en est une preuve convaincante.

Traits de franchise et de générosité.

La mort de Charles VIII ayant placé Louis XII sur le trône de France, ce prince tourna ses vues du côté du Milanais, sur lequel il avoit des droits par son aïeule Valentine, sœur unique du dernier duc de Visconti. Avant de se mettre en campagne, il demanda à M. de Trivulce ce qu'il falloit pour faire la guerre avec succès. Trois choses sont absolument nécessaires, lui répondit le maréchal; 1°. *de l'argent;* 2°. *de l'argent;* 3°. *de l'argent.*

La conquête du duché de Milan est l'ouvrage de vingt jours. Mais Ludovic Sforce y rentre l'année suivante, par la faute du maréchal de Trivulce qui y commande : dans la guerre que cette révolution occasionne, le chevalier Bayard est fait prisonnier. Ludovic Sforce, qui avoit vu des fenêtres de son palais les actions de ce brave Français, demanda à l'entretenir, et voulut connoître son caractère.

« Mon gentilhomme, lui dit le duc, qui vous a conduit ici? — L'envie de vaincre, monseigneur, répondit Bayard. — Eh! pensiez-vous prendre Milan tout seul? — Non, repart le chevalier; mais je croyois être suivi de mes camarades. — Eux et vous, ajoute Ludovic, n'auriez pu exécuter ce dessein. — Enfin, dit Bayard, qui ne peut disconvenir de sa témérité, ils ont été plus sages que moi, ils sont libres, et me voici prisonnier; mais je le suis de l'homme du monde le plus brave et le plus généreux. »

Le prince lui demanda ensuite d'un air de mépris : Quelle est la force de l'armée française? « Pour nous, dit Bayard, nous ne comptons jamais nos ennemis; ce que je puis vous assurer, c'est que les soldats de mon maître sont gens d'élite, contre lesquels les vôtres ne tiendront pas. »

Ludovic, piqué d'une franchise si hardie, lui dit que les effets donneront une autre opinion de ses troupes, et qu'une bataille décidera bientôt de son droit et de leur courage. Plût à Dieu, s'écrie Bayard, que ce fût demain, pourvu que je fusse libre! » Vous l'êtes, reprit le duc, j'aime votre fermeté et votre courage, et j'offre d'ajouter à ce premier bienfait tout ce que vous voudrez exiger de moi. »

Bayard, pénétré de tant de bonté, se jette aux genoux du prince, le prie de pardonner en faveur de son devoir ce qu'il y a de hardi dans ses réponses, demande son cheval et ses armes, et retourne au camp publier la générosité de Ludovic, et sa reconnoissance. (*Histoire du chevalier Bayard.*)

Traits d'équité et de modération.

Les revers que Louis XII éprouva à la guerre, furent plutôt une suite de la bonté de son caractère que de la médiocrité de ses talens. Lorsqu'il partoit, il se faisoit suivre de quelques hommes éclairés et vertueux, chargés, même en pays ennemi, d'empêcher le désordre, et de réparer le dommage lorsqu'il avoit été fait.

Ces principes d'une probité austère furent surtout remarqués après la prise de Gênes, qui avoit secoué le joug des Français. Leur avant-garde ayant pillé quelques maisons du faubourg de Saint-Pierre-d'Arena, le prince, quoique personne ne se plaignît, y envoya des gens de confiance pour examiner à quoi pouvoit se monter la perte, et ensuite de l'argent pour payer la valeur de ce qui avoit été pris.

L'Alviane ayant été pris à la bataille d'Agnadel, fut conduit au camp français, où il fut traité avec toute l'honnêteté possible. Ce général, plus aigri par l'humiliation de sa défaite que touché de l'humanité de son vainqueur, ne répondit aux démonstrations les plus consolantes, que par une fierté brusque et dédaigneuse. Louis se contenta de le renvoyer au quartier où l'on gardoit les prisonniers. « Il vaut mieux le laisser, dit-il, je m'emporterois, et j'en serois fâché. Je l'ai vaincu, il faut me vaincre moi-même. »

Louis prétendoit que les avantages que ses ennemis remportoient sur lui ne devoient étonner personne. « Ils me battent, disoit-il, avec des armes que je n'ai jamais employées, avec le mépris de la bonne foi, de l'honneur et des lois de l'Evangile. »

(*Histoire de Louis XII.*)

Stratagème singulier de Christophe Colomb.

CHRISTOPHE COLOMB fait en 1504 une descente à la Jamaïque, où il veut former un établissement. Les insulaires s'éloignent du rivage, et laissent manquer les Castillans de vivres. Un stratagème singulier est mis en usage dans cette occasion pressante.

Il devoit y avoir bientôt une éclipse de lune. Colomb fait avertir les chefs des peuplades voisines qu'il a des choses très-importantes à leur communiquer. Après leur avoir fait des reproches très-vifs sur leur dureté, il ajoute d'un ton assuré : « Vous en serez bientôt rudement punis : le Dieu puissant des Espagnols, que j'adore, va vous frapper de ses plus terribles coups ; pour preuve de ce que je vous dis, vous allez voir, dès ce soir, la lune rougir, puis s'obscurcir et vous refuser sa lumière. Ce ne sera là que le prélude de vos malheurs, si vous ne profitez de l'avis que je vous donne. »

L'éclipse commence en effet quelques heures après.

La désolation est extrême parmi les Sauvages. Ils se prosternent aux pieds de Colomb, et jurent qu'ils ne le laisseront plus manquer de rien. Cet homme habile se laisse toucher, s'enferme comme pour apaiser la colère céleste, se montre quelques instans après, annonce que Dieu est appaisé et que la lune va reparoître. Les Barbares demeurent persuadés que cet étranger dispose à son gré de toute la nature, et ne lui laissent pas dans la suite le temps de desirer.

(*Hist. de Saint-Domingue.*)

Bon mot de François I, au sujet de la découverte du Canada.

François Ier envoya en Amérique, en 1544, Jacques Casties, habile navigateur de Saint-Malo, pour faire des découvertes; et en effet, il découvrit le Canada. Quoi! disoit plaisamment ce prince, le roi d'Espagne et celui de Portugal partagent tranquillement entre eux le nouveau monde, sans m'en faire part! je voudrois bien voir l'article du testament d'Adam qui leur lègue l'Amérique.

(*Abrégé chronolog. de l'hist. d'Espagne.*)

Etonnement de François I, au sujet d'une faveur refusée.

M. Chateaubriant, capitaine de gendarmerie, étant mort, François Ier dit à M. Vieilleville, depuis maréchal de France : « Vous avez si bien employé, commandé et conduit la compagnie de feu sieur Châteaubriant, qu'à tout autre qu'à vous elle ne peut mieux appartenir ; ce qui est cause que de lieutenant je vous en fais capitaine en chef. » M. de Vieilleville refuse opiniâtrement cette élévation, alors considérable, assurant qu'il n'a rien fait pour la mériter. Le roi étonné et presqu'indigné lui réplique : « Vous m'avez bien trompé, Vieilleville, car j'eusse pensé que si vous aviez été à deux cents lieues de moi, vous eussiez couru jour et nuit pour la demander : et maintenant que je vous l'offre de mon propre mouvement, je ne sais sur quelle meilleure occasion vous voulez que je vous en donne une. »

« Le jour d'une bataille, répond Vieilleville, que votre majesté aura vu de mon mérite. Mais à cette heure, si je la prenois, tous mes compagnons tourneroient cet honneur en risée, et diroient que vous m'en auriez pourvu en la seule considération que j'étois parent de feu M. de Châteaubriant ; et j'aimerois mieux mourir que d'être poussé à quelque grade que ce soit, par autre faveur que de mon service. ».

Charles-Quint, après sa défaite en Afrique, se montre plein d'humanité. Il n'échappe point aux traits satiriques de l'Arétin.

Charles-Quint, mécontent de Barberousse, entreprit en 1541 le siége d'Alger, dont ce corsaire étoit maître. Il fut contraint de le lever après avoir perdu son armée, sa flotte et sa réputation. Si l'entreprise eût été moins déraisonnable, Charles auroit fait oublier son opiniâtreté par la fermeté et par l'humanité qu'il montra. Son maître-d'hôtel ayant fait des efforts pour servir un jour la table de son maître avec une sorte de profusion et de délicatesse, « misérable que tu es, lui dit ce prince, comment veux-tu que je me divertisse, que je mange et que je boive, pendant que mes compagnons meurent de misère? » A l'instant il fait porter tous ces vivres devant lui, et les va distribuer aux blessés et aux malades. (*Histoire de Charles-Quint.*)

On sait que l'Arétin, surnommé le devin par les Italiens, pour l'énergie de ses expressions, se faisoit appeler *le fléau des Princes*, et qu'il avoit même fait frapper une médaille, où il étoit représenté assis sur un trône, ayant à ses pieds des Rois qui lui apportoient des dons, avec ces mots pour légende, *Principi tributarii dell' Arétino.* Charles, à son retour d'Afrique, lui envoie, pour l'engager à se taire, une chaîne d'or de la valeur de cents ducats. « Voilà, dit l'écrivain satirique, un bien petit présent pour une si grande sottise. » (*Vie de l'Arétin.*)

Attentat d'un officier, puni et réparé.

Dans le temps que don Juan d'Autriche commandoit dans les Pays-Bas l'armée espagnole contre les confédérés, en 1578, un de ses officiers voulut faire violence à la fille d'un avocat de Lille, chez lequel il étoit logé. Cette jeune personne, en se défendant, saisit le poignard de son ravisseur, le lui plonge dans le sein et s'éloigne. Le capitaine sentant que sa blessure est mortelle, se confesse; et pénétré du repentir le plus vif, supplie qu'on lui amène la vertueuse fille.

« Je souhaite, lui dit-il, que vous me pardonniez l'outrage que vous avez reçu de moi : et pour réparer autant que je le puis mon attentat d'une manière convenable, je déclare que je suis votre mari. Puisque mon crime et votre vertu m'ont mis hors d'état de pouvoir vous offrir ma personne, recevez du moins, avec le nom et les droits de mon épouse que je vous donne, le présent que je vous fais de tous mes biens. Que ceux qui sauront l'affront que vous avez été sur le point de recevoir, apprennent en même temps qu'un mariage honorable a été le prix des efforts que j'ai faits pour vous déshonorer et du courage avec lequel vous avez su vous défendre. »

Après avoir parlé de la sorte, le noble Espagnol, du consentement du père, et en présence du prêtre qui étoit venu pour le confesser, épouse la fille, et il expire aussitôt après, laissant à juger ce qui étoit le plus admirable, ou la générosité de l'officier pour réparer sa faute, ou le courage avec lequel la jeune personne a conservé son honneur. (*De Thou.*)

L'honnêteté d'un jeune homme produit un grand événement.

Pendant que les Espagnols faisoient, en 1585, le siége très-long, très-opiniâtre, très-meurtrier d'Anvers, il arriva une petite chose qui produisit un grand événement.

Une femme de condition de la ville est malade et a besoin, pour sa guérison, de prendre du lait d'ânesse. Comme il n'est pas possible d'en trouver dans la place, un jeune homme s'offre d'en aller chercher une dans le faubourg, quoiqu'il soit occupé par les assiégeans; et en effet, il l'amenoit, lorsqu'il est pris et conduit au duc de Parme.

Ce général traite ce jeune homme avec bonté, loue l'honnêteté de son entreprise, fait charger l'ânesse de perdrix, de chapons, de tout ce qui peut être utile à un malade, ordonnant que tout soit mené à la dame, et qu'on dise au conseil et au peuple d'Anvers, qu'il leur souhaite toutes sortes de prospérités.

Cette générosité du duc de Parme, à laquelle on ne s'attend pas, fait une révolution générale en sa

Page 275.

Intrépidité d'Henri IV.

faveur. Il est décidé qu'il faut lui envoyer, au nom du public, des confitures et le meilleur vin qui soit dans la ville. Les esprits s'adoucissent insensiblement par ces attentions mutuelles : on s'accoutume à penser que les Espagnols ne sont pas aussi féroces qu'on l'a cru. Cette opinion fait qu'on ne pousse pas la résistance aussi loin qu'on l'auroit fait sans cela, et qu'il y a beaucoup de maux d'évités pour les assiégeans et pour les assiégés. (*Strada.*)

La prise de cette importante place causa une si grande joie à Philippe II, qu'en ayant appris la nouvelle pendant la nuit, il va sur-le-champ, tout mystérieux et tout austère qu'il est, frapper à la porte de sa fille Isabelle, en criant : *Anvers est à nous!*

(*Abrégé chronolog. de l'Hist. d'Espagne.*)

Intrépidité de Henri IV, son amour pour les braves gens.

L'INTRÉPIDITÉ de Henri se faisoit remarquer dans toutes les occasions. Un officier flamand, au service d'Espagne, nommé Michau, offrit ses services à ce prince, sous prétexte d'être mécontent de la cour de Madrid, mais en effet pour trouver l'occasion de lui ôter la vie. Henri, instruit de ce projet, va à la chasse accompagné seulement du traître, qui étoit bien monté, et avoit deux pistolets bandés et amorcés. « Capitaine Michaud, lui dit ce prince, mets pied à terre; je veux voir si ton cheval est aussi bon que tu le dis. » Le ton de Henri en impose à l'assassin, qui obéit sans difficulté. Le roi saute à l'instant sur le cheval : « Veux-tu, ajouta t-il, tuer quelqu'un ? On m'a dit que tu en voulois à mes jours; je suis le maître des tiens. » En disant ces paroles, il lâche les deux pistolets en l'air, et lui ordonne de le suivre.

Le capitaine désavoue le projet qu'on lui suppose, prend congé deux jours après, et ne paroît plus.

(*Histoire de Henri IV.*)

HENRI aimoit si fort les braves gens, qu'il fit entrer dans ses Gardes du corps un soldat qui lui avoit porté de rudes coups dans une occasion importante. Jamais cet homme intrépide ne lui sortit de la tête; il le montra un jour au maréchal d'Estrées, qui étoit dans son carosse, et lui dit avec complaisance : « Voilà le soldat qui me blessa à la journée d'Aumale.

Un brave gentilhomme, nommé Nérestan, leva un beau régiment. En le présentant à Henri, il lui dit qu'il n'aspiroit qu'à la gloire de le servir, et que l'espoir de la récompense n'entroit pour rien dans son plan. « C'est ainsi, répondit le roi, que doivent parler les bons sujets : ils doivent oublier leurs services, mais c'est au prince à s'en souvenir; et s'il veut qu'ils continuent d'être fidèles, il faut qu'il soit juste et reconnoissant. »

Sévérité des lois militaires au sujet des Sentinelles.

En 1622, dans le temps que Louis XIII assiégeoit les huguenots dans Montpellier, il arriva un événement qui prouve que les sentinelles ont toujours été regardées comme des personnes publiques. Elles peuvent tuer impunément quiconque les insulte; elles le doivent même, suivant les lois de la guerre.

M. de Marillac sortant à cheval par la porte du logis du roi, son cheval en reculant marcha sur le pied de la sentinelle, laquelle frappa de la fourchette sur la croupe du cheval; ce qui donna une secousse à M. de Marillac, qui se tourna et battit la sentinelle.

Ce soldat étoit de la compagnie de M. de Goas, qui, l'ayant su, le fit relever et arrêter prisonnier, et s'en alla au logis de M. de Marillac, en résolution de lui faire mettre l'épée à la main. Le roi le sut, et envoya chercher M. de Goas et quérir M. de Marillac, auquel il fit une grande réprimande, lui disant que la sentinelle le devoit avoir tué, et que de six jours il ne feroit aucune fonction de sa charge de maréchal de camp, et qu'il ne commanderoit point dans l'attaque que feroient les Gardes. Ce soldat qui avoit été arrêté, fut mis au conseil de guerre, et condamné à être dégradé des armes à la tête du régiment et à l'estrapade, pour n'avoir pas tué M. de Marillac. Sa majesté lui fit grace de tout; néanmoins M. de Goas ne s'en voulut plus servir dans sa compagnie. (*Mém. de Puységur.*)

Procédés honnêtes et courageux.

L'opinion où l'on étoit en France qu'une partie des Pays-Bas étoit échue à Marie-Thérèse d'Autriche, par la mort du roi d'Espagne, son frère, détermina Louis XIV à s'en emparer en 1667. Après s'être rendu maître de plusieurs places, qui ne firent point de résistance, il mit le siége devant Lille.

Le comte de Broact, qui en étoit gouverneur, fit demander où étoit le quartier du roi. « Il est dans le camp entier, répondit le prince, et on peut tirer partout. » A cette politesse, le gouverneur en ajouta une autre, qui fut d'envoyer tous les matins de la glace, parce qu'il avoit appris qu'il n'en avoit point.

Louis dit un jour au gentilhomme qui la lui apportoit : « Je suis bien obligé à M. de Brouet, de sa glace, mais il devroit m'en envoyer un peu davantage. » « Sire, repart l'Espagnol sans hésiter, il croit que le siége sera long, et craint qu'elle ne vienne à manquer. » Il fait tout de suite une révérence et s'en va. Le duc de Charon, qui, comme capitaine des Gardes, est derrière le roi, crie à l'envoyé : « Dites à Brouet qu'il n'aille pas faire comme le commandant de Douai, qui s'est rendu comme un coquin. » Louis se retourne, et lui dit en riant : « Charon, êtes-vous fou ? — Comment, sire, répliqua-t-il, Brouet est mon cousin. »

AUTRE action remarquable de Charon. Un jour que Louis se tenoit à la tranchée, dans un lieu où le feu étoit très-vif, un soldat le prit par le bras, en lui disant : « Otez-vous, est-ce là votre place ? » Les courtisans saisissant avec avidité cette ouverture, s'empressent à vouloir lui persuader de se retirer. Il paroît pencher à suivre des conseils si timides, lorsque Charon, s'approchant de son oreille, lui dit à voix basse : « Sire, il est tiré, il faut le boire. » Le roi le croit, demeure dans la tranchée, et lui sait tant de gré de cette fermeté, que le même jour il rappelle le marquis de Charon, qui étoit exilé. (*Mémoires de Choisy.*)

Traits admirables de courage, de prudence et de fermeté.

L'ON ne peut lire sans être touché, ce que M. de Tillemont rapporte d'Eusèbe de Samosate. Ce saint évêque eut le malheur, pendant quelque temps, d'être dans la communion des Ariens; mais on ne craint point d'assurer que c'étoit par défaut de lumières, et non par foiblesse ou par un défaut de zèle pour la foi, puisque toute la suite de sa vie lui a fait mériter le glorieux titre de défenseur de la vérité : en effet, dès le temps même qu'il étoit lié de communion avec les Ariens, il donna une preuve de courage qui fut admirée par ceux mêmes qui ne pouvoient l'aimer.

Les Ariens et les Orthodoxes qui étoient dans leur communion, étant convenus de choisir saint Mélèce pour évêque d'Antioche, déposèrent le décret de cette élection entre les mains d'Eusèbe. Mais, comme saint Melèce se déclara aussitôt pour la foi catholique, les Ariens et l'empereur Constance résolurent de le déposer. Eusèbe voyant qu'on violoit l'accord qu'on avoit fait, et dont on lui avoit confié l'acte, se retira dans son diocèse. Les Ariens, qui redoutoient le témoignage que cet acte fournissoit contre eux, engagèrent l'empereur à l'envoyer redemander à Eusèbe. Mais Eusèbe répondit qu'ayant reçu ce dépôt de plusieurs personnes, il ne pouvoit le rendre qu'en présence de tous ceux qui le lui avoient confié. On le menaça de la part de l'empereur, de lui couper la main droite. Eusèbe, sans s'effrayer, présenta les les deux mains à l'envoyé, en disant qu'il pouvoit bien les lui couper, mais qu'il ne pourroit jamais lui faire rendre un acte qui prouveroit la mauvaise foi des Ariens.

Cette droiture de cœur mérita d'être éclairée ; et s'étant trouvé, en 353, au concile d'Antioche, il souscrivit au Symbole de Nicée, ce qui l'unit parfaitement aux Catholiques. Vers l'an 364, il reçut un ordre de l'empereur, qui l'exiloit dans la Thrace; et il le reçut d'une manière qui fit également paroître sa prudence, son courage et sa charité. Celui qui en étoit chargé arriva le soir. Saint Eusèbe l'avertit de n'en point parler : « Car, lui dit-il, si le peuple en avoit connoissance, il vous jetteroit dans la rivière, tant il a un zèle ardent pour la religion, et on ne manqueroit pas de me rendre responsable de votre mort ».

Après avoir parlé de la sorte, il célébra à l'ordinaire l'office du soir. Tout le monde commençoit à prendre le repos de la nuit, lorsqu'il fit part de l'ordre venu de la cour à un domestique affidé, puis il sortit à pied. Quand il fut au bord de l'Euphrate, qui arrose les murailles de la ville, il monta sur une barque, et se fit conduire à Zeugma.

Dès qu'on sut à Samosate ce qui se passoit, tous se mirent à pleurer la perte de leur évêque, et ils allèrent en si grand nombre après lui, que tout l'Euphrate étoit couvert de bateaux. Quand ils l'eurent atteint, ils le conjurèrent avec larmes, et par les motifs les plus pressans, de ne point exposer son troupeau à la fureur des loups; mais ils ne purent l'engager à revenir: il leur représenta le précepte de l'apôtre, qui ordonne d'obéir aux princes et aux magistrats. En effet, il n'y a point de vraie piété où il n'y a point d'obéissance au prince. Ce n'est que dans les choses où la religion et notre conscience seroient blessées, qu'il ne nous est pas permis d'obéir.

Gratien étant devenu maître de l'empire en 378, rendit entièrement la paix à l'église, et les évêques bannis retournèrent à leurs siéges. Eusèbe acheva glorieusement sa course en rendant service à l'église. L'an 380, il ordonna Maris évêque pour la petite ville de Dolique en Syrie, qui étoit alors infectée de l'arianisme: il ne s'agissoit plus que de le mettre en possession de cette église, afin qu'il fût en état de travailler à la conservation de ce diocèse. Eusèbe alla donc à Dolique pour mettre Maris en possession. Comme il entroit dans la ville, une femme arienne lui cassa la tête avec une tuile qu'elle lui jeta de dessus le toit de sa maison. Eusèbe, près d'expirer, obligea ceux qui étoient présens, de lui promettre avec serment de ne point poursuivre en justice la femme qui l'avoit blessé. Les officiers de la justice ne laissèrent pas d'informer contre cette femme et ses complices; mais les Catholiques obtinrent leur grace.

Les dépôts et les secrets ont toujours été regardés,

par les païens même, comme des choses sacrées. C'est violer le droit naturel, que de ne pas garder un secret, qui est une chose dont nous ne sommes pas les maîtres, et dont par conséquent nous ne pouvons disposer.

Beau trait d'un Officier, au sujet d'une vocation religieuse.

DANS une ville de ce royaume se trouvoit une famille de gens de condition, mais, par le malheur des événemens et des temps, peu accommodée des biens de la fortune. Le père et la mère n'avoient qu'une fille à qui ils avoient donné tout ce qu'ils pouvoient lui donner dans leur situation, une excellente éducation. La jeune demoiselle étoit d'ailleurs une personne en qui la nature et les graces avoient réuni tous leurs dons, l'esprit, le cœur, le caractère, les agrémens, les talens, et ce qui étoit encore préférable, une piété tendre et solide, au-dessus de son âge.

Dans ce temps, vint un régiment en quartier d'hiver dans cette ville : un officier d'un âge mûr, homme d'honneur et de probité, fut logé dans cette famille; charmé des qualités excellentes de la jeune personne, il prit inclination pour elle, et après un certain temps il la demanda en mariage à ses parens. Cette demande fut regardée comme une fortune pour leur fille et pour eux. Ils répondirent à l'officier, qu'il leur faisoit beaucoup d'honneur de penser à leur fille, mais qu'aux bons sentimens près, ils n'avoient que bien peu à lui donner. Je demande votre fille, dit l'officier, j'ai du bien pour elle et pour moi.

On en fit l'ouverture à la jeune personne, en lui faisant entrevoir la grace que Dieu lui accordoit à elle et à eux. Elle ne répondit rien, et ne parut y consentir que par son silence. La situation de ses parens ne lui permettoit pas de refuser ouvertement : on donne donc des paroles de part et d'autre. Le jour où l'on devoit épouser étant venu, la demoiselle parut toute triste et toute affligée ; l'officier lui en ayant demandé la raison, elle ne s'expliqua que par ses soupirs et ses larmes. Mais enfin, mademoiselle, lui dit l'officier, il faut vous expliquer, je l'exige absolument. Eh bien ! monsieur, lui dit-elle en soupirant, puisque vous me le permettez, je vous dirai que, si je m'établis, ce n'est que malgré moi ; mon desir et ma volonté ont toujours été de me rendre religieuse et de me consacrer à Dieu. Mais, pourquoi ne l'avez-vous pas dit, reprit l'officier ? C'est parce que mes parens ne sont pas en état de me faire une dot, répondit-elle.

Cela étant ainsi, ajouta l'officier, je ne suis pas pour être le rival de Dieu ; je vous ferai moi-même votre dot ; suivez les sentimens que Dieu vous inspire. La chose fut ainsi exécutée ; la demoiselle se fit religieuse dans une maison où régnoit la plus grande régularité. On tient cette histoire de la personne même qui prêcha le sermon de la vêture. L'officier y assista ; et après la cérémonie, il donna un grand repas aux parens : le prédicateur y fut aussi invité, et il a assuré que les agapes des premiers chrétiens n'avoient rien de plus édifiant que le fut ce festin et tous les discours qui firent la matière de la conversation. La religieuse vécut dans cette communauté, dont elle fut le modèle et l'exemple ; après quatre ans, elle mourut de la mort des saints, comme elle avoit vécu de la vie des élus.

Heureuses les ames à qui le Seigneur inspire ces grands sentimens ! Le salut paroît attaché quelquefois à certains actes héroïques de vertu.

Point de probité sans religion.

La religion seule peut nous contenir dans le devoir. C'étoit la pensée de Constance, père du grand Constantin, lorsqu'il voulut éprouver la fidélité de ceux qui étoient auprès de sa personne. Il avoit dans sa cour beaucoup d'officiers chrétiens; il les fit tous venir devant lui, et promit de grandes récompenses à ceux qui voudroient offrir de l'encens à ses dieux. Quelques-uns le firent, il les cassa sur-le-champ, et leur dit, qu'étant capables de manquer de fidélité à leur Dieu, ils en manqueroient aisément à leur prince.

Trait ingénieux d'un conquérant.

Un célèbre conquérant, auquel le sénat romain avoit préparé un triomphe, fit élever sa statue, non d'or, d'argent ou de bronze, comme avoient fait les autres vainqueurs avant lui; mais il la fit construire de cire. L'ayant fait dresser dans une place publique, il la fit environner de plusieurs flambeaux allumés, dont la chaleur la faisoit fondre peu à peu. Il voulut marquer par-là que les grandeurs du monde brillent un peu d'abord, mais que cet éclat ne sert qu'à se détruire soi-même. Ce grand homme avoit peut-être entendu parler de cet oracle du roi prophète : *Sicut cera quæ fluit auferentur, super cecidit ignis et non viderunt solem.*

Un maître excellent, trésor inappréciable.

On ne sauroit croire de quelle importance il est de s'emparer, si l'on peut s'exprimer ainsi, du berceau des enfans, afin d'en écarter les erreurs et les vices, de diriger leurs premiers pas vers les routes de la vertu et de la vérité, de les y soutenir par des motifs toujours proportionnés à leur âge. Il n'est pas douteux que dans l'enfance l'homme ne soit susceptible de toutes les impressions. S'il tombe en de mauvaises mains, on voit en lui ce germe du mérite s'altérer peu à peu, se dessécher et disparoître; l'ardeur naturelle qu'il avoit pour le bien, se convertir en ardeur pour faire le mal. Si au contraire il est confié à des maîtres qui sachent préparer son esprit à la vérité, former son cœur à la vertu, alors les dons qu'il a reçus de la nature se développent et se perfectionnent, il devient capable des plus grandes choses, en supposant même qu'il fût naturellement plus incliné au mal qu'au bien. Si son caractère ne se détruit pas, du moins les effets n'en sont pas aussi funestes.

L'empereur Théodose étoit si persuadé des avantages d'une bonne éducation, qu'il n'oublia rien pour la procurer à son fils. Il trouva un excellent maître dans Saint-Arsène, d'une famille distinguée dans Rome, et qui étoit très-instruit dans les lettres grecques et latines. En lui mettant le jeune Arcade entre les mains : « Je veux, lui dit-il, que désormais vous soyez plus son père que moi-même. » Les progrès répondirent au mérite de l'instituteur.

Arcade commit un jour une faute considérable, Arsène crut qu'il devoit le punir sévèrement, afin que le châtiment fît une impression plus sensible sur son esprit. Le jeune prince reçut mal la correction, quoique juste ; et pour s'en venger, il chargea un officier de ses gardes de se défaire d'Arsène, à quelque prix que ce fût. L'officier, qui respectoit ce grand homme, lui découvrit la mauvaise volonté du prince. Arsène ne sachant s'il devoit se retirer, ou prendre une autre voie pour se garantir de l'indignation du jeune prince, se mit en prière, et dit à Dieu : « Seigneur, apprenez-moi ce que je dois faire. » Alors il entendit une voix qui lui dit : Arsène, fuis les hommes, et tu te sauveras. Ce conseil fut exécuté, il s'embarqua, passa à Alexandrie, et de là au désert de Scéré, où il embrassa la vie solitaire.

L'empereur Théodose, affligé de sa retraite, le fit chercher dans toutes les îles et toutes les solitudes, mais inutilement. Après la mort de Théodose, Arcade ayant appris le lieu de sa retraite, lui écrivit une lettre dans laquelle il lui avouoit le mauvais dessein qu'il avoit eu contre lui, lui demandoit pardon, et se recommandoit à ses prières. Il lui disoit, dans la même lettre, qu'il pouvoit disposer de tous les tributs d'Egypte pour les distribuer aux monastères et aux pauvres, et il le prioit instamment de lui répondre. Arsène, qui craignoit tout ce qui pouvoit le rappeler au siècle, ne crut point devoir écrire au prince ; mais il lui fit dire : « Dieu veuille nous pardonner nos péchés à tous. Pour l'argent dont vous me laissez la disposition, je ne suis pas capable de le distribuer, puisque je suis déjà mort. »

Un jeune homme, malgré les avantages d'une bonne éducation, fait-il des fautes ? on n'a pas pour cela perdu son temps auprès de lui. Les semences de vertu qu'on a jetées dans son ame, se développeront et fructifieront dans un âge plus avancé. Alors l'image de son instituteur se présentera avec des traits que l'impétuosité de la jeunesse l'avoit empêché d'y apercevoir. Il n'y verra plus, comme autrefois, un triste pédagogue aussi importun que difficile ; mais un sage qui travailloit à son bonheur, et qui lui en avoit frayé la route.

Je dis plus, les remords se feront sentir même avant ce temps-là ; ils naîtront infailliblement du contraste de sa conduite avec les maximes dont il aura été imbu ; or, tant que la conscience parle, rien n'est désespéré. Quiconque a le courage de se dire à soi-même, j'ai mal fait, n'en manque guère pour ajouter, je vais mieux faire. Quand l'éducation a été vicieuse, l'édifice manque par le fondement. On a reçu de mauvais principes ; mais parce qu'on les croit bons, plus on s'y conforme, plus on se trouve irréprochable.

Armée puissante dissipée par des moucherons.

Les instrumens les plus foibles sont redoutables entre les mains de Dieu ; il s'en sert pour abattre la puissance des hommes, humilier leur orgueil et renverser leurs plus vastes projets.

Sapor, roi de Perse, vint l'an 350 assiéger Nisibe en Mésopotamie, le plus puissant rempart de l'empire romain sur cette frontière. Il avoit une armée formidable et une cavalerie soutenue d'un grand nombre d'éléphans. Le siége dura quatre mois. On fit la circonvallation, on éleva des tours, on employa toutes les machines de guerre dont on se servoit alors, mais inutilement. Enfin, après soixante-dix jours de travaux, Sapor fit arrêter le fleuve Magdone, qui traversoit la ville. Quand l'eau fut à une certaine hauteur, on rompit la digue qui l'avoit arrêtée ; la rivière venant avec impétuosité frapper les murailles de la ville, en renversa un pan considérable, et y fit une large ouverture.

Les Perses témoignèrent leur joie par de grands cris ; mais ils différèrent l'assaut au lendemain, parce que l'inondation rendoit la brèche inaccessible. Quand ils approchèrent, ils furent bien surpris de trouver une autre muraille, que la garnison et les habitans avoient élevée pendant la nuit, lorsque leur évêque prioit Dieu dans son église qu'il daignât conduire lui-même et bénir leurs travaux.

Sapor s'étant avancé pour voir un ouvrage si peu attendu, parut étonné; mais il le fut bien davantage quand il crut voir sur cette muraille un homme revêtu des habits royaux, dont la pourpre et le diadême jetoient un grand éclat. Ne doutant pas que ce ne fût Constance qui gouvernoit l'empire romain, il menaça de mort ceux qui lui avoient annoncé que cet empereur n'étoit point alors à Nisibe. Quand il sut que véritablement Constance étoit à Antioche, il comprit ce que signifioit sa vision, et jugea que le Dieu qu'on adoroit dans l'empire romain, défendoit la ville de Nisibe.

Au lieu de reconnoître la puissance de Dieu qui combattoit pour les Romains, Sapor, tout hors de lui-même, jeta un javelot en l'air, comme pour attaquer le ciel même, et ne pensa qu'à faire de nouveaux efforts pour emporter la place. Il y employa encore plus de six semaines, sans autre succès que de fatiguer les assiégés. Le saint diacre Ephrem, ennuyé de ces longueurs comme tous les autres, pria l'évêque Jacques de maudire cette armée. Le saint homme ne crut pas qu'il fût permis de demander ou de souhaiter la perte de tant d'hommes; il s'adressa seulement à Dieu, pour le prier de faire finir les incommodités et les maux inséparables d'un si long siége.

Après sa prière, il monta sur une tour, et en considérant la multitude incroyable d'ennemis qui environnoient la ville, il dit à Dieu: « Seigneur, qui pouvez abattre l'orgueil des superbes, en envoyant contre eux les plus vils insectes, opposez à cette formidable armée une armée de moucherons. » On en vit aussitôt venir fondre sur les ennemis, comme des nuées si épaisses, que l'air en étoit obscurci. Les moucherons entrèrent dans les trompes des éléphans, dans les naseaux et les oreilles des chevaux qui, se mettant en fureur, rompirent leurs brides et leurs harnois, secouoient leurs hommes, rompoient les rangs, et fuyoient partout où ils pouvoient. Les soldats se trouvant attaqués en même temps par ces animaux incommodes, tout le camp fut bientôt en désordre. Sapor, forcé de reconnoître la puissance du Dieu des Romains, leva le siége et se retira honteusement.

Nous tenons un fait si mémorable de Saint-Théodoret, évêque de Cir, l'un des plus graves et des plus judicieux écrivains de l'antiquité ecclésiastique. Cet événement a aussi été attesté par l'historien Philosterge, arien outré, ennemi passionné de tous les prélats catholiques, et par conséquent peu favorable à Saint-Jacques de Nisibe.

Funestes effets des faux rapports.

On ne sauroit être trop en garde contre les rapports : ils sont souvent injustes et calomnieux. Dieu punit quelquefois dès ce monde même, d'une manière terrible, les injustices et les calomnies.

Sous le règne de Théodoric, roi des Goths, les deux plus illustres sénateurs, Symmaque et Boëce, son gendre, furent accusés de crime d'état. Le roi eut l'imprudence d'ajouter trop légèrement foi à ces rapports faux et calomnieux, et les fit mettre en prison. Boëce étoit chrétien et très-zélé pour la religion catholique, qu'il défendit par plusieurs écrits, en particulier contre Eutichès et Nestorius. Le plus beau et le plus excellent de ses ouvrages, c'est la *Consolation de la Philosophie*, qu'il composa dans sa prison. Il fut mis à mort l'an 524, et son beau père Symmaque eut le même sort l'année suivante.

Le roi Théodoric ne survécut pas long-temps. Un

jour ses officiers ayant servi sur sa table un gros poisson, il crut voir dans le plat la tête de Symmaque fraîchement coupée, qui le regardoit d'un œil furieux; il en fut si épouvanté qu'il lui prit un grand frisson : il se mit au lit, détestant et pleurant son crime, d'avoir fait mourir ces deux illustres sénateurs sur des calomnies. Se voyant mourir, il appela les principaux de la nation des Goths, et fit reconnoître pour roi Athalaric, son petit-fils, âgé de huit ans.

Les auteurs ecclésiastiques ont remarqué que si on condamnoit ceux qui accusent faussement les autres aux mêmes supplices qu'ils leur ont voulu faire souffrir, comme l'ordonnent même les lois civiles et canoniques, on purgeroit bientôt le monde du venin de l'imposture, et l'on ne verroit plus si souvent l'innocence punie et la calomnie récompensée. Mais, comme saint Grégoire dit excellemment, Dieu permet ces maux pour en tirer de grands biens : Abel a besoin de Caïn, Jacob d'Esaü, et David de Saül, afin que les persécutions qu'ils souffrent, deviennent l'exercice et le couronnement de leur vertu.

Le support du prochain.

Il y a des personnes qui ne peuvent vivre en paix avec qui que ce soit. C'est assurément un grand défaut d'exercer la vertu des autres par sa mauvaise humeur. Supporter les défauts du prochain patiemment et dans un esprit de charité, c'est un grand don.

Le célèbre Cassien, dont nous avons plusieurs ouvrages, entr'autres les *Conférences des Pères du désert*, rapporte d'une dame d'Alexandrie, qu'elle avoit tant d'amour pour les souffrances, que, non contente de supporter de bon cœur celles qu'il plairoit à Dieu de lui envoyer, elle recherchoit encore avec ardeur tout ce qui pouvoit lui donner occasion de souffrir et d'exercer sa patience.

L'église d'Alexandrie nourrissoit dans ce temps-là plusieurs veuves : elle alla prier Saint-Athanase de lui en donner une pour la nourrir chez elle, et pour soulager l'église. Le saint ayant loué extrêmement son dessein, commanda qu'on lui en choisît une d'un esprit doux et d'une grande piété : elle la mena chez elle, et l'y garda quelque temps, la servant et la traitant avec toutes sortes d'attentions et de soins. Mais, parce que cette pauvre femme ne cessoit de la louer et de la remercier à tous momens de ses bontés, elle alla trouver le saint évêque, et se plaignit à lui de ce que lui ayant demandé une femme qui lui donnât lieu de s'exercer et de mériter en la servant, il n'en avoit rien fait.

Saint-Athanase ne comprit pas d'abord ce qu'elle vouloit dire, et s'imagina qu'on avoit manqué à ses ordres; mais s'étant bien informé, et sachant qu'on avoit choisi une femme pleine de piété, il comprit ce que la dame vouloit dire par ses plaintes, et lui répondit qu'il y mettroit ordre. Il commanda donc qu'on en choisît une d'un esprit aigre, d'une humeur difficile et incompatible (et celle-là, dit Cassien, fut plus aisée à trouver que l'autre). En effet, on choisit une femme sèche, chagrine, colère, acariâtre, querelleuse; il la fit mettre entre les mains de cette pieuse dame, qui la conduisit aussitôt chez elle, et s'attacha à la servir avec encore plus d'humilité et de soin que l'autre.

Elle n'en reçut que de l'ingratitude, des plaintes et des mauvais traitemens; cette méchante veuve la contrarioit continuellement en tout, et portoit même quelquefois sa colère jusqu'à mettre les mains sur elle. La sainte femme trouva donc comme au-delà de ce qu'elle avoit demandé, elle alla remercier Saint-Athanase, de lui avoir donné une femme qui lui avoit si bien appris la patience, et qui lui fournissoit tous les jours tant d'occasions de mériter.

Dans bien des momens, elle sentoit tout le poids du fardeau. Cependant elle continua toujours ses bons offices : après avoir vécu quelque temps dans cet exercice de charité et de mortification, elle mourut saintement dans le Seigneur.

Nous nous procurons beaucoup plus de bien à nous-mêmes, par le support du prochain, par la pratique de la charité, que nous n'en procurons aux autres par les assistances que nous leur rendons; nous ne pouvons que conserver ou guérir leurs corps; mais nous ressuscitons, ou nous conservons notre propre ame, en les aimant et en les assistant. La charité est donc un commerce où l'on reçoit beaucoup plus que l'on ne donne.

La Providence justifiée.

Rien de si ineffable que les ressources de la providence divine, envers ceux qui mettent en elle toute leur confiance. Tant de traits qui sont arrivés en ce genre, doivent bien animer en nous cette confiance intime; en voici un bien capable de la renouveler, si les sentimens en étoient altérés dans nous. Il est arrivé presque de nos jours.

Un homme avoit passé près de vingt ans dans une pauvreté extrême, et dans la patience la plus résignée à la volonté de Dieu, espérant toujours qu'il viendroit à son secours et à celui de sa famille; car il n'avoit pour tout bien que six enfans, manquant souvent de pain pour fournir à leur subsistance.

Dans ce temps-là, un prédicateur célèbre prêchoit le carême; sa grande réputation d'éloquence et de sainteté amenoit toute la ville à ses discours, et lui attiroit la confiance de tous ses habitans. Un jour une personne inconnue s'adressa à lui, et lui dit : Mon père, j'ai une bonne œuvre à faire, et je vous la confie; voilà mille écus, distribuez-les aux pauvres que vous connoîtrez dans un besoin réel. Permettez-moi, lui répond ce prédicateur, de ne pas me charger de cette commission; vous connoissez mieux les pauvres que moi, distribuez vous-même cette somme : d'ailleurs, si on savoit que je fais ainsi des aumônes, tous les jours je serois assailli de pauvres, et je ne pourrois vaquer aux fonctions de mon ministère.

La personne persista et le supplia instamment de lui accorder cette grace. Le prédicateur, croyant ne pouvoir se refuser, pria la personne de lui dire du moins ses intentions en détail, et de quelle manière elle vouloit que cette somme fût employée. Eh bien, dit la personne, pour couper court, donnez-la, si vous le jugez à propos, au premier pauvre qui s'adressera à vous; ce sera la providence elle-même qui en disposera.

Le prédicateur prêcha le lendemain sur la providence, et insista beaucoup sur ce passage du roi prophète. Jamais je n'ai vu le juste abandonné de Dieu, ni ses descendans manquer de pain. »

Cet homme pauvre dont nous avons parlé, avoit assisté au sermon; quand il fut fini, il vint voir le père qui prenoit quelque repos. Ah! mon père, lui dit-il en entrant, vous avez annoncé de grandes vérités dans tous vos sermons, et j'y ai assisté avec consolation; mais pour aujourd'hui, permettez-moi de vous le dire, je suis une preuve vivante du contraire de ce que vous avez dit. Il y a vingt ans que je tâche de servir le Seigneur et de vivre en chrétien; je suis pauvre et réduit à la nécessité; toutes mes richesses sont six enfans que je ne nourris presque que du pain de mes larmes : j'ai toujours mis ma confiance en la providence, et espéré qu'elle viendroit à mon aide, mais inutilement; je ne sais plus que devenir, et cette providence disparoît à mes yeux.

Eh bien, mon enfant, lui dit alors le prédicateur, bien loin que vous soyez une preuve du contraire de ce que j'ai prêché, vous deviendrez vous-même un monument sensible de cette providence divine : tenez, voilà mille écus, ils sont à vous, c'est elle qui vous les envoie. Ce pauvre homme, tout transporté, reçoit cette somme comme venant du ciel, admire la bonté de Dieu, va annoncer à sa famille désolée le bonheur inespéré qu'il vient d'éprouver. Tous ses enfans, fondant en larmes de joie, se prosternèrent pour rendre graces au Seigneur de ses ineffables bontés, et pour prier pour la personne de piété qui leur avoit procuré ce secours abondant, dans le moment même où ils étoient sur le point de tomber dans le désespoir.

Le besoin du nécessaire est ce qui jette les hommes dans l'inquiétude pour l'avenir, et c'est cela même qui devroit les mettre en repos, puisque c'est là proprement l'affaire de la providence et le soin d'un père.

L'avenir est du ressort de Dieu seul ; c'est entreprendre sur ses devoirs que de vouloir prévoir tout ce qui peut nous arriver, et nous mettre à couvert de tout par nos soins, comme pour ne pas dépendre de sa providence.... Faisons dans le temps ce que Dieu demande de nous, et abandonnons-nous à lui pour les suites.

La vengeance faisant d'un Martyr un Apostat.

Un des traits les plus marqués de l'animosité et de la haine, c'est celui qui est rapporté au sujet de Saprice et de Nicéphore. Le premier étoit prêtre, le second laïque. Ils vivoient ensemble dans une si parfaite union, qu'on les eût pris pour deux frères. Il arriva, par je ne sais quel malheur, que leur amitié se changea en une haine si envenimée, qu'ils évitoient même de se voir. Enfin, Nicéphore rentra en lui-même, et faisant réflexion que la haine est un vice diabolique, il pria des amis communs d'aller trouver Saprice, pour le conjurer de lui pardonner et d'avoir égard à son repentir; mais Saprice ne voulut point entendre parler de réconciliation. Nicéphore va lui parler lui-même, se jette à ses genoux, le conjure de lui pardonner, s'il a eu le malheur de lui déplaire; mais cet homme implacable et sourd à ses prières, persiste dans son ressentiment.

Sur ces entrefaites, s'élève la persécution de Valérien; Saprice est arrêté comme chrétien; il est présenté au tribunal du juge; on le met à une question violente, il la souffre avec un courage héroïque. Condamné à avoir la tête tranchée, on le conduit au lieu du supplice. Nicéphore en étant averti, court avec empressement; il aborde Saprice sur son passage; il se prosterne de nouveau à ses pieds, le conjure instamment de lui pardonner; mais Saprice ne daigne pas lui répondre. Pénétré de la plus vive douleur, Nicéphore court par une autre rue, et se présente encore devant Saprice, fondant en larmes, le priant au nom de Jésus-Christ de lui pardonner, et de lui rendre son amitié; il le suit ainsi jusqu'au lieu du supplice en sollicitant son pardon, sans pouvoir fléchir ce cœur ulcéré.

Enfin, Saprice monte sur l'échafaud où il devoit être immolé; le bourreau lui dit de se mettre à genoux et de présenter sa tête pour recevoir le coup; mais en ce moment, l'horreur de la mort saisit ce malheureux; il demande grace, promet de sacrifier et de se conformer aux ordres de l'empereur.

Alors, par un effet admirable de la grace de Dieu, Nicéphore, témoin et affligé d'une telle apostasie, se déclare hautement chrétien : on le rapporte au juge, qui, sur-le-champ, le condamne à avoir la tête tranchée. La sentence est exécutée à l'instant, et Nicéphore reçoit la couronne du martyre dont Saprice s'étoit rendu si indigne.

Quel terrible exemple de la haine du prochain! Point de miséricorde pour celui qui ne traite pas son frère avec miséricorde. Comment arrive-t-il donc qu'on soit tranquille, tandis qu'on sent que l'amour n'est pas dans le cœur? et de quelle paix peuvent jouir ceux qui se laissent posséder par la passion cruelle de la haine?

Dangers des mauvaises compagnies.

Les jeunes gens ne sauroient se convaincre de trop bonne heure, de quelle importance il est de bien choisir leurs compagnons. L'histoire suivante est bien capable de leur apprendre ce qu'ils doivent craindre et ce qu'ils doivent éviter, s'ils ont leur salut à cœur.

Dans une de nos villes, se trouvoit un jeune homme qui étoit l'exemple et le modèle de tous les autres; piété, sagesse, crainte de Dieu, fréquentation des sacremens, amour de la prière; toutes les vertus, en un mot, de son âge, étoient réunies en lui. Un jour qu'il y avoit une espèce de fête et de réjouissance publique dans un endroit voisin, il voulut y aller. Pour l'ordinaire, il y alloit toujours avec un compagnon de son âge, pieux et craignant Dieu comme lui; il alla seul cette fois, contre sa coutume. Durant son chemin, il fut joint par un autre jeune homme qui étoit entièrement décrié pour sa conduite et ses mœurs.

Il auroit fallu s'en défier, et sur quelque prétexte honnête se retirer de sa compagnie. Notre jeune homme ne le fit pas pour son malheur. D'abord l'entretien ne roula que sur des choses indifférentes; peu à peu se glissèrent quelques discours peu mesurés; bientôt après, de la part du jeune libertin, suivirent des paroles peu décentes, des railleries sur la piété; il se mit ensuite à raconter des parties d'amusement et de plaisir qu'il avoit faites avec d'autres; insensiblement les discours et les manières devinrent plus libres; enfin, il en vint jusqu'à engager ce jeune homme si sage à commettre un grand péché contre la pureté.

A peine ce péché fut-il commis, que le jeune homme, sage jusqu'alors, tombe dans un accident et meurt à l'instant, sans avoir le moyen de se reconnoître. L'autre est si frappé de cette mort, si alarmé de cet événement, qu'il va dans le moment à un monastère voisin, de religieux d'un ordre extrêmement sévère : il fait appeler le supérieur, se jette à ses genoux, fondant en larmes. Mon Père, lui dit-il, ayez pitié d'un misérable qui vient de précipiter une ame dans les enfers, et daignez me recevoir pour faire pénitence toute ma vie. Le supérieur, homme sage et prudent, loua ses sentimens, et l'exhorta à y persévérer, mais lui fit comprendre qu'il ne pourroit le recevoir qu'après avoir éprouvé sa vocation. Eh bien, dit le jeune homme, je resterai tant que vous voudrez à la porte du monastère; mais je ne me retire point que je n'aie eu le bonheur d'être reçu pour pleurer toute ma vie mon malheur. On le fit entrer, on le garda un temps convenable, après quoi on le reçut, et on n'eut pas sujet de s'en repentir. Il devint un religieux parfait et conserva toujours le souvenir de ses anciennes iniquités.

La conduite d'un jeune homme qui connoît tous les dangers auxquels il est continuellement exposé, et qui sait combien il lui est difficile d'éviter les chutes, doit être marquée au coin de la vigilance et de la crainte. Le démon nous épie si attentivement, qu'il est presque impossible de n'en être pas surpris..

Il emprunte le langage des créatures, et celui de notre chair et de nos passions, nous fait entendre par là tout ce qu'il desire ; il nous dit, par les discours d'un vindicatif, qu'il est bon de se venger ; par ceux d'un ambitieux, qu'il est bon de s'élever ; par ceux d'un avare, qu'il est bon de s'enrichir; par ceux d'un voluptueux, qu'il est bon de jouir du monde.

Plus on entend souvent la voix du diable, plus on est obligé d'écouter au fond de son cœur la voix de

Dieu, qui parle à ceux qui s'y rendent attentifs. Plus le monde fait d'efforts pour ébranler l'ame et la renverser, plus on est obligé de recourir à Dieu, afin qu'il l'affermisse et la soutienne par ses graces et par son secours.

Manière de combattre et de vaincre les passions.

Il est rapporté dans les vies des pères du désert, qu'un ancien solitaire étant interrogé par ses disciples sur la manière de combattre ses passions, leur répondit par cette figure. Il étoit alors dans un lieu planté de cyprès. Il commanda à l'un des disciples d'arracher un petit cyprès qu'il lui montra. Le disciple l'arracha aussitôt, sans aucune peine, d'une seule main. Il lui en assigna ensuite un autre un peu plus grand, qu'il arracha aussi, mais avec un peu plus d'efforts, et en y mettant les deux mains. Pour en arracher un troisième qui étoit plus fort, il fallut qu'un de ses compagnons lui aidât, et encore le firent-ils avec assez de difficulté. Enfin, l'ancien solitaire leur en montra un qui étoit beaucoup plus gros. Tous les jeunes solitaires se mirent de concert, et ne purent jamais venir à bout de l'arracher.

Alors le maître prenant de là occasion de les instruire : « Voilà, mes chers enfans, leur dit-il, comme il en est de nos passions. Au commencement, quand elles ne sont pas encore enracinées, il est facile de les arracher, pour peu qu'on soit attentif à les combattre. Mais lorsque, par une longue habitude, on leur a laissé prendre de profondes racines dans le cœur, il est très-difficile de s'en rendre le maître. Travaillez donc de bonne heure à combattre et à vaincre des ennemis qui, dans la suite, vous causeront de violens combats, et peut-être entraîneroient votre perte.

On se flatte souvent par des espérances de conversion ; mais le temps qu'on destine au repentir ne fait qu'accumuler de nouveaux crimes. Un vain espoir de changer est plutôt un écueil qu'une ressource de salut.

Trait mémorable de la charité d'un père de famille et de ses enfans.

Un seigneur, affligé de la misère qui règne dans sa paroisse, conçoit le dessein d'y apporter quelque remède. Pour ne pas déplaire à ses enfans qu'il avoit déjà établis fort honorablement, il les invite tous à dîner chez lui. A la fin du repas, les entretenant des graces qu'il avoit reçues de Dieu, et de l'abondance où il se trouvoit encore, il leur dit qu'il se croyoit obligé de retrancher de son superflu pour assister les pauvres. Il ajouta que, sans s'incommoder, il pouvoit donner dix mille livres, mais qu'il ne vouloit rien faire sans leur participation, dans la crainte de leur donner quelque chagrin ; qu'il les prioit d'agréer qu'il fît cette charité aux pauvres, pour lui et pour eux, espérant que Dieu leur en tiendroit compte.

Les quatre enfans furent attendris de ce discours. L'aîné, prenant la parole, dit : « Je suis persuadé, mon père, que mes frères ne me désavoueront point, si je prends la liberté de vous dire que nous serions les plus malheureux de tous les hommes, si, après l'honneur que vous nous faites, nous avions jamais la moindre pensée de nous opposer à vos volontés. Elles sont toutes si justes, que nous devons faire consister notre bonheur à nous y conformer. Nous n'avons jamais remarqué en vous que des exemples de sainteté ; et Dieu nous fasse la grace, et à nos enfans, de vous imiter ! Il n'eut pas plutôt fini de parler, qu'un autre ajouta :

Nous trahirions, mon père, les sentimens chrétiens que vous nous avez inspirés, si nous avions, dans cette occasion, d'autre volonté que la vôtre. Notre plus grande gloire n'est pas de porter votre nom, mais d'avoir vos inclinations et de suivre vos exemples.

Le troisième l'interrompit pour dire qu'ils tenoient de lui non-seulement la vie, mais encore tous les biens qu'ils avoient; qu'il en étoit le maître aussi absolument qu'il en eût jamais été; que pour lui, il étoit dans la disposition de les lui remettre s'il le souhaitoit; que l'exemple qu'il leur donnoit, valoit beaucoup mieux que toute la succession qu'il pouvoit espérer.

Le quatrième parla à son tour, et dit : Mes frères, si nous sommes les véritables enfans de notre père, nous devons imiter ses actions. L'honneur qu'il nous fait de nous proposer son dessein, est une puissante exhortation pour faire la même chose. Il n'a pas besoin de notre consentement; mais nous devons tâcher de profiter de ses exemples.

Si vous le jugez à propos, je suis d'avis que nous allions chacun chez nous prendre quelque aumône pour unir à la sienne. Cette parole plut extrêmement à ce bon père, et fut approuvée de tous ses frères, qui dès le moment allèrent dans leur maison prendre de l'argent, les uns plus, les autres moins, selon l'état présent où ils se trouvoient. Ils le lui apportèrent, et ils firent une somme beaucoup plus considérable qu'il ne s'étoit proposé.

Parallèle de l'état d'un pauvre et de celui d'un riche.

L'INDIGENCE est un monstre dont on ne peut soutenir l'aspect; et plus on affecte d'en détourner ses yeux, et plus le pauvre est forcé de s'envisager lui-même. Il s'y considère comme le rebut de la nature, ignoré des autres hommes, ou connu d'eux seulement pour être l'objet de leur mépris. Il voit que tout ce qui l'environne ne lui parle que pour l'humilier; que les regards mêmes, s'il en tombe sur lui, ne sont que les témoignages de l'horreur qu'il inspire. Il voit les riches dans la pompe et dans l'éclat, tandis qu'il rampe dans la poussière. Les plaisirs viennent en foule au-devant d'eux, il ne voit devant lui que les peines et les douleurs. Des amis empressés se disputent l'avantage de leur être utiles; et il est abandonné de tous, sans secours, sans appui, sans espérance.

Tout s'arrange au gré du desir du riche, il parle et il est obéi. Ceux qui l'approchent ne paroissent devant lui que pour étudier dans ses regards le safice qu'il exige; et le palais qu'il habite est un temple où il reçoit l'hommage des humains. Au milieu de cet appareil, il s'enfle, il s'applaudit, s'admire. S'il ne se croit pas artisan de sa propre grandeur, du moins croit-il en être plus digne que tant d'esclaves qui l'environnent. Il se regarde comme plus parfait à mesure qu'on s'humilie davantage à sa vue, et plus tout semble dépendre de lui, plus il semble oublier qu'il dépend lui-même de l'être souverain. De là quel mépris des autres hommes! Il n'est ni citoyen ni ami; on le voit également haut lorsqu'il commande, dur, lorsqu'il répond; et toujours aussi dédaigneux dans ses regards, que superbe dans ses discours et présomptueux dans sa conduite.

Vanité des parures et des ornemens.

Théodoret est un des anciens historiens qui intéresse davantage par la fidélité de ses écrits. Il rapporte que sa mère, qui avoit mal à un œil, ayant entendu parler d'une guérison miraculeuse, opérée par saint Pierre l'anachorète, qui demeuroit près d'Antioche, résolut de l'aller trouver pour être guérie de son mal. Comme elle étoit fort jeune, elle prit plaisir à se parer; elle se présenta devant le saint richement vêtue, ayant des pendans d'oreille, des bracelets, des couleurs empruntées; en un mot, avec tout l'étalage de ses ornemens. Le saint ayant remarqué cette parure mondaine, voulut la guérir de cette vanité, plus dangereuse pour elle que la maladie de ses yeux. Il se servit pour cela de cette comparaison familière.

Ma fille, dites-moi, je vous prie, si quelque peintre fort habile avoit fait un portrait suivant toutes les règles de l'art, et que quelqu'un tout-à-fait ignorant en peinture, voulût le réformer à sa fantaisie, y changer, y ajouter, croyez-vous que ce peintre n'en seroit pas offensé? Oui, sans doute, répondit-elle, il auroit droit de s'en plaindre. Or, ma fille, continua le saint, ne doutez point que le Créateur de toutes choses, cet admirable ouvrier qui nous a formés, ne s'offense avec raison, de ce que vous semblez accuser d'ignorance son admirable sagesse, en voulant ou réformer, ou perfectionner dans vous son ouvrage; ainsi, croyez-moi, ne changez rien à ce portrait qui est l'image de Dieu, ne cherchez pas à vous donner à vous-même ce qu'il n'a pas plu à sa sagesse de vous accorder, et ne vous efforcez point contre son dessein d'acquérir une beauté fausse et artificielle, qui peut rendre coupables les plus chastes même, parce qu'elle tend des piéges à ceux qui la considèrent.

Ma mère, ajoute Théodoret, dont le fond étoit excellent, n'eut pas plutôt entendu ce discours, qu'elle se jeta aux pieds du saint, en lui rendant graces de son instruction salutaire, ensuite le supplia humblement de prier pour elle, et de lui obtenir la guérison de son œil. Le saint anachorète s'en défendit assez long-temps par humilité; enfin, vaincu par ses instances, il mit sa main sur l'œil malade de ma mère, en faisant le signe de la croix, et à l'instant elle fut entièrement guérie. Ma mère étant retournée chez elle, quitta dès-lors tous ses ornemens, et s'habilla avec la simplicité que cet excellent médecin lui avoit prescrite. Elle n'avoit cependant que vingt-trois ans accomplis, et je fus le premier enfant qu'elle mit au monde, sept ans après cette guérison.

Quoique la vanité soit un vice fort commun, ce ne fut jamais celui d'Alfonse V, roi d'Aragon, surnommé le Sage et le Magnanime. Jamais il ne se piqua de montrer de la magnificence en ses habits : son extérieur assez simple le distinguoit peu d'un homme ordinaire. Comme on lui représentoit qu'il falloit soutenir la majesté royale : Ce n'est pas la pourpre, répondit-il, ni l'éclat des diamans qui doit distinguer un roi, mais la sagesse et la vertu.

Réflexions sur le luxe.

Le luxe est un excès de délicatesse et de somptuosité, soit dans les aises et les commodités de la vie, soit dans le train relatif au rang que l'on occupe dans la société.

L'Evangile condamne le luxe : l'expérience et la raison prouvent que ce qu'il condamne est toujours nuisible à la société. Non-seulement il attaque les mœurs, il fait dégénérer l'esprit et la faculté de penser, par le prix qu'il attache aux objets les plus frivoles et les moins dignes d'occuper un être pensant. Est-ce être homme que de se faire une occupation sérieuse de ce détail minutieux qu'exigent l'ordonnance et la pompe du luxe ?

Cet éblouissement que cause l'appareil du luxe aux yeux du vulgaire, ce saisissement de respect dont on se laisse pénétrer à la vue d'un homme qui n'a d'autre mérite que le char qui le porte et les chevaux qui le traînent, ne sont que trop capables de dénaturer les sentimens de l'estime et de l'admiration ;

sentimens précieux que la nature a placés dans l'homme, comme des ressorts puissans pour l'élever à la vertu et à la véritable grandeur.

Quel spectacle singulier que cette multitude d'*agréables* qui font les délices des sociétés, et qui se font une étude d'y plaire et d'y briller! Considérez-les dans une expédition militaire, dans le sanctuaire de la justice, dans le gouvernement politique, vous les trouverez vifs, impatiens, légers, incapables d'un long travail, de suivre un projet ou une affaire qui demande de la constance, de la réflexion et du temps.

La perfection des arts ne dépend nullement du luxe. Elle exige et suppose dans les esprits un effort vers le grand et le sublime, et il n'y a rien de plus opposé à la grandeur que la frivolité qui accompagne toujours le luxe.

C'est aussi à tort que l'on prétend que le luxe est l'ame du commerce, la source de la richesse et de la prospérité d'un Etat. Il ne faut que consulter l'expérience : on voit, dans les annales de l'univers, les Etats s'élever à la grandeur par la vertu, et s'y maintenir par la frugalité. Ce qui fait la richesse d'un Etat, c'est un peuple laborieux, courageux, ami des arts utiles, méprisant l'or, et surtout les voies basses qui d'ordinaire le procurent; un peuple toujours prêt à s'immoler pour l'honneur, pour la vertu, pour la patrie; un tel peuple assurera la gloire de son souverain, et fera son bonheur.

Ce qui forma les plus grands hommes dans tous les temps, c'est la simplicité des mœurs, la sobriété, l'amour du travail, toujours compagnes de la vertu. Quand le petit esprit devient, selon M. de Montesquieu, le caractère dominant d'une nation, il n'y a plus de sagesse dans les entreprises : on ne voit que des troubles sans causes, et des révolutions sans motifs, etc.

Grands sentimens de deux princes mourans.

L'EMPEREUR Othon II, allant en Bavière, fut saisi de la fièvre, et se fit transporter dans un oratoire de Saint-Omar : là il se confessa, puis reçut le saint viatique, et demeura étendu par terre. Les officiers de sa cour vouloient faire sortir tout le monde, excepté sa famille; mais il leur dit : Ouvrez les portes, et laissez entrer ceux qui voudront. Nous ne devons rougir à la mort que des mauvaises œuvres. Jésus-Christ, qui ne devoit rien à la mort, n'a pas eu honte de mourir sur la croix. Que chacun voie dans ma mort ce qu'il doit craindre et éviter dans la sienne. Dieu veuille avoir pitié de moi, misérable pécheur ! Ayant ainsi parlé, il ferma les yeux, et mourut en paix. L'église honore sa mémoire le dernier d'octobre, jour de sa mort.

TOUT le monde sait que Charles V, roi de France, surnommé le Sage et l'Eloquent, fit ouvrir les portes de son appartement quelques heures avant sa mort : « Je veux, dit-il, avoir la consolation de voir encore une fois mon peuple et d'en être vu, de le bénir et de me recommander à ses prières. »

Le jour même de sa mort, il supprima, par une ordonnance expresse, la plupart des impôts. Jamais prince ne se plut tant à demander conseil, et ne se laissa moins gouverner que lui par ses courtisans. Ayant appris qu'un seigneur avoit tenu un discours trop libre en présence du jeune prince Charles, son fils aîné, il le chassa de sa cour, et dit à ceux qui étoient présens : « Il faut inspirer aux enfans des princes l'amour de la vertu, afin qu'ils surpassent en bonnes œuvres ceux qu'ils doivent surpasser en dignités. »

Insensible à la flatterie, il connoissoit le véritable prix des éloges. Le Sire de la Rivière, son chambellan et son favori, s'entretenoit avec ce prince sur le bonheur de son règne : Oui, dit le roi ; je suis heureux, parce que j'ai la puissance de faire du bien à autrui.

Réflexions sur les qualités d'un bon ministre.

Il n'appartient qu'à l'amour de la vérité et de la justice de former un bon prince, et de le soutenir contre les surprises de la flatterie, les illusions de l'orgueil et les attraits de la volupté. La première de ces vertus le rend attentif à discerner le bien et le mal à travers les voiles dont la malice des hommes se couvre ; et la seconde le dispose à juger les hommes selon les lois, et à donner à chaque chose son prix. Conduit par ces deux fidèles guides, il marche constamment dans les sentiers de la vertu. Les passions viennent, comme autant de flots impuissans, se briser aux pieds de sa sagesse. Il n'entreprend la guerre que lorsque la nécessité l'y force, et ne la fait que dans la vue d'établir la paix.

Persuadé que la solide gloire est incompatible avec le crime, et qu'il n'y a de véritable courage que dans ceux qui savent se modérer, il combat sans colère, et triomphe sans vanité ; toujours brave par raison, toujours guidé par la justice son unique règle, toujours appliqué à mettre de son côté celui qui préside à tous les événemens de la vie, qui instruit les guerriers dans les combats, qui leur inspire cette fermeté d'ame que la vue des plus grands périls et de la mort même ne sauroit ébranler.

Affable à tout le monde, accessible aux malheureux, il écoute toutes les plaintes et prend connoissance de tout, pour remédier à tout. Il ne faut avoir d'autre recommandation pour être introduit auprès d'un si sage ministre, que celle d'avoir besoin de sa justice.

Persuadé que dans le ciel il y a un souverain maître, qui juge les maîtres de la terre, il donne une attention continuelle aux commandemens du Seigneur et à l'observation de sa loi. Prêt à prononcer contre lui-même, pour peu qu'il trouve son droit douteux, il décidera au préjudice de ses intérêts en faveur du peuple ou du moindre des citoyens.

Egalement équitable dans la distribution des peines et des récompenses, il ne punit pourtant qu'à regret, et ne fait agir les ressorts de la crainte qu'après avoir patiemment éprouvé tous les autres remèdes; mais ferme, inflexible, inexorable contre le blasphême, l'impiété et le libertinage, il emploie toute l'autorité et la sévérité de ses ordres pour en purger ses états.

Sous son règne renaît cet heureux temps de l'ancienne église, où la science et la modestie, rappelées de leur retraite, étoient forcées d'accepter, malgré leur résistance, les dignités qu'elles avoient toujours redoutées.

Attentif à partager ses faits entre les devoirs de la religion et les devoirs de son rang, il fait régner la bonne foi dans le commerce, l'équité dans le barreau, l'union dans les familles, le bon ordre dans les villes, la discipline dans les troupes, et la sûreté dans le public. En un mot, ce sage ministre n'oublie rien pour rendre ses concitoyens heureux; et ceux-ci, transportés d'admiration, pénétrés d'une juste reconnoissance, n'ont d'action et de mouvement que pour lui donner des marques effectives de leur zèle, de leur soumission et de leur inviolable fidélité.

Divers traits concernant Alfonse V, roi d'Aragon.

I.

ALFONSE fut le héros de son siècle, et ne songea qu'à faire des heureux. Il alloit volontiers sans suite et à pied dans les rues de sa capitale. Lorsqu'on lui faisoit des représentations sur le danger auquel il exposoit sa personne : « Un père, répondoit-il, qui se promène au milieu de ses enfans, n'a rien à craindre. » Il y a ce trait connu de sa libéralité. Un de ses trésoriers étoit venu lui apporter une somme de dix mille ducats : un officier qui se trouvoit là dans le moment, dit tout bas à quelqu'un : « Je ne demanderois que cette somme pour être heureux. » Tu le seras, dit Alfonse qui l'avoit entendu, et il lui fit emporter les dix mille ducats. Ce prince ne pouvoit souffrir la danse, et il disoit assez plaisamment, qu'un fou ne diffère d'un homme qui danse, que parce que celui-ci restoit moins long-temps dans sa folie. »

II.

CE bon roi, ainsi que Salomon, signala le commencement de son règne par un jugement remarquable. Une jeune esclave affirmoit devant lui que son maître étoit le père d'un enfant qu'elle avoit mis au monde, et demandoit en conséquence sa liberté, suivant une ancienne loi d'Espagne. Le maître nioit le fait, et soutenait n'avoir jamais eu aucun commerce avec son esclave : Alfonse ordonna que l'enfant fût vendu au plus offrant. Les entrailles paternelles s'émurent aussitôt en faveur de cet infortuné, et lorsque les enchères alloient commencer, le père reconnut son fils, et mit sa mère en liberté.

III.

Alfonse étoit si passionné pour l'étude, qu'il assuroit lui-même qu'il eût mieux aimé vivre en simple particulier, que de manquer de science et d'érudition. Dans une grande maladie qu'il eut, il se fit lire Quinte-Curce; et le plaisir qu'il prit à cette lecture lui ayant rendu la santé, il s'écria dans une espèce d'enthousiasme : Adieu Avicenne, adieu Hipocrate, adieu les médecins ; vive Quinte-Curce, mon sauveur et mon médecin ! *Valeant Avicenna, Hipocrates, medici cœteri! Vivat Curtius, sospitator meus!*

IV.

Ce prince revenoit de Sicile par mer, sur une galère ; les seigneurs choisis pour l'accompagner dans ce voyage, étoient exacts à venir tous les matins lui faire la cour. Un jour y étant allés à leur ordinaire, ils le trouvèrent occupé à regarder des oiseaux qui venoient prendre du biscuit qu'il leur jetoit dans la mer, et s'envoloient ensuite. Le roi s'étant retourné, dit à un de ces seigneurs qui le regardoit : « Ces oiseaux sont l'image d'un grand nombre de mes courtisans ; ils n'ont pas plutôt reçu de moi les bienfaits qu'ils en attendent, qu'ils s'éloignent et disparoissent promptement.

V.

Alfonse assiégeoit Gaëte. Cette place commençant à manquer de vivres, les habitans furent obligés d'en faire sortir les femmes, les enfans et les vieillards, qui étoient autant de bouches inutiles. Ces pauvres gens se trouvèrent réduits à la plus affreuse extrémité ; s'ils approchoient de la ville, les assiégés tiroient sur eux ; s'ils s'avançoient vers le camp des ennemis, ils y rencontroient le même danger. Dans cette triste situation, ces malheureux implorèrent tantôt la clémence du roi, tantôt la compassion de leurs compatriotes, pour qu'on ne les laissât pas mourir de faim. Alfonse, à ce spectacle, fut ému de pitié, et défendit à ses soldats de les maltraiter. Il assembla ensuite son conseil, et demanda à ses principaux officiers leur avis sur la manière

Alfonse V roi d'Arragon, malade se fait lire Quint-Curce.

dont il falloit agir envers ces infortunés. Tous opinèrent qu'il ne falloit point les recevoir, et dirent que, s'ils périssoient par la faim ou par le feu, on ne pourroit accuser que les habitans qui les avoient mis hors la ville. Alfonse fut indigné de cette dureté, il protesta qu'il renonceroit plutôt à prendre Gaëte, que de se résoudre à laisser mourir de faim tant de malheureux : il ajoute qu'une victoire achetée à ce prix-là seroit moins digne d'un roi magnanime que d'un barbare et d'un tyran. « Je ne suis pas venu, dit-il, pour faire la guerre à des enfans, ni à des femmes, mais à des ennemis capables de se défendre. » Là-dessus, il ordonna qu'on reçût dans son camp tous ces misérables, et eut soin de leur faire distribuer des vivres et toutes les choses nécessaires à leur entretien.

VI.

Côme de Médicis, grand duc de Toscane, n'étoit pas trop des amis d'Alfonse : le duc cependant lui faisoit quelquefois certains présens. Comme il savoit que ce prince aimoit beaucoup l'histoire, il fit tirer de sa bibliothèque un très-beau Tite-Live, et le lui envoya. Aussitôt que les médecins de la cour d'Alfonse virent venir ce livre, ils commencèrent tous à dire qu'on se gardât bien de l'ouvrir, de peur qu'il ne fût empoisonné, ajoutant qu'il devoit toujours tenir pour suspect ce qui vient de la part d'un ennemi. Alfonse, bien loin de suivre leur avis, fit porter le Tite-Live sur sa table, et le feuilleta fort à son aise. S'adressant ensuite à ses médecins qui avoient toujours leur poison dans l'idée : « Rassurez-vous, leur dit-il, Dieu veille sur les jours des rois. »

VII.

Alfonse n'ignoroit pas qu'il se trouvoit parmi ses sujets de certaines parsonnes qui parloient mal de lui, et s'efforçoient en secret de le noircir par leurs lâches calomnies, quoiqu'elles eussent reçu de lui plusieurs bienfaits. Au lieu de les punir, il se contentoit de dire : « C'est le propre des rois de faire des ingrats ; mais ils auront beau faire, ils ne m'empêcheront jamais d'être libéral et bienfaisant. »

VIII.

Ayant formé le dessein de faire réparer la forteresse de la ville de Naples, il voulut, avant que de commencer cet ouvrage, consulter son Vitruve pour se faire un plan. Comme on étoit à le chercher dans sa bibliothèque, un officier, craignant que le roi ne s'impatientât d'attendre, alla vîte prendre le sien et le lui présenta. Alfonse voyant que la reliure de ce livre étoit tout usée, dit à celui à qui il appartenoit : « Convient-il qu'un auteur qui nous apprend à construire des maisons pour nous garantir des injures de l'air, soit lui-même si mal couvert. » Aussitôt il donna ordre de le faire relier à neuf, recommandant qu'on n'y épargnât pas la dorure, dont il se chargeoit de faire la dépense.

IX.

La ville de Naples avoit résolu de lui ériger un arc de triomphe, afin de conserver à la postérité la mémoire d'un si grand roi, et le souvenir de ses actions héroïques. Déjà la place étoit marquée, et l'on se disposoit à abattre, pour l'agrandir, la maison d'un vieux officier qui avoit servi avec distinction pendant toute la guerre d'Italie. Alfonse en ayant été informé, défendit absolument qu'on touchât à cette maison. « J'aime mieux, dit-il, me passer d'une masse de pierre et d'un vain monument, que de souffrir qu'on détruise l'hôtel d'un officier qui m'a toujours bien servi. »

X.

Après avoir pris Marseille, on vint l'avertir que les femmes s'étoient presque toutes sauvées dans une église, et y avoient emporté leurs plus riches effets. Alfonse fit entourer l'église par ses gardes, afin d'empêcher qu'aucun soldat n'y entrât. Ces femmes, voyant autour d'elles tous ces gens armés, se crurent perdues, et s'imaginèrent aussitôt qu'on alloit les livrer à l'ennemi, pour les exposer à toute sa fureur. Dans cette crainte, elles députèrent au roi, pour lui dire que si on leur permettoit de sortir de la ville, sans qu'on leur fît aucune insulte, elles alloient remettre entre ses mains tout ce qui leur appartenoit, et n'emporteroient rien en s'en allant. Alfonse ne leur demandoit rien; ainsi, il leur permit, non seulement de se retirer partout où elles voudroient, mais il leur laissa encore emporter tout leur bagage, et ne se permit pas même de les voir.

XI.

Un particulier fort connu à la cour, étant venu à se brouiller avec un seigneur, en disoit pourtant du bien toutes les fois qu'il en parloit, ce qui étonnoit d'autant plus les gens qui l'écoutoient, qu'on savoit l'extrême inimitié qu'il portoit à cette personne. Alfonse, dont la vue étoit plus perçante que celle des autres, regarda toutes ces louanges comme très-suspectes. Bien loin de s'y fier, il fit venir secrètement tous ceux de sa cour qui les avoient entendues, pour leur dire que cet homme-là tramoit à coup sûr quelque trahison contre son ennemi, que toute sa douceur apparente n'étoit qu'une ruse pour le perdre plus sûrement. Il ne se trompoit pas, et ce qu'il avoit prédit ne tarda guère à arriver.

Six mois après, ce fourbe croyant qu'il étoit temps d'exécuter son dessein, accusa le seigneur, son ennemi, d'un crime dont il ne se trouvoit point coupable, et commença à le poursuivre en justice. Alfonse, qui s'étoit attendu à ce procédé injuste, dit alors qu'il vouloit qu'on mît l'accusé hors de cour, et qu'il fût déchargé du crime qu'on lui avoit faussement imputé. Il fit venir ensuite l'accusateur, et lui ayant fait les reproches qu'il méritoit, il lui ordonna d'aller trouver promptement le prétendu criminel, et de lui faire humblement des excuses devant tout le monde.

XII.

Alfonse recherchoit avec ardeur les anciennes médailles des empereurs, et surtout celles de Jules César. Chacun s'empressoit de lui en apporter, et il en recevoit de toute l'Italie. En ayant ainsi amassé une collection très-considérable, il les fit ranger par ordre dans un médailler, où il les gardoit précieusement. Quelquefois, après s'être amusé des heures entières à considérer cette suite d'hommes illustres, dont il possédoit même seul certaines têtes, il disoit : Mon émulation se ranime à la vue de tant de héros, il me semble qu'ils m'invitent tous à les suivre au chemin de la gloire, et à faire comme eux des actions dignes de l'immortalité.

XIII.

Ce prince alloit souvent dans les rues à pied, sans être accompagné. Ses courtisans lui représentoient que sa sûreté exigeoit qu'il fût suivi de gardes et de gens armés, ainsi qu'en usent tous les princes quand ils sortent : « C'est aux tyrans, répondit Alfonse, à marcher environnés de satellites ; mes gardes sont ma propre conscience et l'amour de mes sujets. »

XIV.

Les morts, disoit ce prince, sont mes plus fidèles conseillers et mes plus sages ministres. Je n'ai qu'à consulter leurs écrits, ils me disent toujours la vérité : aussi quand je veux, je les interroge, et toujours ils me répondent sans passion, sans déguisement, ni sans aucune crainte de me déplaire.

XV.

Les Milanais se voyant opprimés par les Vénitiens et en même temps par les troupes de François Sforce, qui leur faisoit la guerre, supplièrent instamment Alfonse de les secourir. Touché de leur triste situation, le roi crut qu'il rendroit aux Milanais un meilleur office, en détournant le duc Gonzague, leur ennemi, de tomber sur leurs terres, qu'en leur accordant le secours qu'ils demandoient. Pour cet effet, il s'engagea de faire compter au duc la somme de trente mille écus d'or. Là-dessus le ministre qu'il avoit chargé de cette affaire, lui écrivit que Charles, frère du duc, venoit de s'emparer de Crème et de Lodoza sur les Milanais, et s'étoit joint ensuite à François Sforce; que cette raison l'avoit engagé à différer de payer à Gonzague la somme convenue, puisqu'il y avoit toute apparence qu'il entreroit dans les vues de son frère, et se rangeroit de son parti depuis cette expédition. Il ajoutoit enfin que dans le doute, il valoit mieux ne pas risquer cette somme, que de s'exposer à gratifier un ennemi. Alfonse lui répondit : « J'aime mieux tenir ma parole que mon argent; ainsi comptez au duc la somme que vous lui avez promise de ma part, et ne croyez pas légèrement qu'un homme d'honneur tel qu'il est, soit capable d'une action si indigne et si lâche. »

XVI.

Un agent qu'Alfonse avoit à Rome, lui écrivit pour l'informer que Rilti, qui commandoit dans son armée un corps d'infanterie, étoit prêt à passer dans le parti ennemi avec ses troupes, après qu'il se seroit assuré de quelques places; que ce dessein n'étant point encore tout-à-fait exécuté, il paroissoit nécessaire de le prévenir en faisant arrêter ce général pour le mettre en prison. Le prince répondit à cette lettre : « J'aime mieux souffrir que mes gens me trahissent, que de passer pour un homme méfiant : que Rilti se tourne du côté des ennemis, s'il veut, je ne penserai jamais qu'un homme qui me doit toute sa fortune, voulût se rendre coupable d'une trahison, à moins que je n'en voie la preuve. »

XVII.

Alfonse venoit d'emporter d'assaut une forteresse considérable par sa situation, aussi bien que par la garnison qui la défendoit. Se disposant à aller rendre graces à Dieu pour cette victoire, en une église située sur le bord d'une rivière qu'il falloit traverser, il monte avec toute sa suite sur un bateau qu'on lui avoit préparé. Ils n'y furent pas plutôt entrés, que le bateau, ne pouvant porter tant de monde, coule à fond, et le roi s'enfonce dans la bourbe. Un paysan, qui se trouvoit par bonheur sur le rivage, se jette aussitôt dans la rivière, et avec une dextérité merveilleuse, il va le retirer et le porter sur le bord de l'eau. Le prince, plein de reconnoissance, accorda à cet homme une pension considérable, et dota richement cinq filles qu'il avoit pour tout bien dans sa maison.

XVIII.

Alfonse voyageoit un jour à cheval : un page qui marchoit devant lui le blessa par étourderie, en tirant une branche d'arbre qui vint le frapper à l'œil, et dont il sortit du sang. Cet accident effraya d'abord tous les seigneurs de sa suite, qui accoururent aussitôt et s'empressèrent autour de lui. Le roi, malgré la douleur qu'il sentoit, les rassura, et leur dit ensuite d'un air tranquille : « Ce qui me fait le plus de peine, c'est la peur et le chagrin de ce pauvre page qui est cause de ma blessure. »

XIX.

Son jardinier, avec qui il s'entretenoit un jour, lui ayant dit qu'on avoit trouvé l'art de corriger l'âcreté de la plupart des fruits sauvages par le moyen des greffes : Si cela est, répondit Alfonse, pourquoi n'aurois-je pas aussi le secret d'adoucir les mœurs de mes sujets, et, à force de travail et de culture, de les rendre meilleurs ?

XX.

Un médecin appelé Gallus, homme d'esprit, mais fort avare, ne trouvant point que sa profession fût assez lucrative, s'avisa de la quitter pour se mettre dans la robe. Devenu avocat, et l'un des plus experts dans la chicane, il savoit si bien embrouiller une affaire en plaidant, et séduire la plupart des juges, qu'ils rendoient ensuite des sentences injustes. Alfonse, dès qu'il en fut informé, le fit chasser du palais; et pour lui ôter même l'envie d'y revenir, déclara publiquement que toutes les causes qu'il entreprendroit à l'avenir de plaider, seroient autant de perdues.

XXI.

Etant un jour à table, il donna la coupe à Perretti, son échanson, lui disant de la porter à un seigneur qu'il estimoit beaucoup. L'échanson, brouillé mortellement avec cette personne, refusa de la lui présenter. Le roi lui commanda jusqu'à trois fois de le faire, jamais il ne voulut obéir. Alfonse perd enfin patience; enflammé de colère, il se lève de table, poursuit cet officier l'épée à la main; mais au moment qu'il est prêt à le frapper, il jette tout-à-coup son épée en disant : il vaut mieux te pardonner que d'écouter mon ressentiment et le plaisir de la vengeance.

XXII.

Lorsqu'il passoit devant Capoue avec son armée, un certain homme ayant la mine d'un soldat, vint à lui comme un furieux, arrêta d'abord son cheval par la bride, et ensuite se mit à lui dire des injures. Alfonse eut la patience de l'écouter, et attendit qu'il eût déchargé toute sa mauvaise humeur; il continua ensuite son chemin sans lui répondre un seul mot, ni sans vouloir même le regarder.

XXIII.

Pendant qu'il faisoit le siége de Pouzzol, il venoit prendre tous les soirs l'air sur le bord de la mer. Un jour, en s'y promenant, il aperçut sur le rivage le cadavre d'un soldat ennemi, que les flots y avoient jeté. Touché de ce spectacle, il descendit aussitôt de cheval, et fit signe aux gens de sa suite de descendre pareillement, pour venir donner la sépulture à ce corps. Tous se mirent alors à creuser la terre pour faire une fosse; Alfonse donnoit l'exemple, et travailloit comme les autres. On couvrit le mort d'un drap, et on l'ensevelit. Cette cérémonie achevée, le roi posa sur sa fosse une petite croix, qu'il prit la peine de façonner de ses propres mains.

XXIV.

Ce prince rencontra un jour sur son chemin un paysan qui étoit fort embarrassé, parce que son âne, chargé de farine, venoit de s'enfoncer dans la boue. Il descend aussitôt de cheval, et va pour le secourir. Arrivé à l'endroit où étoit l'âne, il se met avec le paysan à le tirer par la tête, afin de le faire sortir du bourbier. Un moment après qu'on l'eut retiré, les gens de la suite d'Alfonse arrivent, et voient le roi tout couvert de boue; ils s'empressent de l'essuyer, et lui font changer d'habits. Le paysan, fort étonné de voir que c'étoit le roi qui l'avoit si bien servi dans cette opération, commença à lui faire des excuses et à lui demander pardon. Alfonse le rassura avec bonté, et lui dit que les hommes étoient faits pour s'aider mutuellement.

XXV.

Une violente tempête qu'il essuya sur la mer, le força d'entrer dans une île; s'y étant mis à l'abri, il aperçut une de ses galères sur le point d'être engloutie dans les flots, avec l'équipage et les troupes qui s'y trouvoient. Ce spectacle excita sa compassion, et sur-le-champ il ordonna qu'on allât secourir ces malheureux. Alors ses gens, effrayés du danger, lui représentèrent qu'il valoit mieux laisser perdre un vaisseau, que d'aller exposer tous les autres à un naufrage. Alfonse n'écouta point cet avis; sans délibérer, il monte sur l'amiral, et part aussitôt pour leur porter un prompt secours. Les autres voyant que le roi s'exposoit avec tant de résolution, s'animent à cet exemple, et chacun s'empresse de le suivre. L'entreprise enfin lui réussit; mais il courut risque de se perdre, tant elle étoit périlleuse. Alfonse dit après cette action : « J'aurois préféré d'être enseveli dans la mer avec toute ma flotte, plutôt que de voir périr sous mes yeux des misérables, sans leur prêter la main pour les secourir. »

XXVI.

Un militaire ancien dans le service, ayant obtenu de la cour un gouvernement considérable, en fut privé quelques années après par Alfonse, qui jugea à propos de le donner à un autre. L'officier fut si piqué de cette disgrace, qu'il sortit du royaume et alla parcourir l'Espagne, la France et ensuite toute l'Allemagne, se plaignant partout de l'injustice du roi, sans même épargner les calomnies les plus atroces, qu'il semoit adroitement dans ces différentes cours, pour le rendre plus odieux. Comme il s'aperçut à la fin qu'il ne tiroit pas un grand profit de toutes ses déclamations, et que les ennemis d'Alfonse, après avoir pris plaisir à l'écouter, ne lui donnoient rien, il prit le parti de s'en retourner. Le roi, quelque temps après, sut qu'il s'étoit réfugié à Florence; il lui fit dire qu'il pouvoit revenir à la cour en toute sûreté, ajoutant ces paroles remarquables : « On n'a pas encore oublié vos services, mais votre offense est déjà oubliée. » Alfonse ne s'en tint pas à ces sentimens, il voulut encore lui payer les frais du voyage, et lui fit même présent d'une somme d'argent considérable.

XXVII.

Un soir qu'Alfonse revenoit d'une expédition, marchant à quelque peu de distance de ses troupes, accompagné d'un seul officier, il entra dans un village, et descendit au premier gîte qu'il rencontra. Deux soldats, assis au coin du feu, se trouvoient alors en cette maison. Voyant entrer le roi, ils commencèrent à l'insulter sans le reconnoître, et lui dirent même, qu'ils ne souffriroient point qu'il logeât dans cette auberge; qu'elle étoit déjà assez remplie, et que s'il ne se retiroit promptement, ils alloient lui jeter des tisons à la tête. Alfonse, loin de se fâcher de ces injures, n'en fit que rire. L'officier qui étoit avec lui alloit leur répondre d'une autre façon, s'il ne l'en eût empêché. Là-dessus ses gardes arrivèrent, et aussitôt il fut reconnu. Ces soldats effrayés se jetèrent à ses genoux, et lui demandèrent pardon de leur insolence. Alfonse les fit relever avec douceur, et voulut qu'on les retînt à souper avec les domestiques de sa suite.

XXVIII.

Le général des ennemis ayant été pris dans une bataille, et son armée entièrement défaite par Alfonse, qui commandoit ses troupes en personne, on se saisit d'abord de tous les papiers de cet officier. Il s'y trouva des lettres qui intéressoient le royaume, et même la personne du roi : on vint aussitôt en donner avis à Alfonse, et lui dire qu'il étoit très-important qu'il les lût, tant pour sa propre sûreté, que pour découvrir les complices que cet officier avoit dans son parti. Le roi demanda alors à voir ces lettres, et ordonna qu'on lui apportât tous ces papiers; il les prit et les mit au feu sans vouloir les lire.

Pensées d'Alfonse sur la noblesse.

Le général Pissini s'étoit distingué par plusieurs belles actions pendant la guerre d'Italie; son mérite lui attira beaucoup d'envieux. Comme on parloit un jour de cet officier, et que chacun le combloit d'éloges, une personne de la compagnie se leva, et dit froidement : Cet homme qu'on élève si haut, et dont on fait tant de cas, n'est pourtant que le fils d'un boucher. Alfonse fut choqué de ce discours impertinent. « Apprenez, dit-il à cet envieux, que le fils d'un boucher qui sait s'élever par ses belles actions au-dessus de sa naissance, est préférable au fils d'un roi qui n'a d'autre mérite que le rang de ses aïeux. »

Un flatteur ennuyeux, croyant qu'Alfonse étoit fort curieux de louanges, le complimenta un jour sur sa noblesse, et lui dit avec emphase : « Vous n'êtes pas simplement roi comme les autres, vous êtes encore frère, neveu et fils de roi. » Que prouvent tous ces titres, lui répondit Alfonse ? que je tiens la la couronne de mes ancêtres, et que je l'ai eue par succession, sans avoir rien fait de grand qui me l'ait méritée.

Réflexions sur la noblesse.

La noblesse est un titre d'autant plus glorieux, que son idée seule présente quelque chose de grand, qu'elle conduit à ce qu'il y a de plus élevé, et qu'elle fournit des facilités pour parvenir à la grandeur ; elle donne elle-même les dispositions naturelles pour soutenir avec dignité l'éclat de la grandeur. Les respects qu'on rend à la noblesse, les égards, les déférences qu'on a pour elle, montrent assez l'idée avantageuse qu'on s'en forme. Une telle distinction paroîtroit un assez foible avantage, si l'on ne considéroit qu'un certain nombre de gentilshommes oisifs qui s'en prévalent, et qui n'ont précisément que cela dont ils puissent se prévaloir.

La noblesse n'est point une chimère, quand elle se trouve dans un digne sujet dont le mérite honore encore plus son nom, qu'il n'en est lui-même honoré. Avec ce double secours de la naissance unie au mérite, est-il une grande place, un poste distingué, un rang sublime où l'on ne puisse aspirer ? Il est vrai que le mérite, ne se trouvât-il joint qu'à une naissance obscure, ne doit pas être rebuté à ce titre, ni exclus des honneurs qui sont l'apanage de l'estime publique; mais il a été cependant du bon ordre que la prérogative du sang donnât aux nobles un droit de prééminence, pour remplir les charges et les dignités des nations. Il ne conviendroit pas que tout y fût peuple; il faut au contraire que la noblesse, née en quelque façon pour y commander, et accoutumée à recevoir les respects de la multitude, lui donne la loi.

La nature semble avoir attaché des dispositions singulières à la noblesse, pour soutenir avec dignité l'éclat de la grandeur. Non, ce n'est ni prévention, ni flatterie, que de juger en ce genre plus avantageusement des personnes de qualité que des personnes du commun, et que d'attribuer au sang plutôt qu'à l'éducation certain air d'aisance, d'affabilité, de politesse, certaines manières engageantes, agréables, persuasives, insinuantes, qui distinguent les gens de condition du vulgaire.

La noblesse est toujours la première à donner l'exemple dans une occasion d'éclat, et à s'arracher au plaisir pour voler au devoir. Ce que la France a vu au moment de la guerre passée, lui en fournit en même temps et une preuve sensible, et une peinture animée. La noblesse, à la vérité, doit être acquise noblement. Plusieurs la doivent à la fortune, ce n'est pas l'ordre naturel : il sied bien à la fortune de se donner à la noblesse; mais sied-il bien à la noblesse de se donner à la fortune? La perpétuité est ce qui fait la principale gloire de la noblesse d'une famille. Les Etats auront leurs révolutions; elle n'aura pas les siennes. Sa fortune pourra être ruinée, son nom et ses titres subsisteront toujours au milieu des débris de sa fortune, tant qu'il restera au monde quelque membre de cette famille. Tant de prérogatives assurent à la noblesse l'avantage sur l'union, les richesses et la réputation, biens si sujets aux revers, et qui, par cet endroit, ne peuvent lui disputer la préférence.

La passion bien caractérisée dans un âge encore fort tendre.

Tout Anglais est élevé dans la haine de la France. Pendant la dernière guerre on parloit, dans une maison de Londres, du projet qu'avoient les Français de faire une descente en Angleterre. Un enfant de neuf ans écoutoit avec attention ce qu'on disoit, et puis tout d'un coup se levant de sa chaise, il s'approche de son père, et lui dit : Si les Français viennent ici, amèneront-ils des enfans avec eux? Je ne sais pas, répondit le père; pourquoi cette question? C'est, répondit l'enfant en serrant les poings, que je me battrai avec ces petits garçons de bon cœur. Toute la compagnie fut enchantée de ce mouvement de haine contre un peuple regardé comme l'ennemi déclaré de la patrie, et embrassa cet enfant en le louant de sa généreuse résolution.

Traits admirables de Blanche de Castille, mère de S. Louis.

Cette pieuse reine allaita son fils avec un soin et une tendresse qu'elle porta jusqu'à la jalousie, ne voulant pas que le petit prince fût nourri d'un autre lait que le sien. Elle fut attaquée de maladie, et dans l'accès de sa fièvre qui dura long-temps, une dame de la cour qui imitoit sa conduite, et nourrissoit son fils, donna sa mamelle à Louis, qui la prit avidement. Blanche, à la sortie de son accès, demanda le prince, lui présenta le sein. Surprise qu'il le refusât, elle en soupçonna la cause, et demanda si l'on avoit donné à teter à son fils. Celle qui lui avoit rendu ce petit office s'étant nommée, Blanche, au lieu de la remercier, la regarda avec dédain, mit le doigt dans la bouche du petit prince, et lui fit rejeter le lait qu'il avoit pris. Comme cette action étonnoit ceux qui la virent : « Eh quoi ! leur dit-elle pour se justifier, prétendez-vous que je souffre qu'on m'ôte le titre de mère, que je tiens de Dieu et de la nature ? »

Dès l'enfance, la reine Blanche s'attacha à inspirer au jeune prince le goût de la piété et l'amour de la vertu. Plusieurs fois elle lui répétoit ces belles paroles si dignes d'une mère chrétienne : « J'aimerois mieux, mon fils, vous voir privé du trône et de la vie, que souillé d'aucun péché mortel. » Le jeune Louis prenoit plaisir à écouter les instructions de sa mère, et ce fut ainsi qu'il apprit d'elle à régner non-seulement en grand roi, mais en chrétien. Dans un âge encore tendre, il étoit aussi sérieux et aussi appliqué à ses devoirs, que s'il n'eût point eu de passions ; aussi pieux et aussi vertueux que si la piété et la vertu fussent nées avec lui.

La reine Blanche ne pouvant suffire seule à l'éducation du jeune prince, mit auprès de lui des hommes consommés en sagesse et insensibles à l'ambition. Louis, formé par des mains que la sagesse conduisoit, apprit de bonne heure que tout est grand dans le christianisme, et infiniment au-dessus de ce que le monde appelle grand.

Conduite bien glorieuse de M. le maréchal de Brissac et de son épouse.

M. de Brissac, après avoir fait dix ans la guerre en Italie, en revint pauvre et dénué de tout, ayant vendu jusqu'à sa vaisselle et ses meubles pour payer ses dettes. Il étoit accompagné d'une foule de marchands de Turin qui venoient solliciter à la cour le paiement de ce qu'ils avoient fourni à l'armée. On ne se pressa pas de les satisfaire; et ces malheureux, loin de recevoir ce qui leur étoit dû, se consumoient en frais à Paris. M. de Brissac, outré de la négligence de la cour, et touché de l'état de ces pauvres gens, résolut de sacrifier ce qui lui restoit de bien pour les dédommager en partie.

Madame la maréchale de Brissac étoit arrivée depuis quelques jours avec vingt mille écus qu'elle avoit amassés pour la dot de sa fille. M. de Brissac fit venir les marchands, et les présenta à sa femme : « Madame, lui dit-il, voilà des gens qui ont sacrifié leur fortune sur mes promesses; la cour ne les veut point payer, remettons à un autre temps le mariage de mademoiselle de Brissac, et donnons à ces malheureux l'argent destiné pour la dot. » La maréchale y consentit volontiers, et par le secours de quelque emprunt, M. de Brissac amassa cent mille livres, ce qui faisoit la moitié de la somme due aux marchands, à qui il donna des sûretés pour le reste.

M. de Brissac ne borna point là sa générosité et sa compassion pour les malheureux. Après une longue guerre, on avoit réformé une grande partie des soldats. Ces misérables n'ayant point d'asile, se voyoient réduits à devenir brigands ou à mourir de faim. La plupart vinrent au maréchal de Brissac, pour demander si au moins on ne leur indiqueroit pas où ils auroient du pain : « Chez moi, répondit M. de Brissac, tant qu'il y en aura. »

Aveu d'une faute bien glorieuse à Casimir II, roi de Pologne.

Ce prince jouant un jour avec un de ses gentilshommes qui perdoit tout son argent, en reçut un soufflet dans la chaleur de la dispute. Ce gentilhomme fut condamné à perdre la tête; mais Casimir révoqua la sentence, et dit : « Je ne suis point étonné de la conduite de ce gentilhomme; ne pouvant se venger de la fortune, il n'est pas surprenant qu'il ait maltraité son favori. Je me déclare d'ailleurs le seul coupable dans cette affaire; car je ne dois point encourager par mon exemple une pratique pernicieuse, qui peut causer la ruine de la noblesse. »

L'aveu de ses fautes est un effet de sagesse.

Faire des fautes, c'est le triste partage de la foiblesse de l'homme; avouer ses fautes, c'est un effort de vertu, qui n'est pas moins rare que glorieux. Le sage étoit pénétré de cette vérité, lorsqu'il disoit que le juste étoit le premier à s'accuser lui-même : *Justus prior est accusator suî* (*Prov.* 17). Il étoit persuadé que cette humble accusation faisoit notre gloire; il la regardoit comme un tribut dû à la justice. Oui, rien ne nous est ni plus glorieux, ni plus utile que l'aveu de nos fautes, quelque désavantageux et mortifiant qu'il paroisse.

La vraie sagesse est celle qui tend à perfectionner l'homme. Tout autre caractère n'est point le sien, tout autre but est indigne d'elle. C'est à la sagesse seule qu'il appartient de rendre l'homme heureux, parce que c'est à elle seule qu'il appartient de le corriger de ses vices et de ses défauts, unique source de tous les malheurs de sa vie. Mais le moyen le plus efficace pour le corriger de ses vices et de ses défauts, c'est de le porter à faire un sincère aveu des tristes effets qu'ils produisent. Cet aveu est un sévère châtiment qu'il s'impose pour se rendre meilleur, un remède salutaire qui le guérit par son amertume, un heureux préservatif qui le munit contre des rechutes dangereuses, une source féconde de secours qui l'aident à les éviter.

Charlemagne, religieux observateur du Carême.

L'usage de jeûner du temps de Charlemagne, étoit de ne faire qu'un repas à trois heures du soir. Cet empereur faisoit célébrer la messe dans son palais les jours de jeûne du carême à deux heures après-midi, ensuite vêpres; après quoi il se mettoit à table. Un évêque qui se trouva à la cour, surpris et scandalisé de cette nouveauté, ne put s'empêcher d'en dire librement sa pensée à l'empereur. Ce prince, plein de modération, prit sa remontrance en bonne part; mais pour justifier sa conduite dans l'esprit de ce prélat, il lui enjoignit d'attendre à manger jusqu'à ce que les officiers de sa cour se missent à table.

Charlemagne étoit servi par les ducs et les rois des nations qu'il avoit domptées. Ces rois et ces ducs mangeoient ensuite, et étoient servis par les comtes, ceux-ci par les gentilshommes, et ainsi de suite; en sorte qu'il étoit minuit quand ces derniers officiers se mettoient à table. L'évêque, après avoir ainsi jeûné le temps du carême qu'il passa à la cour, comprit que ce n'étoit point par intempérance que ce grand prince avançoit son repas de deux ou trois heures au plus, mais par la nécessité de ne point retarder la réfection de ses derniers officiers au-delà de minuit.

Ce récit nous montre un grand empereur et toute sa cour qui observe exactement le jeûne du carême. L'alarme d'un évêque, un soupçon d'un relâchement qui n'est qu'apparent, est une preuve qu'il ne s'en étoit encore alors introduit aucun dans la pratique du jeûne, ni pour l'unité, ni pour l'heure du repas.

Générosité de Charlemagne envers un prélat.

Nos rois avoient autrefois, dans plusieurs abbayes ou maisons épiscopales, droit de gîte pour eux et leur suite. C'étoit souvent une des charges des donations faites à ces abbayes ou aux évêques. Charlemagne passa si fréquemment par la maison d'un prélat assujéti à ce droit, que les dépenses auxquelles il donna occasion, ruinèrent l'évêque, d'ailleurs généreux, et qui n'épargnoit rien pour bien recevoir son maître. L'empereur, qui se servoit de son droit sans faire attention aux suites, y revint encore, et voyant l'évêque fort occupé à donner des ordres pour faire balayer et nettoyer les salles, les salons, les chambres et antichambres, ne put s'empêcher de lui dire : « Eh! vous prenez trop de peine; laissez-là le soin dont vous vous occupez : tout n'est-il pas assez net? » « Sire, répondit l'évêque, il ne s'en faut guère; mais j'espère qu'aujourd'hui tout le sera de la cave au grenier. Charles, qui comprit le reproche, lui dit en souriant : « Ne vous embarrassez pas, monsieur l'évêque, j'ai la main aussi bonne à donner qu'à prendre. » Et sur-le-champ ce prince unit une terre considérable à son évêché.

Avis de Charlemagne à un jeune clerc.

On vint un jour annoncer à Charlemagne la mort d'un évêque. Il demanda combien il avoit légué aux pauvres en mourant; on répondit qu'il n'avoit donné que deux livres d'argent : « C'est un bien petit viatique pour un si grand voyage, » dit un jeune clerc qui étoit présent. Le prince, satisfait de cette réflexion, donna l'évêché à celui qui l'avoit faite, et lui dit : « N'oubliez jamais ce que vous venez de dire, et donnez aux pauvres plus que celui dont vous venez de blâmer la conduite. »

Louis XIV rend justice à un célèbre avocat.

Dumont fut un jour interrompu en plaidant, par M. de Harlay, premier président, qui lui dit : M. Dumont, abrégez. Cet avocat, cependant, qui croyoit que tout ce qu'il avoit à dire étoit essentiel à sa cause, ne retranchoit rien de son plaidoyer. M. de Harlay se crut offensé, et dit à cet avocat : « Si vous continuez à nous dire des choses inutiles, l'on vous fera taire. » M. Dumont s'arrêta tout court, et après avoir fait une petite pause, il dit à M. de Harlay : « Monsieur, puisque la cour ne m'ordonne pas de me taire, vous voulez bien que je continue. »

Le premier président piqué de cette résistance, ou peut-être de cette distinction faite entre lui et la cour, dit à un huissier : « Saisissez-vous de la personne de M. Dumont. » « Huissier, dit cet avocat, je vous défends d'attenter à ma personne; elle est sacrée pour vous dans le tribunal où je plaide. » M. l'avocat-général parla pour M. Dumont, et soutint qu'il ne devoit pas être arrêté. La chambre se leva sans rien décider; mais la décision de cette affaire fut soumise à Louis XIV, qui, bien informé, dit qu'il ne condamnoit pas l'avocat. M. Dumont reprit deux jours après son plaidoyer, mais ce fut le dernier qu'il prononça.

Délicatesse d'un seigneur espagnol.

Un seigneur espagnol fut prié par l'empereur Charles V, de céder son palais, le plus beau de Madrid, au connétable de Bourbon. Charles, voyant qu'il résistoit, lui dit qu'il devoit regarder comme un honneur de loger un aussi grand capitaine. L'Espagnol répondit qu'on ne pouvoit méconnoître ces qualités dans le prince; mais qu'elles étoient aussi effacées par sa trahison envers la France sa patrie: « Je le recevrai chez moi par obéissance, ajouta-t-il; mais je supplie votre majesté de me permettre de brûler ma maison aussitôt que le duc en sera sorti, ne pouvant me résoudre à occuper dans la suite la demeure d'un traître. »

Pensée ingénieuse d'un Espagnol.

Un des derniers rois d'Espagne auquel le sort des armes avoit enlevé plusieurs places considérables, recevoit cependant de la plupart de ses courtisans le titre de Grand. « Sa grandeur, dit un Espagnol, ressemble à celle des fossés, qui deviennent plus grands à proportion des terres qu'on leur ôte. »

Anecdote sur le prince Eugène.

Eugène-François de Savoie, comte de Soissons, généralissime des armées de l'Empereur, né à Paris, le 18 octobre 1663, fut d'abord destiné à l'état ecclésiastique. On l'appeloit l'abbé de Savoie, et Louis XIV le nommoit, en badinant, le petit abbé.

Mais son inclination martiale augmentant avec l'âge, le nom d'abbé lui devint bientôt odieux. Dès qu'il fut hors de tutelle, il remercia le roi des dignités ecclésiastiques dont il avoit eu la bonté de le revêtir, et le pria instamment de lui accorder un emploi dans ses troupes, qui le mît en état de le servir plus utilement que sous le nom d'abbé.

Louis XIV étoit alors en paix avec ses voisins; les charges militaires étoient occupées, et d'ailleurs le jeune prince lui paroissoit si peu propre aux fatigues de la guerre, à cause de la délicatesse de son tempérament, qu'il s'imagina que la nature ne l'avoit formé que pour être prélat. Sa demande fut rejetée, et le régiment qu'il sollicitoit lui fut refusé. Le prince fut piqué de ce refus; il protesta, devant quelques-uns de ses amis, qu'il iroit servir ailleurs, et ne reviendroit en France que les armes à la main. Il alla en effet offrir ses services à l'empereur Léopold, qui les reçut fort bien, et lui donna quelque temps après un régiment.

En 1696, dans le temps que le prince Eugène étoit déjà célèbre dans toute l'Europe, Louis XIV reconnoissant, mais trop tard, tout ce qu'il valoit, fit tous ses efforts pour le détacher du service de l'empereur. Il lui fit offrir le bâton de maréchal de France; le gouvernement de Champagne, que son père avoit possédé autrefois, avec deux mille pistoles de pension annuelle; mais il n'étoit plus temps de faire les avances. Le prince Eugène tenoit à l'empereur par les nœuds de l'honneur et de la reconnoissance. Il sentoit pour la France un éloignement fondé sur des griefs difficiles à effacer dans une ame bien née. Il rejeta avec un dédain mêlé de fierté les offres que Louis lui avoit faites, et répondit à ceux qui en étoient chargés, qu'il étoit feld-maréchal des armées de l'empereur, dignité qu'il estimoit pour le moins autant que celle de maréchal de France. Que pour les pensions, elles n'avoient rien qui le tentât, se croyant toujours assez riche, tant qu'il trouveroit des occasions de marquer son zèle et sa fidélité au monarque au service duquel il s'étoit dévoué.

Bon mot de Fontenelle.

L'ABBÉ Regnier, secrétaire de l'Académie française, y faisoit un jour, dans son chapeau, la collecte d'une pistole que chaque membre devoit fournir pour une dépense commune. Cet abbé ne s'étant pas aperçu que le président Rose, homme fort avare, eut mis dans le chapeau, il le lui présenta une seconde fois. Celui-ci assura qu'il avoit donné. « Je le crois, dit l'abbé Regnier, mais je ne l'ai pas vu. Et moi, ajouta M. de Fontenelle, qui étoit à côté, je l'ai vu, mais je ne le crois pas. »

Belles paroles de François I, traits de générosité, d'affabilité.

LE palais du roi, disoit ce prince, doit être ouvert à tous ses sujets : ils sont ses enfans. Etant les images de la divinité, nous sommes obligés d'écouter en tout temps et en tout lieu les prières qu'on nous fait, et d'y avoir égard si elles sont justes.

François sut qu'un de ses officiers se plaignoit que sa majesté, qui accabloit de biens tant de gens fort riches, et qui eussent pu se passer de sa libéralité, le laissoit à l'écart, lui qui avoit besoin de tout. Il le fit venir devant lui : Je sais, lui dit-il, que vous vous plaignez de moi. Tenez, voici deux bourses égales ; l'une est pleine d'or, il n'y a que du plomb dans l'autre ; choisissez ; nous verrons si ce n'est pas plutôt à la fortune qu'à moi que vous devez vous en prendre. » L'officier choisit, et prit malheureusement la bourse remplie de plomb. « Eh bien !

lui dit le roi, à qui tient-il que vous ne vous enrichissiez ? » Il joignit à cette réflexion, qui peut en produire bien d'autres, le don des deux bourses.

François I s'étant égaré à la chasse, entra vers les neuf heures du soir dans la cabane d'un charbonnier. Le maître en étant absent, il ne trouva que la femme accroupie auprès du feu. C'étoit en hiver, et il avoit plu. Il demanda une retraite pour la nuit, et à souper. L'un et l'autre lui furent accordés; mais à l'égard du souper, il fallut attendre le retour du mari. En attendant, le roi se chauffa, assis sur une mauvaise chaise, qui étoit l'unique de la maison. Vers les dix heures arrive le charbonnier las de son travail, fort affamé et pénétré de pluie. Le compliment d'entrée ne fut pas long. L'épouse exposa la chose au mari, qui ratifia la promesse du lit et du souper.

A peine eut-il salué son hôte, et secoué son chapeau tout mouillé, que prenant la place la plus commode et le siége que le roi occupoit, il lui dit : « Monsieur, je prends cette place, parce que c'est celle où je me mets toujours ; et cette chaise, parce qu'elle est à moi. Or, et par droit et par raison, chacun est maître en sa maison. » François applaudit au proverbe rimé. Il se plaça ailleurs sur une sellette de bois. On soupa, on parla des affaires du temps, de la misère, des impôts. Le charbonnier eût voulu un royaume sans subsides; François eut de la peine à lui faire entendre raison. « A la bonne heure donc, dit le charbonnier ; mais cette grande sévérité pour la chasse, l'approuvez-vous aussi ? Je vous crois honnête homme, et je pense que vous ne me perdrez pas. J'ai là un morceau de sanglier qui en vaut bien un autre ; mangeons-le ; mais surtout bouche close. » François promit, mangea avec appétit, se coucha sur des feuilles, et dormit bien. Le lendemain il se fit connoître, paya son hôte, et lui permit la chasse.

Dispute entre un voyageur Espagnol et un Indien.

Un voyageur espagnol avoit rencontré un Indien au milieu d'un désert. Ils étoient tous deux à cheval; l'Espagnol, qui craignoit que le sien ne pût faire sa route, parce qu'il étoit très-mauvais, demanda à l'Indien, qui en avoit un jeune et vigoureux, de faire un échange; celui-ci refusa comme de raison. L'Espagnol lui cherche une mauvaise querelle; ils en viennent aux mains: mains l'Espagnol bien armé se saisit facilement du cheval qu'il desiroit, et continue sa route. L'Indien le suit jusque dans la ville prochaine, et va porter ses plaintes au juge. L'Espagnol est obligé de comparoître et d'amener le cheval; il traite l'Indien de fourbe, assurant que le cheval lui appartient, et qu'il l'a élevé tout jeune.

Il n'y avoit point de preuves du contraire, et le juge indécis alloit renvoyer les plaideurs hors de cour et de procès, lorsque l'Indien s'écria: « Le cheval est à moi, et je le prouve. » Il ôte aussitôt son manteau, en couvre subitement la tête de l'animal, et s'adressant au juge: « Puisque cet homme, dit-il, assure avoir élevé ce cheval, commandez-lui de dire duquel des deux yeux il est borgne. » L'Espagnol ne veut point paroître hésiter, et répond à l'instant, de l'œil droit. Alors l'Indien découvrant la tête du cheval: « Il n'est borgne, dit-il, ni de l'œil droit, ni de l'œil gauche. » Le juge, convaincu par une preuve si ingénieuse et si forte, lui adjugea le cheval, et l'affaire fut terminée.

Caractère bien intéressant de Léopold, duc de Lorraine.

Ce prince, un des plus petits souverains de l'Europe, a été celui qui a fait le plus de bien à son peuple. Il trouva la Lorraine désolée et désertè; il la repeupla et l'enrichit. Il la conserva toujours en paix, pendant que le reste de l'Europe étoit ravagé par la guerre. Il eut la prudence d'être toujours bien avec la France, et d'être aimé dans l'Empire, tenant heureusement ce juste milieu, qu'un prince sans pouvoir n'a presque jamais pu garder entre deux grandes puissances. Il procura à ses peuples l'abondance qu'ils ne connoissoient plus. Sa noblesse, réduite à la dernière misère, fut mise en opulence par ses seuls bienfaits. Voyoit-il la maison d'un gentilhomme en ruine, il la faisoit rebâtir à ses dépens; il payoit leurs dettes et marioit leurs filles. Il prodiguoit des présens avec cet art de donner qui est encore au-dessus des bienfaits. Il mettoit dans ses dons la magnificence d'un prince et la politesse d'un ami. Les arts, en honneur dans sa petite province, produisoient une circulation nouvelle qui fait la richesse des Etats. Sa cour étoit formée sur le modèle de celle de la France.

On ne croyoit presque pas avoir changé de lieu quand on passoit de Versailles à Lunéville. A l'exemple de Louis XIV, il faisoit fleurir les belles-lettres. Il établit dans Lunéville une espèce d'université sans pédantisme, où la jeune noblesse d'Allemagne venoit se former. On y apprenoit de véritables sciences, dans des écoles où la physique étoit démontrée aux yeux par des machines admirables. Il chercha les talens jusque dans les boutiques et dans les forêts, pour les mettre au jour et les encourager; enfin, pendant tout son règne, il ne s'occupa que du soin de procurer à sa nation de la tranquillité, des richesses, des connoissances et des plaisirs. « Je quitterois demain ma souveraineté, disoit-il, si je ne pouvois faire du bien. » Aussi goûta-t-il le bonheur d'être aimé, et, long-temps après sa mort, ses sujets versoient des larmes en prononçant son nom.

Lettres et bons mots de Lesdiguières, maréchal de France et connétable, sous Henri IV.

Le duc de Savoie, toujours battu par Lesdiguières, qu'il appeloit le Renard du Dauphiné, voulut au moins avoir la gloire de bâtir un fort sur les terres de France et à la vue d'une armée française. Les officiers pressèrent Lesdiguières de s'y opposer, et se plaignirent même à la cour de l'inaction de leur général. Le roi lui en écrivit en termes assez vifs. Lesdiguières fit cette réponse : « Votre majesté a besoin d'un fort à Barreaux, pour tenir en bride la garnison de Montmélian ; puisque le duc de Savoie veut bien en faire la dépense, il faut le laisser faire; dès qu'il sera en défense et bien fourni de canons et de munitions, je vous promets de le prendre sans qu'il en coûte rien à votre épargne. » Le roi s'en rapporta à Lesdiguières, qui ne tarda pas à tenir toutes ses promesses. L'année suivante il prit le fort par escalade.

Lesdiguières ayant formé le siége de Gavi, un officier vint lui représenter que du temps de François I, le fameux Barberousse n'avoit pu prendre cette place, quoiqu'il fût maître de la rivière de Gênes. Le connétable, qui avoit alors plus de quatre-vingts ans, répondit : « Eh bien, Gavi n'a pas pu être pris par Barberousse ; mais, Dieu aidant, Barbegrise le prendra. » La ville et le château se rendirent en très-peu de temps.

Réponses libres et ingénieuses, récompensées par Louis XI.

Louis XI étant au château du Plessis, près de Tours, descendit vers le soir dans les cuisines, où il trouva un enfant de quatorze ou quinze ans, qui tournoit la broche. Ce jeune garçon étoit assez bien fait, et avoit l'œil assez fin pour donner lieu de croire qu'il auroit pu être capable d'un autre emploi. Le roi lui demanda d'où il étoit, qui il étoit, ce qu'il gagnoit. Ce jeune marmiton, qui ne le connoissoit pas, lui dit sans le moindre embarras : « Je suis du Berry, je m'appelle Etienne, marmiton de mon métier, et je gagne autant que le roi. — Que gagne le roi? lui dit Louis. — Ses dépens, reprit Etienne, et moi les miens. » Cette réponse libre et ingénieuse lui valut les bonnes graces du roi dont il devint le valet de chambre, et qui l'accabla de biens dans la suite.

Quelqu'un s'étant adressé à Louis XI pour le supplier de lui accorder un emploi vacant dans une petite ville où il demeuroit, le roi, après l'avoir écouté, lui dit nettement qu'il n'y avoit rien à espérer, qu'il ne lui accorderoit pas ce qu'il demandoit. Le suppliant, en se retirant, lui fit de très-humbles remercîmens, et parut s'en aller avec un air extrêmement satisfait. Le roi en fut surpris; il crut que cette satisfaction et les remercîmens qu'on lui faisoit étoient l'effet d'une méprise. Il le fit rappeler, et lui demanda s'il avoit bien entendu ce qu'il lui avoit dit? « Oui, Sire, je vous ai très bien entendu, vous m'avez refusé sur-le-champ la grace que je vous avois demandée. » Et à quel propos donc, lui demanda le roi, ces vifs remercîmens, cet air gai que je vois? — A propos de votre bonté, Sire. — De ma bonté! eh! quelle bonté, continua-t-il, puisqu'en effet je vous ai renvoyé sans vous rien accorder? — C'est celle de m'avoir refusé sur-le champ, et de m'avoir mis, par ce prompt refus, en état de retourner dans ma province, sans suivre inutilement votre cour et y faire des dépenses. »

La réponse plut au roi, qui crut que celui qui la lui avoit faite ne pouvoit être qu'un homme d'esprit et de beaucoup de jugement. Il lui fit quelques questions, pour connoître si l'opinion qu'il avoit conçue étoit bien fondée, et ne trouvant rien qui n'y répondît : « Allez, lui dit-il, je vous accorde ce que je vous ai refusé; et je veux que vous me remerciez doublement. On va vous expédier les provisions de la charge que vous me demandez. » Il ordonna en effet que cela se fît promptement, pour ne pas retarder celui qu'il en gratifioit.

Réponses bien chrétiennes de Louis XII.

Un seigneur lui demanda la confiscation des biens d'un bourgeois d'Orléans, qui avoit autrefois montré une haine ouverte contre lui. « Je n'étois pas son roi, répondit-il, quand il m'a offensé, et le devenant, je suis devenu son père; je suis obligé de lui pardonner. »

Un gentilhomme, commensal de sa maison, avoit maltraité un paysan; Louis XII, qui en fut instruit, ordonna qu'on retranchât le pain à ce gentilhomme, et qu'on ne lui servît que du vin et de la viande. L'officier s'en étant plaint au roi, sa majesté lui demanda si le vin et les mets qu'on lui servoit ne lui suffisoient pas. Sur la réponse qu'il lui fit que *le pain* étoit l'essentiel, le roi lui dit avec sévérité: « Eh! pourquoi donc êtes-vous assez peu raisonnable pour maltraiter ceux qui vous le mettent à la main? »

Preuves de la pudeur de Louis XIII.

Louis XIII étoit à Dijon : étant allé à la Sainte-Chapelle pour y faire ses dévotions, une demoiselle demanda au capitaine des Gardes la permission de se placer auprès de sa majesté, pour être plus à portée de le voir. La politesse alloit déterminer cet officier, lorsqu'il s'aperçut qu'elle avoit la gorge découverte : « Ou mettez un mouchoir, lui dit-il, ou retirez-vous ; le roi ne vous verroit pas d'un bon œil ; il n'aime pas ces nudités. »

Le lendemain, le roi dîna en public, une autre demoiselle se trouva placée vis-à-vis sa majesté ; elle étoit aussi découverte. Le roi, qui s'en aperçut, tint son chapeau enfoncé et rabattu pendant son dîner ; et la dernière fois qu'il but, il retint une gorgée de vin dans sa bouche, et la rejeta sur la gorge de la demoiselle.

Franchise, humanité, bienfaisance de Stanislas, roi de Pologne et duc de Lorraine.

Ce prince, n'étant encore que palatin de Posnanie, eut occasion de traiter avec Charles XII, lorsqu'il passa en Pologne pour détrôner le roi Frédéric-Auguste. Une physionomie heureuse, pleine de hardiesse et de douceur, prévenoit en faveur de Stanislas. Il avoit un air de probité et de franchise, qui, de tous les avantages extérieurs, est sans doute le plus grand, et qui donne plus de poids aux paroles que l'éloquence même. La sagesse avec laquelle il parla du roi Auguste, et des intérêts différens qui divisoient la Pologne, frappa Charles. Stanislas s'entretenant un jour avec lui de la difficulté de trouver un roi digne de l'être : « Et pourquoi ne le seriez-vous pas, lui dit vivement le roi de Suède? » Ce seul mot imprévu fut l'unique brigue qui mit Stanislas sur le trône. Charles prolongea exprès la conférence pour mieux sonder le génie du jeune palatin. Après l'audience, il dit tout haut qu'il n'avoit jamais vu d'homme si propre à concilier tous les partis. Il ne tarda pas à s'informer du caractère de Lecsinski. Il sut qu'il étoit plein de bravoure, endurci à la fatigue; qu'il couchoit toujours sur une espèce de paillasse, n'exigeant aucun service de ses domestiques auprès de sa personne; qu'il étoit d'un tempérament peu commun dans ce climat; libéral, adoré de ses vassaux, et le seul seigneur peut-être en Pologne, qui eût quelques amis, dans un temps où l'on ne connoissoit de liaisons que celles de l'intérêt et de la faction. Ce caractère, qui avoit beaucoup de rapport avec le sien, le détermina entièrement; il ne prit conseil de personne, et sans même aucune délibération publique, il dit à deux de ses généraux qui l'environnoient : « Voilà le roi qu'auront les Polonais. » Il tint parole, et fit couronner Stanislas roi de Pologne en 1705.

Charles n'eût jamais pu trouver en Pologne un homme plus capable de concilier tous les esprits, que celui qu'il choisissoit. Le fond de son caractère étoit l'humanité et la bienfaisance. Quand Stanislas fut depuis retiré dans le duché de Deux-Ponts, des malheureux qui voulurent l'enlever, furent pris en sa présence. « Que vous ai-je fait, leur dit-il, pour vouloir me livrer à mes ennemis? De quel pays êtes-vous? » Trois de ces aventuriers répondirent qu'ils étoient Français. « Eh bien, dit-il, ressemblez à vos compatriotes, que j'estime, et soyez incapables d'une mauvaise action. » En disant ces mots, il leur donna tout ce qu'il avoit sur lui, son argent, sa montre, sa boîte d'or, et ils partirent en pleurant et en l'admirant. Un jour, comme il régloit l'état de sa maison, il mit sur la liste un officier français qui lui étoit attaché : « En quelle qualité votre majesté veut-elle qu'il soit sur la liste ? lui dit le trésorier. — En qualité de mon ami, lui répondit le prince. »

Réponse remarquable de Sixte V, au sujet d'une traduction italienne de la Bible.

Le pape Sixte fit imprimer une traduction italienne de la Bible, avec une bulle très-ample qui en ordonnoit la publication. Quelques cardinaux lui représentèrent que cette traduction étoit en quelque façon scandaleuse, parce que les hérétiques se servoient du même moyen pour pervertir les peuples, en leur rendant trop familière l'intelligence de l'écriture. Sixte leur répondit : « C'est pour vous autres ignorans, qui n'entendez pas le latin, que j'ai fait cette traduction. »

Amour singulier de Saint Léonide pour l'écriture sainte.

Léonide, père d'Origène, ne se contenta pas de former son fils dans les premières sciences des enfans, mais il prit encore un grand soin de lui apprendre l'Ecriture; et il l'appliqua à cette étude sainte préférablement à toutes les sciences des Grecs, voulant qu'il en apprît et qu'il en récitât tous les jours quelques endroits. Origène, de son côté, quoique dans un âge encore fort tendre, s'occupoit avec joie à ce travail, et il approfondissoit les écritures jusqu'à étonner et embarrasser son père, par les questions qu'il lui proposoit. Léonide se croyoit obligé de modérer cette ardeur, et de lui dire qu'il devoit pour lors se contenter du sens que la lettre présentoit, sans demander ce qui étoit au-dessus de son âge ; mais il ne laissoit pas de se réjouir beaucoup en lui-même de cette élévation d'esprit qu'il voyoit dans son fils, et il remercioit Dieu, comme d'une très-grande grace, de lui avoir donné un tel enfant ; souvent même, lorsque son fils dormoit, il lui découvroit l'estomac, et le baisoit avec respect, comme la demeure sacrée du Saint-Esprit.

Ce fut sans doute dans la lecture de l'Ecriture sainte, qu'Origène puisa cet amour pour la pauvreté, que jamais personne n'a porté plus loin que lui, et ce zèle admirable qu'il fit paroître lorsque son père fut mis en prison, où il eut le bonheur de perdre la vie pour la défense de la foi, sans laisser d'autre héritage à sa femme et à ses enfans que l'exemple de sa vertu. Origène n'avoit pas encore dix-sept ans accomplis, et néanmoins il ne tint pas à lui qu'il ne suivît son père au martyre. Sa mère, dont les remontrances n'avoient pu ralentir son ardeur, le retint malgré lui en cachant ses habits. Contraint, par cette pieuse violence, de demeurer dans la maison, il écrit une lettre à son père, où il l'exhortoit puissamment au martyre. « Prenez garde à vous, mon père, lui dit-il, et que l'état où vous allez laisser ma mère et moi ne vous ébranle pas, et ne vous fasse pas changer cette généreuse constance que vous avez fait paroître jusqu'ici. » (*Eusèbe, liv.* 6, *ch.* 4.)

Réflexion sur l'Ecriture sainte.

On trouve, dans l'Ecriture sainte, un style simple sans bassesse, riche sans superfluité, élevé sans enflure. Jamais Homère, Virgile, Horace, n'ont approché de la sublimité qui règne dans les cantiques de Moïse, dans les pseaumes de David et dans les ouvrages des autres prophètes. Jamais ils n'ont égalé la haute idée qu'Isaïe nous donne de la majesté et de la grandeur de Dieu, devant qui toutes les nations ne sont que comme une goutte d'eau, la terre, qu'un grain de poussière, et l'univers, que comme un poids léger qu'il tient dans le creux de sa main.

Qu'y a-t-il dans Hésiode, dans Thucydide et dans Tite-Live, de si bien écrit que les histoires de la création du monde, et le récit de la vie des patriarches ? Qu'y a-t-il de si noblement exprimé que le combat de David, la gloire de Salomon, et ce tissu de prodiges que Dieu a opérés en faveur de son peuple ?

Mais si la lecture de l'ancien Testament est si capable d'élever l'esprit et d'animer un cœur chrétien, quel effet ne doit pas produire la lecture de l'évangile, qui contient d'une manière plus marquée tout ce que notre religion a de plus noble, de plus excellent et de plus parfait ? Jésus-Christ y parle comme la sagesse éternelle doit parler. On voit que la grandeur est son partage, mais qu'il tempère l'éclat et la sublimité de sa doctrine pour la proportionner à toutes sortes d'esprits.

Ici se présente un nouvel ordre de choses. Les prophéties s'accomplissent. Les mystères qui avoient été comme enveloppés dans les anciennes écritures, sont dévoilés dans l'évangile. Le dogme de l'immortalité de l'ame, qui jusqu'alors n'avoit été pour ainsi dire qu'entrevu, et qui n'étoit point universellement reçu dans la synagogue, est posé pour fondement de la nouvelle loi. On connoît les récompenses qui sont préparées à la vertu après cette vie, et les châtimens qui sont destinés à punir le vice.

On comprend que, pour être parfait, on n'a qu'à étudier la doctrine de notre divin législateur, qui est lui-même notre modèle, notre guide et notre appui : doctrine céleste, qui pourvoit à tous les besoins de l'ame, qui assure le repos de la société, qui corrige les erreurs et les préjugés du monde, qui introduit parmi les hommes une fidélité et une droiture à l'épreuve des passions, qui ennoblit et perfectionne les lumières de l'esprit, qui retire le cœur des vils attachemens de la terre, pour le tourner à la recherche des biens éternels : doctrine enfin qui a soumis à son empire les empereurs, les rois, les peuples, les philosophes, les orateurs et les plus grands génies.

Amour de la sincérité et de la simplicité chrétiennes.

On ne peut lire, sans entrer dans des sentimens d'estime et d'admiration, l'histoire d'un saint évêque de Thagate, en Afrique, nommé Firmus. Des ennemis vinrent un jour, par ordre de l'empereur, lui demander un homme qu'il cachoit chez lui avec tout le soin possible. N'ayant pas voulu le découvrir, on lui fit souffrir tous les tourmens imaginables. Rien ne fut capable d'ébranler sa constance. Un mensonge eût pu le tirer d'affaire, mais jamais on n'entendit de lui d'autres paroles que celle-ci : « Je sais mourir, je ne sais point parler. » L'empereur, apprenant cette fermeté, en fut si touché, qu'il accorda même la grace à l'homme qu'on cherchoit. Quel amour pour la vérité ! s'écrie saint Augustin. Tout souffrir plutôt que de mentir ! Quelle charité d'exposer sa vie plutôt que celle de son prochain ! En vain la bienveillance humaine suggérera des mensonges officieux, la sincérité chrétienne les condamnera toujours. On lâcheroit la bride à tous les vices, s'il étoit permis de faire les moindres maux pour en empêcher de plus grands. La candeur, la simplicité, la bonne foi, la sincérité, aux dépens même de nos intérêts les plus chers, voilà notre règle.

Exemples bien frappans de l'amour de la paix et de l'esprit de charité. Conduite de saint Irénée au sujet de la Pâque.

Dès le premier siècle de l'Eglise, il y eut un grand démêlé au sujet de la Pâque. Les uns croyoient qu'il falloit la célébrer le 14 de la lune après l'équinoxe, en quelque jour de la semaine qu'il arrivât, et c'étoit la pratique de l'Asie mineure : d'autres soutenoient que l'on ne devoit solenniser la résurrection de Jésus-Christ, que le dimanche. La différente pratique que l'on suivoit sur cela, dura long-temps sans troubler la paix de l'Eglise.

Quatre papes condamnèrent l'usage des Asiatiques par des décrets solennels : savoir les papes Sixte, Pie, Higin, Télesphore ; mais aucun de ces saints pontifes ne voulut rompre avec eux. Saint Polycarpe ayant même été député par les églises d'Asie vers Anicet, qui occupoit alors le saint-siége, pour conférer avec lui sur cette question, et chacun étant demeuré ferme dans son sentiment, S. Anicet envoya l'eucharistie au vénérable Polycarpe, et il le fit même officier pontificalement à sa place.

Mais le pape Victor voulut réduire toute l'Eglise à l'uniformité sur ce point. On assembla des conciles dans différentes provinces, et saint Irénée en tint aussi un dans les Gaules. Partout il fut arrêté que l'on devoit célébrer la Pâque le dimanche d'après le quatorze de la lune, selon l'usage de l'Eglise de Rome, et non le quatorzième même, selon l'usage des Asiatiques. Néanmoins les évêques d'Asie ne furent point d'avis de changer la tradition de leur Eglise, qui leur venoit des apôtres saint Jean et saint Philippe. Le pape Victor, qui avoit déjà menacé les Asiatiques de l'excommunication, s'échauffa tellement sur leur résistance, qu'il ne fit point difficulté de les retrancher de sa communion.

Cette conduite déplut à beaucoup de saints évêques d'entre ceux mêmes qui combattoient le sentiment des Asiatiques. Saint Irénée, surtout, qui cherchoit tous les moyens de conserver la paix dans l'Eglise, et de faire régner la charité parmi tous les fidèles, s'opposa fortement à cette entreprise. Il écrivit au pape Victor, au nom de tous les Chrétiens des Gaules, pour lui représenter qu'il avoit agi en cette occasion avec trop de précipitation. Il lui fit voir qu'encore qu'il eût raison de vouloir qu'on célébrât la résurrection le dimanche, la pratique différente de quelques Eglises ne l'autorisoit pas à les séparer de la communion des autres. Il appuyoit ses raisons de l'autorité de plusieurs papes, prédécesseurs de Victor, qui avoient usé en ce point de la sage condescendance qu'il tâchoit de lui inspirer. Il écrivit plusieurs lettres à Victor et à d'autres évêques pour assoupir cette dispute, et remettre la paix dans l'Eglise. Il y réussit heureusement, et il fut la cause que le pape Victor et ses successeurs laissèrent en repos les Asiatiques, qui furent enfin obligés de se conformer à l'usage commun, par l'autorité du concile œcuménique de Nicée.

Conduite des évêques d'Afrique dans l'affaire des Donatistes.

Une secte s'étoit élevée contre l'Eglise, dès le commencement du quatrième siècle, sous le nom de Donatistes, lesquels furent premièrement schismatiques, ensuite hérétiques. Leur schisme vint de ce qu'un certain Donat, évêque de Cases-Noires, en Afrique, eut la témérité d'ordonner Majorin évêque de Carthage, au préjudice de Cécilien, évêque légitime, qui avoit canoniquement succédé à Mensurius. Après la mort de Majorin, les schismatiques élurent un autre évêque nommé Donat, et c'est celui qui donna le nom au schisme des Donatistes.

Les Donatistes étoient inexcusables à deux titres : 1°. par le fond de leur doctrine sur la rebaptisation, qui, depuis S. Cyprien, avoit été condamnée dans un concile général et par le schisme ouvert qu'ils avoient la témérité de faire avec l'Eglise universelle. Ils l'étoient encore par les violences et les cruautés inouies qu'ils exerçoient contre les catholiques. Cependant la charité de S. Augustin et des autres évêques d'Afrique s'abaissa, pour ainsi dire, jusqu'aux pieds de ces hommes criminels. L'Eglise s'épuisa en avances de paix à leur égard, et fit une grande plaie à sa discipline, pour leur faciliter le retour à l'unité.

Comme les Donatistes avoient consacré un grand nombre d'évêques pour les siéges occupés même par les catholiques, ils pouvoient craindre de perdre leur rang en revenant à l'Eglise. Aurèle et les saints évêques qui formoient ce concile, furent d'avis de le leur conserver, et d'écrire aux autres prélats, et principalement au pape Anastase, pour les engager à se relâcher en ce point de la sévérité des canons.

Saint Augustin, qui fut un des principaux auteurs de cette résolution, dit qu'en cela il faisoit, pour faire entrer les Donatistes dans l'unité de l'Eglise, une petite ouverture à la discipline ecclésiastique, ainsi que quand on ente un arbre, on fait une fente à son écorce; mais que la charité a des lois plus fortes que les canons, qu'elle couvre la faute qui en cela peut être commise contre la sévérité des règles, elle qui couvre la multitude des péchés. En conséquence, les Donatistes furent toujours bien traités dans les conférences.

Les évêques catholiques firent plus encore, et l'on a peine à comprendre que, pour d'aussi méchans hommes, on ait pu faire une si belle chose. Si les peuples, disent ces vénérables évêques dans leur épître à Marcellin, qui présidoit à ces conférences au nom de l'empereur, si le peuple chrétien ne peut souffrir d'avoir ensemble deux évêques; contre l'ordinaire, nous nous engageons à nous démettre de l'épiscopat. Il nous suffit pour nous-mêmes d'être chrétiens fidèles et obéissans. C'est pour le peuple qu'on nous ordonne évêques; usons donc de l'épiscopat, selon qu'il est utile pour la paix du peuple.

Avant de faire cette offre dans l'assemblée, dit M. Godeau, quelques évêques examinèrent avec S. Augustin, ceux qu'on jugeoit à peu près y consentir ou s'y opposer, et peu leur sembloient capables de faire un si grand sacrifice. Mais quand on en vint à l'exécution, de près de trois cents évêques catholiques qui assistoient à la conférence, il n'y en eut qu'un, déjà fort âgé, qui s'y opposa formellement; et un autre qui, par sa contenance, témoigna aussi qu'il n'en étoit pas d'avis. Toutefois, quand ils virent que tous les autres se portoient avec tant de zèle, non pas à perdre l'épiscopat pour le bien de la paix, mais à le mieux assurer entre les mains de Dieu, ils eurent honte de contrarier des sentimens héroïques, ils consentirent à l'offre comme les autres.

Qu'il y a de grandeur dans ce charitable abaissement à l'égard des plus méchans hommes qu'il y eût peut-être alors! On se sent pénétré d'un tendre amour, et saisi d'une respectueuse admiration pour ces inimitables évêques. Quelle générosité! que d'entrailles! Ce sont là les zèles que l'Eglise avoue. Des hommes pleins de feu pour se réunir à leurs frères, quelque méchans qu'ils soient; des hommes capables de tout abaissement pour les adoucir, de tout sacrifice pour gagner leur cœur et pour les guérir!

Plusieurs chefs des Donatistes revinrent à l'unité, et un grand nombre de fidèles y revint avec eux. Des démarches si chrétiennes ont toujours des succès heureux. C'est qu'il n'y a que l'esprit de Dieu qui puisse inspirer de si saintes vues et une si puissante charité : il bénit toujours les desseins de paix qui sont conçus par des motifs aussi purs, et dans lesquels on ne suit d'autre loi que celle d'un amour tendre pour ses frères.

La paix est si chère, et les lois de la charité si essentielles et si étendues, qu'on ne doit jamais croire d'avoir fait trop d'avances pour gagner les esprits et pour vivre dans une concorde parfaite. Ce n'est pas assez de chercher la paix, il faut, dit l'apôtre, après le prophète, courir avec ardeur après elle; il faut la poursuivre par toutes sortes de routes, jusqu'à ce qu'on y parvienne.

La Légion fulminante.

Dans le temps que l'empereur Marc-Aurèle faisoit la guerre contre les Sarmates, les Quades, les Marcomans et autres peuples de la Germanie, son armée s'engagea dans un pays enfermé de bois et de montagnes (c'est aujourd'hui la Bohême). Les Romains y étoient extrêmement incommodés de la faim et de la soif, sans pouvoir se retirer, parce que les Barbares, qui étoient en bien plus grand nombre, occupoient tous les postes des environs, et les tenoient comme assiégés : l'armée étoit sur le point de périr dans l'extrémité où elle étoit réduite.

Il y avoit dans l'armée un grand nombre de soldats chrétiens; ils se mirent tous à genoux, et faisoient à Dieu de ferventes prières. Les ennemis s'en étonnoient; mais ils furent bien plus surpris de ce qui arriva. Il s'amassa tout-à-coup de grands nuages, puis il tomba une pluie extraordinaire. D'abord les Romains levoient la tête et la recevoient dans la bouche, tant la soif les pressoit; puis ils emplirent leurs casques, burent abondamment et abreuvèrent leurs chevaux. Comme les Barbares les attaquoient et même temps, ils buvoient en combattant, et il y en eut de blessés qui burent leur sang avec l'eau.

Cependant il tomboit sur les ennemis une grêle épouvantable, mêlée de foudres ; l'eau et le feu sembloient tomber du ciel dans le même endroit ; mais le feu ne touchoit point aux Romains, où s'éteignoit aussitôt : au contraire, la pluie ne servoit de rien aux Barbares, elle les brûloit comme l'huile ; en sorte que tout mouillés ils cherchoient de l'eau, et se blessoient l'un l'autre pour éteindre le feu avec le sang. Plusieurs passoient du côté des Romains, voyant que l'eau n'étoit salutaire que pour eux, et Marc-Aurèle en eut pitié.

A cette occasion, l'armée lui donna le nom d'empereur pour la septième fois ; il le reçut comme venant du ciel ; car tout le monde reconnoissoit cet événement comme miraculeux. Les troupes des chrétiens qui avoient attiré ce miracle, furent nommées la Légion fulminante. On voit encore à Rome un monument de ce prodige, dans les bas-reliefs de la colonne Antonienne, faite en ce même temps. Les Romains y sont représentés les armes à la main contre les Barbares, que l'on voit étendus par terre avec leurs chevaux, et sur eux tombe une pluie mêlée d'éclairs et de foudres. On dit qu'à cette occasion, Marc-Aurèle écrivit des lettres où il témoignoit que son armée, prête à périr, avoit été sauvée par les prières des chrétiens.

Apprenons à recourir à Dieu dans nos pressans besoins : les ferventes prières attirent les grandes graces.

Triomphe de la charité et de la modestie.

De Graincourt, dans l'histoire des hommes illustres de la marine française, rapporte un fait bien honorable à M. de Cornick.

La Garonne étoit débordée; les matelots les plus hardis n'osoient s'exposer à la violence du courant, qui sembloit devoir tout entraîner. M. de Cornick fut réduit à forcer, le pistolet à la main, quatre des plus vigoureux d'entre ces matelots, de monter avec lui dans un canot qu'il tenoit près de la maison qu'il habitoit aux environs de Bordeaux. Avec ce canot, il alla successivement dans toutes les maisons de l'île de Saint-Georges, d'où il retira les habitans à demi-noyés et mourans de frayeur.

Il transporta en terre ferme plus de six cents personnes de tout sexe et de tout âge, et ne cessa, pendant trois jours, de passer et repasser la rivière, pour sauver les effets de ceux qu'il avoit mis en sûreté, et pour leur porter des subsistances. Quoique M. de Cornick ne fût pas riche, qu'il fît par cet accident une perte considérable, il nourrit à ses frais, pendant plusieurs jours, les malheureux qu'il avoit sauvés. Le danger passé, M. de Cornick se retira chez lui, et s'y tint constamment renfermé, se refusant aux applaudissemens et aux remercîmens de la ville de Bordeaux.

La Légion thébaine.

Entre les légions qui composoient les armées romaines, du temps des empereurs Maximilien et Dioclétien, il y en avoit une nommée la Thébaine, toute composée de chrétiens, quoiqu'elle fût comme les autres de six mille six cents hommes. Mais ce qui est plus étonnant, c'est que non-seulement tous les officiers et les soldats de cette légion avoient l'avantage d'être chrétiens, mais qu'ils étoient des chrétiens remplis de foi et de religion, et que la piété régnoit au milieu d'eux avec plus d'éclat qu'on ne la voit régner dans plusieurs communautés des plus réglées. Ils rendoient tous au prince l'obéissance et le respect qui lui étoient dus. Ils combattoient et s'acquittoient des autres devoirs de leur état avec exactitude : au milieu de la dissipation inséparable des fonctions militaires, ils menoient une vie recueillie, modeste, humble, pénitente.

L'empire n'avoit pas de meilleures troupes, parce que ceux qu'une piété solide conduit, sont toujours les plus exacts à leurs devoirs, et les plus ardens à les pratiquer. Les empereurs les eussent toujours vus soumis à leurs ordres, s'ils ne leur en eussent jamais donné de contraires à la loi de Jésus-Christ. Cette légion avoit pour capitaine un saint officier nommé Maurice, qui avoit vieilli sous le poids des armes, et dont l'amour et la foi pour Jésus-Christ égaloient le courage et l'expérience dans la guerre. Il avoit sous lui plusieurs officiers aussi recommandables par leur vertu que par leur valeur, dont les principaux étoient Exupère et Candide : les soldats suivoient la piété de leurs chefs. Tous, en un mot, savoient allier heureusement les exercices des armes avec les pratiques des maximes de l'Evangile.

Lorsque l'empereur Maximien passa dans les Gaules, pour combattre les factions des Bagaudes, il fit venir d'Orient la légion thébaine. Comme il voulut s'en servir pour détruire les chrétiens qui étoient dans les Gaules, elle refusa d'obéir. La légion étoit à Agaune, au pied de la montagne que l'on nomme aujourd'hui le Grand-Saint-Bernard. L'empereur, irrité de sa résistance, ordonna qu'elle fût décimée, afin que la crainte l'obligeât à se soumettre. L'ordre fut exécuté sans qu'aucun des soldats ni des officiers, qui avoient tous les armes à la main, fît la moindre résistance pour défendre leurs compagnons. Ceux que le sort épargnoit, loin de se plaindre du traitement qu'on faisoit aux autres, envioient leur gloire et leur bonheur. Quand l'exécution fut achevée, tous ceux qui restoient protestèrent qu'ils ne prendroient jamais aucune part aux impiétés qu'on vouloit leur faire commettre; qu'ils étoient chrétiens, et qu'ils souffriroient tout, plutôt que d'agir contre leur foi. On rapporta leur protestation à Maximien, qui, entrant en fureur, commanda qu'on les décimât une seconde fois. On fit donc encore mourir le dixième selon le sort, et les autres s'exhortoient à persévérer.

Ils étoient principalement encouragés par Maurice, Exupère et Candide. Ces hommes généreux, qui étoient persuadés que c'étoit vaincre que de mourir pour ne pas offenser Dieu, couroient de rang en rang, animoient leurs soldats à demeurer fermes dans la confession du nom de Jésus-Christ, à l'exemple de ceux qui venoient de les précéder. Cependant ils convinrent tous d'envoyer une requête à l'empereur, pour lui faire voir l'équité qu'ils faisoient de lui obéir.

Voici ce que cette remontrance portoit : « Nous sommes vos soldats, seigneur, mais nous sommes en même temps serviteurs de Dieu; nous en faisons gloire, et nous le confessons volontiers. Nous vous devons le service de guerre; mais nous devons à Dieu l'innocence. Nous recevons de vous la paix; il nous a donné la vie. Nous ne pouvons vous obéir en renonçant à Dieu, notre créateur, notre maître et le vôtre. Si on ne nous demande rien qui l'offense, nous vous obéirons comme nous avons fait jusqu'à présent; autrement, nous lui obéirons plutôt qu'à vous. Nous offrons nos mains contre quelque ennemi que ce soit; mais nous ne croyons pas qu'il soit permis de les tremper dans le sang des innocens.

» Nous avons fait serment à Dieu avant que de vous le faire, et vous devriez vous défier de nous et de notre fidélité, si nous violions la promesse que nous avons faite d'être soumis à Dieu. Vous nous commandez de chercher des chrétiens pour les punir : pourquoi jeter les yeux sur des étrangers ? nous voici : nous confessons Dieu le père, auteur de tout, et son fils Jésus-Christ. Nous avons vu égorger nos compagnons sans les plaindre; nous nous sommes réjouis de l'honneur qu'ils ont eu de souffrir pour leur Dieu et le vôtre. L'injustice avec laquelle on les a traités ne nous a point excités à nous révolter; nous avons encore les armes à la main, mais nous ne résisterons pas, parce que nous aimons mieux mourir innocens que de vivre coupables. »

Cette généreuse remontrance ne fit qu'irriter Maximien. Il eut honte de céder à la force de la vérité, parce qu'elle sortoit de la bouche de ceux qu'il croyoit obligés à une obéissance entière, et qui ne devoit souffrir aucune exception. Désespérant de les abattre, il ordonna qu'on les fît mourir tous. Il fit marcher des troupes pour les environner et les tailler en pièces. Mais ces hommes pleins de foi, dont la piété avoit arrêté la main lorsqu'ils pouvoient facilement se défendre contre ceux qui les avoient décimés, étoient bien éloignés de faire aucune résistance à l'approche d'une mort qu'ils regardoient comme le terme de leurs maux et le commencement de leur félicité éternelle. Dès qu'ils virent leurs bourreaux arrivés, ils mirent leurs armes bas, et se laissèrent égorger comme des agneaux, sans ouvrir la bouche pour se plaindre.

Le soldat qui sert le mieux son pays, c'est celui qui sert le mieux son Dieu. Nous sommes tous soldats de Jésus-Christ; s'il falloit donner mille vies pour le service de notre divin maître, nous devrions nous estimer heureux de les lui offrir.

La couronne qu'il nous prépare après nos combats, n'est pas une couronne périssable comme celles de la terre, mais immortelle et durable : tâchons de la mériter.

Rien de si ingénieux que la charité. Réconciliation des Angevins rebelles avec la cour. Caractère du prélat qui les réconcilie.

En 1651, dans la guerre qu'on appelle des princes, la reine-mère, irritée de la révolte de la ville d'Angers, s'étoit avancée jusqu'à Saumur pour presser le siége de la ville, et lui faire porter la peine de sa rebellion. M. Arnaud, qui en étoit évêque, prévoyant les malheurs qui alloient fondre sur son diocèse, presse les rebelles, les exhorte, les sollicite, leur propose des conditions de paix; mais tout cela ne servit qu'à le rendre suspect. Il fut obligé de sortir de la ville, par la faction d'une troupe de séditieux qui trouvoient leurs avantages dans les désordres de la guerre. Ce bon pasteur, oubliant l'injure faite à sa dignité, ne songea qu'à aller trouver la reine, pour tâcher de la fléchir par ses prières et ses larmes. Mais la voyant inflexible, il eut recours à un moyen qui montre bien qu'il n'y a rien de si ingénieux que la charité. Cette princesse fréquentoit souvent les sacremens. Elle vint donc un jour dans une église où il officioit pontificalement, pour participer aux saints mystères. Le prélat, plein du zèle que lui communiquoit l'auguste hostie qu'il venoit de recevoir, et qu'il tenoit encore entre ses mains, s'approche de la reine avec un visage où étoit peinte une modestie pleine de majesté, en lui présentant la sainte hostie, il lui dit d'un ton assuré : « Recevez, madame, votre Dieu, qui a pardonné à ses ennemis en mourant sur la croix. » Un pardon ainsi demandé est une grace obtenue. La princesse, désarmée, ne pensa plus à la punition des coupables, et fit éprouver peu de temps après aux rebelles les effets de sa bonté et de sa clémence.

Henri Arnaud étoit le second fils du célèbre M. Arnaud, cet avocat si illustre par lui-même, encore plus par ses enfans et ses petits-enfans. Né à Paris en 1597, il reçut dans sa famille une éducation telle qu'une des plus vertueuses mères étoit capable de la donner. Nommé à l'évêché d'Angers en 1649, il parut un homme tout rempli de l'esprit apostolique. Il se livra tout entier à son église, et la gouverna pendant quarante-quatre ans d'une résidence non interrompue, avec un zèle, une prudenee et une charité sans bornes. Il ne la quitta qu'une seule fois, à la prière du prince de Tarente, qui l'invita à venir conférer avec lui sur la religion, dans son château de Thouars. Ce seigneur, ébranlé par la lecture de la perpétuité de la foi, ne résista pas à la douceur, aux manières insinuantes, et surtout à l'éloquence du prélat, et il rentra dans le sein de l'Eglise.

Il auroit manqué quelque chose à ce digne pasteur, vraiment père de son peuple, s'il n'avoit été spécialement le père des pauvres. Il suffisoit d'aborder sa maison, pour apercevoir quelle place ils tenoient dans son cœur. On en trouvoit souvent un grand nombre qui bordoient ses escaliers; on auroit dit que c'étoient les gardes du seigneur qui habitoit la maison. Touché particulièrement des pauvres honteux, il leur faisoit des aumônes que le secret rendoit doublement agréables : pour subvenir à cette dépense, il s'étoit réduit lui-même à une grande pauvreté. On a su que, dans un seul jour, il donna une somme de deux mille livres, provenant de lots et ventes d'une terre; la manière dont il fit cette largesse, étoit digne du grand homme qui la faisoit. Il avoit accordé à l'acquéreur une diminution; mais il avoit mis pour condition, que l'argent lui seroit remis en mains propres, et qu'il ne seroit pas délivré à son économe, qui se seroit opposé à une libéralité si exorbitante.

A cette édifiante aumône on en doit joindre une seconde, où la prodigue charité du prélat se surpassa elle-même. Il étoit survenu à Angers une grande disette de blé. Pendant que les riches pouvoient à peine pourvoir à leurs propres besoins, les pauvres restoient dans la plus grande misère : réduits à ne trouver d'autre nourriture que celle des bêtes de la campagne, ils ne présentoient aux yeux des spectateurs, que des squelettes hideux, tout décharnés. Le charitable pasteur ne s'épargna pas dans cette occasion. Il employa, une seule fois, jusqu'à dix mille livres pour ramener l'abondance dans la ville; mais son humilité ordinaire sut cacher si bien les prodiges de sa charité, que toute la gloire en fut attribuée à M. le gouverneur de la province, et que le hasard seul a fait découvrir un peu avant sa mort, qu'il en étoit l'auteur. C'est ainsi que ce vigilant pasteur, tout occupé du soin spirituel de ses ouailles et de leur salut, étendoit son zèle sur leurs misères temporelles. Il avoit appris de saint Grégoire, que la semence de la parole ne germe jamais plus sûrement dans les cœurs, que lorsqu'elle est arrosée par la main du prédicateur.

Ce n'étoit pas assez pour la charité de M. d'Angers, d'être prodigue envers les pauvres; ingénieuse pour le service de ces concitoyens, elle étoit encore généreuse envers ses ennemis. Ce qui caractérise la générosité de cet amour chrétien pour tous ceux qui lui faisoient quelque peine, c'est que, non content de leur pardonner de bon cœur tout le mal qu'il recevoit d'eux, il cherchoit avec une sorte d'empressement les occasions de leur rendre service; en sorte qu'il étoit passé en proverbe, que le meilleur titre pour obtenir des graces de M. d'Angers, étoit de l'avoir offensé. On dit même qu'il tenoit une liste de ceux qui lui avoient rendu de mauvais offices, afin de se souvenir dans l'occasion de leur en rendre de bons. Si ceci paroît héroïque, comme il l'est en effet, il faut convenir que c'est une espèce toute neuve d'héroïsme.

Tous les ans, M. d'Angers faisoit presque toujours à pied la visite de son diocèse, portant partout la lumière et la paix. Un carosse le suivoit, mais il ne servoit qu'à ceux de sa suite qui ne pouvoient marcher : c'est ce qui le lui faisoit appeler fort agréablement *son infirmerie*. A un travail continuel, qu'il n'interrompoit que pour se livrer à la prière, il joignit une sobriété étonnante, et des austérités que ni la vieillesse, ni ses infirmités ne purent le porter à suspendre. Comme on lui représentoit qu'il devoit prendre un jour de la semaine pour se délasser : « Eh bien ! répondit-il, je ferai de bon cœur ce que vous souhaitez, pourvu que vous me donniez un jour où je ne sois pas évêque. »

« Sa sainteté, jointe à sa vigilance pastorale, dit une dame ingénieuse (de Sévigné), est une chose qui ne se peut comprendre ; c'est un homme de quatre-vingt-sept ans, et qui n'est plus soutenu dans les fatigues continuelles qu'il prend, que par l'amour de Dieu et du prochain. J'ai causé une heure en particulier avec lui ; j'ai trouvé dans sa conversation toute la vivacité de l'esprit de ses frères. C'est un prodige que je suis ravie d'avoir vu de mes yeux : tant de vertus le rendent les délices de ses diocésains, et leur font craindre de le perdre. »

Il mourut le 8 juin 1692, âgé de quatre-vingt-quinze ans. Jamais évêque n'a été plus regretté. Comme il étoit rempli de bonté pour les pauvres et les petits, et d'honnêteté pour les grands, il fut pleuré généralement de tous. Le concours étoit si grand pour lui baiser les mains, qu'on fut obligé de le laisser plus long-temps exposé pour satisfaire à la dévotion des diocésains. Ils ne se lassoient pas de regarder, pour la dernière fois, celui dont les visites épiscopales les avoient si souvent remplis de consolation pendant sa vie. L'académicien qui prononça son éloge funèbre dans une assemblée de l'académie d'Angers, dont le défunt étoit membre, dit que les témoignages que le peuple donnoit de sa douleur auprès du défunt, alloient au-delà du *respect* et de la *vénération*. Que peut-il y avoir au-delà de ces deux choses, si ce n'est l'invocation ?

Réflexions sur l'éducation de la jeunesse.

NOTRE ouvrage se rapportant principalement à l'utilité de la jeunesse, il n'est pas hors de propos de faire quelques réflexions sur son éducation.

De tout temps l'éducation de la jeunesse a été regardée comme le devoir le plus important et la partie la plus essentielle du gouvernement. L'éducation en effet est seule capable de développer les talens naturels, d'élever et de perfectionner l'esprit. Son véritable objet est de former, par l'étude de la religion, le *Chrétien*, par celle de la morale, le *Citoyen*, et par celle des sciences humaines, l'*Homme de lettres*. Les hommes qui sont l'élite et la gloire d'une nation, ne doivent le développement de leurs talens qu'à l'éducation et à l'instruction.

Pour élever les étudians, comme pour former des guerriers, il faut une méthode sage, sévère et soutenue. La plupart des maîtres particuliers suivent la méthode, non pas toujours la plus sage, mais la plus conforme à leur goût. Cherchent-ils uniquement en cela le bien de leurs élèves? ou bien prétendent-ils par là se donner un relief d'habileté, s'imposer à eux-mêmes un fardeau moins pesant et moins ennuyeux; se procurer plus tôt le salaire qui leur est promis, c'est ce que je n'examine point, mais je sais du moins qu'il est très-aisé de se tromper dans le choix.

L'éducation publique ne dépend point du caprice d'un seul homme. Etablie par les décrets de plusieurs personnes d'une sagesse reconnue, le succès en est certain; c'est la voie que les nations les plus polies ont suivie, où les savans les plus fameux ont marché. L'autorité et la possession de plusieurs siècles lui servent de caution.

La discipline scolastique, à l'exemple de la discipline militaire, doit encore être exacte et sévère. Où trouver cette sévérité, cette exactitude ? Sera-ce dans la maison paternelle, où un maître perd son élève, s'il l'aime avec trop de tendresse, où il se perd lui-même, s'il veut prendre le caractère de fermeté qui lui convient ? Sera-ce à l'ombre de l'autorité d'un père qui, déjà occupé des affaires publiques ou des soins domestiques, content de payer les frais de l'éducation de son fils, ne se croira pas obligé d'en partager l'ennui et le chagrin ?

Sera-ce sous les yeux d'une mère, qui sans cesse alarmée sur la santé d'un enfant chéri, rendra les livres responsables de la plus légère incommodité dont elle le verra attaqué ? Comment un maître pourra-t-il donc entreprendre de cultiver l'esprit de son disciple par des soins assidus, et ce qui est encore beaucoup plus important, comment pourra-t-il réussir à dompter l'humeur de son élève, à mettre un frein aux passions dont cet âge n'est que trop susceptible ?

Sans vouloir pénétrer dans l'intérieur des familles, on peut le dire en général, tous les pères ne craignent pas de communiquer leurs défauts à leurs enfans ; toutes les mères n'appréhendent pas de les voir trop instruits ; tous les domestiques ne respectent pas l'innocence de ceux dont ils redouteront un jour la puissance. Toutes les maisons particulières ne sont pas fermées aux flatteurs ; toutes les tables n'y sont pas si austères ; toutes les conversations et toutes les maximes qui s'y débitent ne sont pas si saines ; tous les divertissemens n'y sont pas si modestes qu'ils n'inspirent jamais le goût de la licence à un jeune cœur avide de tout ce qui porte avec soi le caractère du plaisir.

Il n'en est pas ainsi des écoles publiques ; outre que la jeunesse y est à couvert de la plupart de ces dangers, on y sait mettre à profit les dispositions qu'elle apporte, soit pour la vertu, soit pour les sciences. L'on corrige, ou du moins l'on fait tout ce qu'il faut pour en corriger les défauts : et la seule crainte du châtiment suffit souvent pour empêcher qu'on ne le mérite. Il n'y a plus de mère qui puisse soustraire son cher fils à une peine salutaire; point de parens, point d'étrangers qui se déclarent les avocats d'une mauvaise cause, et qui flattent quand il faudroit punir.

Quand l'on parle d'une éducation particulière, quelle autre idée peut-on s'en former que d'un exercice obscur, sans vie et sans ame, où le maître et le disciple, toujours réduits à eux-mêmes, souvent ennuyés l'un de l'autre, se dégoûtent mutuellement, l'un d'apprendre, l'autre d'enseigner? Au contraire, l'éducation publique ne présente-t-elle pas tout ce qu'on peut imaginer de plus vif, de plus animé, de plus capable d'exciter même les plus lâches, je veux dire des rivaux, des combats, des victoires et des triomphes.

Ce n'est point l'égalité ni de fortune ni de naissance, qui, dans les académies littéraires, assortit les rivaux, c'est la capacité seule qui décide sur ce point. Tous courent la même carrière; aucun ne peut espérer de se distinguer que par son esprit, son étude et son application. Les combats sont toujours vifs et animés; tous sont obligés de prendre les armes, tous à l'envi se disputent l'honneur de la victoire, tous peuvent également y prétendre, et le mérite seul peut l'obtenir. Les vainqueurs sont sûrs d'être couronnés après le combat; et les lauriers se distribuent souvent au bruit des acclamations et des applaudissemens d'une assemblée nombreuse.

Est-il rien de plus puissant que ces espèces de combats et de triomphes pour exciter dans les jeunes cœurs l'ardeur et l'émulation? Rien de plus capable de leur inspirer ces sentimens nobles qui, dans un âge plus avancé, produisent les grands hommes et les héros en tout genre. Leur âge, quoique tendre, en est également susceptible; l'objet en est différent à la vérité, mais les sentimens sont les mêmes. Ce sont d'heureuses semences, qui, dans la suite de la vie, se développeront plus sensiblement et produiront les plus heureux effets.

Un autre avantage des collèges, et le plus grand de tous, c'est d'apprendre à fond la religion, d'en puiser la connoissance dans les sources mêmes, d'en connoître le véritable esprit et la véritable grandeur, et de se prémunir, par de solides principes, contre les dangers que la foi et la piété ne rencontrent que trop dans le monde. Il n'est pas impossible, mais certainement il est rare de trouver cet avantage dans les maisons particulières; aussi a-t-on toujours vu, et nous le voyons encore tous les jours, que des personnes aussi distinguées par leur esprit et leur capacité, que par leur rang et leurs emplois, se déterminent à se priver pour un temps de ce qu'elles ont de plus cher, dans la pensée qu'un dépôt si précieux croîtra avec usure dans des mains étrangères, et ne reviendra dans les leurs que comme les vaisseaux qui, après un voyage de long cours, reviennent chargés de richesses immenses.

Histoire édifiante.

Il y avoit dans la province du Dauphiné un ecclésiastique, homme de condition, nommé l'abbé de Saze. Il passa sa jeunesse et une partie de sa vie dans un déréglement que son état rendoit encore plus criminel, et devint fameux par ses débauches. Dieu le toucha enfin, et cette première grace fut suivie du bonheur qu'il eut de trouver un homme d'esprit et d'un mérite rare, pour le conduire dans la nouvelle voie qu'il avoit résolu de suivre: c'étoit le supérieur de l'oratoire d'Avignon, nommé le père Allard. L'abbé de Saze s'établit dans cette ville sous les yeux de son pieux directeur, et après avoir passé les premiers temps de sa conversion dans les œuvres les plus pénibles de la plus austère pénitence, il alla se renfermer dans le château de Saze, la maison de ses pères, à six lieues d'Avignon, où il vécut le reste de sa vie dans une entière retraite, et dans les occupations saintes de son état.

Pendant son séjour à Saze, il entretint un commerce fréquent avec le père Allard qu'il regardoit comme le ministre de l'œuvre de Dieu, et à qui il portoit une amitié singulière. Un des jours du carnaval, l'abbé de Saze lui écrivit, et le pria d'aller passer les trois derniers jours gras avec lui à son château. Le père Allard, qui ne perdoit aucune occasion d'instruire et d'animer son pénitent, lui répondit en ces termes : « J'irai chez vous avec joie, monsieur, passer un temps destiné, par les enfans du siècle, à des occupations et à des plaisirs qui devroient être inconnus à des chrétiens. Que nous serions heureux dans notre retraite, si nous pouvions, par nos gémissemens et par nos larmes, réparer en quelque façon les déréglemens de ces malheureux jours! Quel aveuglement, quelle misère, de prévenir un temps de pénitence et de miséricorde par des actions qui méritent de n'en recevoir jamais! Ne cessons point de louer le Seigneur de nous avoir séparés de cette multitude qui se damne; mais craignons à chaque instant de perdre, par nos infidélités, des graces que nous n'avons pas méritées. C'est pour nous fortifier dans ces dispositions que je me rendrai chez vous. »

Cette lettre écrite, le supérieur la donna au portier de l'Oratoire, et lui dit simplement de l'envoyer à son adresse. Le portier ayant pris le nom de Saze pour celui de Suze, crut que la lettre s'adressoit à l'abbé de Suze à Suze, et la lui envoya par un homme exprès.

Que vos voies sont admirables, ô mon Dieu! et combien vos jugemens sont incompréhensibles! Cet abbé de Suze étoit alors tout ce que l'abbé de Saze avoit été autrefois. C'étoit un homme de grande qualité, prêtre, possédant de riches bénéfices, mais d'un déréglement qui faisoit horreur aux plus libertins. Il étoit venu passer le carnaval dans le château de Suze, une des plus belles maisons du pays, et des plus convenables pour rassembler une grande compagnie, et pour y prendre toutes sortes de divertissemens. Ceux que l'on peut se procurer innocemment à la campagne, lui parurent fades; il songea à rassembler chez lui tout ce qui pouvoit contribuer à satisfaire presque toutes ses passions à la fois, et à renchérir sur toutes les débauches dont on avoit ouï-parler jusque-là.

Un projet si abominable étoit prêt à s'exécuter; il étoit dans l'attente du reste de la compagnie, qui devoit venir participer à de si funestes plaisirs, quand on vint lui dire qu'un homme demandoit à lui parler de la part du père supérieur de l'Oratoire d'Avignon. Un nom si respectable fit presque frémir l'abbé de Suze; la vertu, si aimable et si douce qu'elle soit, est toujours suspecte au vice : l'abbé se rassura pourtant, il fit entrer cet homme dans sa chambre; son étonnement redoubla quand il vit une lettre du père Allard : il ne sait s'il la doit recevoir, ou s'il en doit faire seulement le sujet de ses plaisanteries avec ses amis; ils viennent eux-mêmes à son secours, et le déterminent à ne faire que rire de cette aventure. Il ouvre enfin cette lettre, il en lit une partie : mais qui peut exprimer son trouble et son embarras, quand il voit ce qu'elle contient? Il ne veut pas achever de la lire, et il est contraint par une force qu'il ne connoît pas : il la jette par terre et la ramasse à différentes reprises : il donne des malédictions à l'auteur de cette lettre, il l'accable d'injures. Ses amis le voyant dans cette agitation, se moquent de lui, et veulent le distraire; mais il n'étoit plus au pouvoir de l'homme de calmer l'heureux trouble qui étoit en lui.

L'abbé de Suze passa un temps considérable dans ces premiers mouvemens, qui étoient encore mêlés de fureur; enfin une profonde tristesse succède à ses transports. Quelle aventure! s'écrie-t-il. Qui peut l'avoir causée? Que me veut ce bon père? Pourquoi s'adresser à moi? Pourquoi venir interrompre le cours de mes plaisirs, quand je les goûte avec le plus de douceur et de tranquillité, par une lettre qui change la situation de mon ame, et qui renverse tous mes projets?

Les amis de l'abbé de Suze, surpris de l'impression extraordinaire que faisoit une lettre sur un homme sur qui les vérités les plus sensibles de notre religion n'en avoient jamais fait, et à qui les sacrifices ne coûtoient rien, crurent qu'il étoit attaqué de quelque vapeur, qu'il falloit lui laisser passer en repos le reste du jour et de la nuit, et que le lendemain il se trouveroit délivré de ces agitations. L'abbé de Suze le crut lui-même, et après avoir quitté la compagnie et s'être renfermé dans sa chambre, il espéra trouver dans le sommeil ce qu'il ne trouvoit pas dans ses réflexions : il se coucha : mais, ô mon Dieu! vous vouliez consommer le dessein de votre miséricorde sur cette ame, et la malheureuse tranquillité dans laquelle le pécheur mérite que vous l'abandonniez, ne devoit point être la fin de ce prédestiné.

Il reconnut la main de Dieu qui le venoit tirer de l'abîme où il étoit; mais qu'il le trouva profond et terrible, à mesure que la lumière de la grace l'éclairoit! Il se lève, il se prosterne devant son Dieu, il adore les décrets de sa providence; des torrens de larmes sont le premier sacrifice qu'il lui offre. Le lendemain, son premier soin fut de renvoyer la compagnie qui étoit chez lui. Dès qu'il se vit libre, la première chose qu'il fit fut d'écrire au père Allard. Comme il ne savoit point que la différence d'une lettre à une autre, et qui avoit fait prendre le nom de Suze pour celui de Saze, avoit causé toute cette aventure, il ne douta point que Dieu n'eût inspiré au père Allard la pensée de lui écrire. Il lui mandoit qu'il devoit être bien satisfait de la lettre, s'il avoit eu dessein de l'arrêter dans la carrière infame de ses débauches; que jamais trouble n'avoit été pareil au sien; mais qu'après un combat pénible, il reconnoissoit la grace victorieuse; qu'il se jetoit à ses pieds; qu'il le supplioit de ne pas laisser son ouvrage imparfait; qu'il ne vouloit point le voir chez lui; qu'il étoit indigne d'une telle faveur, mais qu'il lui demandoit celle de prier pour lui, et de vouloir bien le recevoir sur la fin du carême; qu'il espéroit l'aller trouver à Avignon, et faire à ses pieds un aveu général de ses fautes.

Après avoir envoyé sa lettre, il ne pensa plus qu'à faire une pénitence proportionnée à ses égaremens. Il n'y en eut jamais une plus sincère et plus affreuse; il passoit les jours et les nuits dans les larmes et les austérités, et ne se permettoit pas les plus légers adoucissemens. Il passa de cette façon tout le carême, et se disposa au voyage d'Avignon dans la semaine sainte. Le bruit de sa conversion se répandit dans tout le voisinage : un bon père capucin, plus touché d'admiration que les autres, voulut aller voir de près les merveilles qu'il entendoit conter de ce nouveau pénitent. Il suffisoit autrefois d'être prêtre, religieux, homme de bien, pour n'oser aborder dans la maison de l'abbé de Suze, sans s'exposer à des insultes; mais le capucin, sachant qu'il n'y avoit plus rien à craindre pour lui, y alla avec confiance; il étoit connu dans la maison; les premières personnes qu'il rencontra à Suze, lui parlèrent du changement de l'abbé : les pauvres ne connoissoient plus la misère, les domestiques ne sentoient plus la servitude; les louanges de Dieu retentissoient où peu auparavant on n'entendoit que des blasphêmes; la paix, la douceur, la tranquillité rendoient cette maison le séjour des anges.

Le père capucin, pénétré de joie, ne pouvoit retenir ses larmes; c'étoit un saint religieux. L'abbé de Suze le vint recevoir; il se jeta à ses pieds; à peine put-il lui conter son aventure; les sanglots, les soupirs entrecoupoient son discours; enfin il lui apprit l'heureux changement qui lui étoit arrivé. Le bon père l'écouta avec admiration; et, soit qu'il fût inspiré de Dieu, ou qu'il crût que l'abbé de Suze avoit suffisamment satisfait aux règles de l'Eglise pour recevoir l'absolution de ses péchés, il lui proposa de profiter de son séjour à Suze pour se confesser; il lui représenta qu'il ne falloit pas différer plus longtemps de recevoir un sacrement qui devoit être le gage de sa réconciliation avec Dieu. L'abbé de Suze, prévenu du desir d'aller trouver le père supérieur de l'Oratoire à Avignon, s'opposa quelque temps aux sollicitations du père capucin; mais il les redoubla avec tant d'instance, que l'abbé de Suze se fit un scrupule de résister à un conseil qu'il crut venir de Dieu: il se prépara le reste de la journée et toute la nuit à une action dont il connoissoit toute l'importance, il renouvela ses prières et ses larmes.

Le lendemain il confessa tous ses péchés avec une amertume et une contrition inspirée par celui qui devoit les lui remettre: il avoua qu'il y avoit plus de trente ans qu'il n'avoit été à confesse. Le père capucin, touché et satisfait de la douleur de son pénitent, lui donna l'absolution, qu'il reçut avec des sentimens d'amour et de reconnoissance. Après avoir l'un et l'autre rendu grace à Dieu, le bon père dit à l'abbé de Suze, que ce n'étoit pas assez d'avoir rempli ce premier devoir; qu'il étoit prêtre, sans en avoir presque jamais fait aucune fonction, qu'il falloit dire la messe sans différer; que Dieu ne lui feroit peut-être pas la grace de trouver dans sa vie de si heureuses dispositions, et qu'enfin il le lui ordonnoit par tout le pouvoir qu'il venoit de prendre sur lui.

L'abbé de Suze frémit à cette proposition; l'horreur de ses crimes lui faisoit penser qu'il ne pouvoit jamais être admis à la célébration de nos mystères ; il conjura le bon père de ne lui point ordonner une action dont il étoit indigne. Mais le capucin persista avec tant d'autorité, que son pénitent craignit encore de désobéir à Dieu en lui résistant ; il se prépara donc à dire la messe, et la dit avec tant de foi, tant d'ardeur et tant de piété, que l'on crut voir un ange à l'autel au lieu d'un homme.

Après la messe et l'action de grace, le père capucin prit congé de lui, se recommanda à ses prières, l'exhorta à la confiance qu'il devoit avoir en Dieu, et l'abbé de Suze, de son côté, le remercia, et se trouva dans une paix dont il n'avoit pas encore joui depuis sa conversion. Tant d'événemens extraordinaires ne pouvoient être que miraculeux. Le bon père capucin n'étoit pas à la porte du château, qu'on le rappelle avec précipitation pour donner sa bénédiction à l'abbé de Suze qui se mouroit. En effet, une heure après avoir dit la messe, il tomba en apoplexie ; sans perdre connoissance, il perdit la parole ; mais la paix et la tranquillité de son ame qui paroissoient sur son visage, furent d'une édification plus grande que n'auroient été ses discours. Le père capucin lui donna les derniers secours, et le pénitent mourut de la mort des justes, laissant un exemple admirable et bien touchant des miséricordes du Seigneur.

Réflexions sur le bonheur de l'homme vertueux.

Tous les faits que nous avons rapportés dans cet ouvrage, nous ont paru bien propres à faire aimer et pratiquer la vertu. Rien de plus naturel que de le terminer par quelques réflexions sur le bonheur de l'homme vertueux.

C'est en vain que l'homme cherche son bonheur hors de la vertu ; elle seule peut lui procurer un vrai repos ; elle seule peut lui procurer de vrais plaisirs. Un homme est-il vertueux, il possède un bien solide qui comble ses vœux. Il n'est point tourmenté par des desirs toujours inquiets ; il ne connoît point le dégoût mortel qui suit la jouissance de tous les autres biens ; il ne craint point que les riches trésors dont il jouit lui soient enlevés : les revers de la fortune, ni l'injustice des hommes ne peuvent rien sur ce trésor : s'il craint de le perdre par la défiance qu'il a de lui-même, ah ! que cette crainte est différente de celle qu'inspirent les faux trésors de la terre ! celle-ci déchire le cœur de l'homme, celle-là ne trouble point la paix dont il jouit ; celle-ci le plonge dans les plus cruelles agitations, le rend victime de la défiance ; celle-là le laisse tranquille, tandis qu'elle s'arme contre sa foiblesse.

Dans cet heureux état, qu'est-ce qui pourroit troubler sa tranquillité ? la perte des honneurs, il les méprise ; celle des richesses, il en est détaché ; le mépris, il y est insensible ; la calomnie, il la dédaigne ; la malice des hommes, elle ne sauroit lui nuire ; leur ingratitude, il s'y attend ; la douleur, elle ne sert qu'à exercer son courage ; la mort, il ne voit en elle que le commencement d'une plus heureuse vie. Que des revers accablans le précipitent des postes les plus élevés dans la poussière ; que ses biens lui soient enlevés par l'injustice des hommes ; que l'envie verse sur toutes ses actions son plus noir poison ; que les douleurs les plus aiguës déchirent son corps ; que toute la nature se ligue pour le perdre, supérieur à tout ce qui l'environne, il est intrépide ; il est inébranlable au milieu des plus étonnantes révolutions, des plus affreux dangers. Que le monde s'écroule dans ses fondemens, ses ruines l'accableront sans l'épouvanter.

L'homme vertueux craint l'Etre suprême, et il n'a point d'autre crainte ; il fait gloire de se soumettre à ses lois, il ne connoît point d'autre servitude. Heureuse crainte, heureuse soumission, qui, loin de troubler son repos, en sont les fondemens inébranlables.

Il n'est point de condition à laquelle la vertu n'assure de vrais plaisirs. Plaisir pour le grand, dans le bon usage qu'il fait de son autorité; plaisir pour le riche, dans le secours qu'il donne à l'indigent; plaisir pour l'homme privé, dans la satisfaction secrète qu'il trouve à remplir son devoir; pour le pauvre, pour celui qu'on persécute, pour celui que la maladie et les douleurs accablent, dans leur résignation aux ordres du ciel, dans leur constance, dans l'espoir des récompenses qu'ils ont droit d'en attendre: plaisir pour tous les états dans l'observation des lois salutaires que la nature ne prescrit à l'homme que pour le rendre véritablement heureux. En est-il de plus sensibles et de plus flatteurs? Innocens, ils ne sont troublés par aucuns remords; touchans, ils comblent le cœur de joie; abondans, ils remplissent toute l'ame; solides, ils ne dépendent point du sort; durables, enfin, ils ne sont jamais interrompus.

FIN.

AVIS.

Les mêmes matières rassemblées sous différens titres, sont du goût de bien des personnes, et peuvent même être de quelque utilité. Nous avons suivi une autre méthode. L'esprit long-temps appliqué sur le même objet s'émousse en quelque façon ; il se soutient mieux dans la variété. On ne se lasse point dans le plus vaste jardin, quand on trouve à chaque pas différens ornemens, différentes fleurs, différentes statues qui récréent et qui instruisent.

TABLE DES MATIERES.

FIN DE LA TABLE.

DE L'IMPRIMERIE DE DEMONVILLE.

www.ingramcontent.com/pod-product-compliance
Ingram Content Group UK Ltd.
Pitfield, Milton Keynes, MK11 3LW, UK
UKHW022326190726
13856UKWH00001B/245